Willms

LaTeX
für Schnelleinsteiger

Roland Willms

FRANZIS
ECHT EINFACH

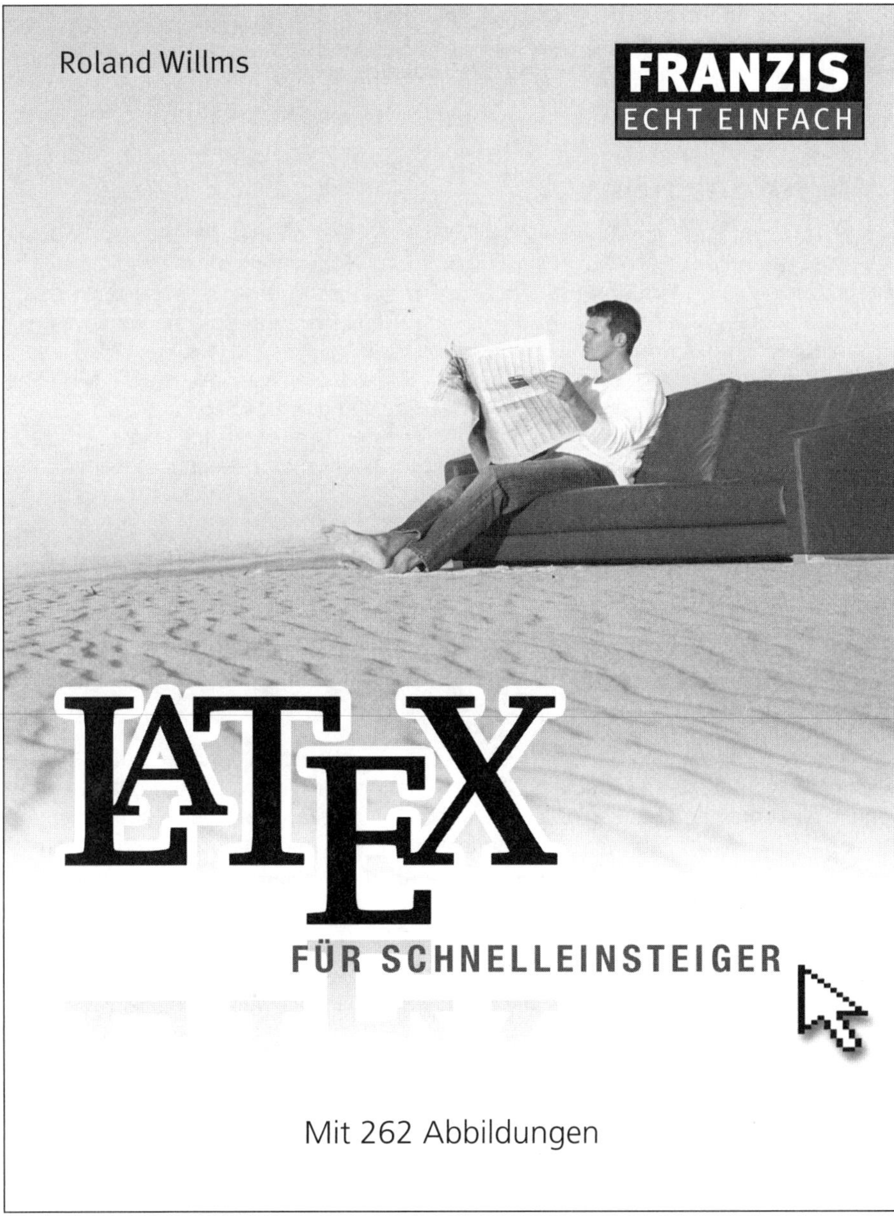

LaTeX
FÜR SCHNELLEINSTEIGER

Mit 262 Abbildungen

Bibliografische Information der Deutschen Bibliothek

Die Deutsche Bibliothek verzeichnet diese Publikation in der Deutschen Nationalbibliografie; detaillierte Daten sind im Internet über **http://dnb.ddb.de** abrufbar.

Wichtiger Hinweis

Alle Angaben in diesem Buch wurden vom Autor mit größter Sorgfalt erarbeitet bzw. zusammengestellt und unter Einschaltung wirksamer Kontrollmaßnahmen reproduziert. Trotzdem sind Fehler nicht ganz auszuschließen. Der Verlag und der Autor sehen sich deshalb gezwungen, darauf hinzuweisen, dass sie weder eine Garantie noch die juristische Verantwortung oder irgendeine Haftung für Folgen, die auf fehlerhafte Angaben zurückgehen, übernehmen können. Für die Mitteilung etwaiger Fehler sind Verlag und Autor jederzeit dankbar.
Internetadressen oder Versionsnummern stellen den bei Redaktionsschluss verfügbaren Informationsstand dar. Verlag und Autor übernehmen keinerlei Verantwortung oder Haftung für Veränderungen, die sich aus nicht von ihnen zu vertretenden Umständen ergeben.
Evtl. beigefügte oder zum Download angebotene Dateien und Informationen dienen ausschließlich der nicht gewerblichen Nutzung. Eine gewerbliche Nutzung ist nur mit Zustimmung des Lizenzinhabers möglich.

Satz: Karin Rinne-Funteh
art & design: www.ideehoch2.de
Druck: Legoprint S.p.A., Lavis (Italia)
Printed in Italy

ISBN 3-7723-**6475-6**

Inhaltsverzeichnis

1 Einleitung **7**

1.1 Was ist LaTeX? 7
1.2 Ein Überblick über die Kapitel 8
1.3 So finden Sie sich zurecht 8
1.4 Zum Inhalt der CD-ROM 10
1.5 Die Homepage zu diesem Buch 11

2 Erste Schritte unter Windows und Linux **13**

2.1 Ein TeX-Dokument unter Windows bearbeiten 13
2.2 Mit einem TeX-Dokument unter Linux umgehen 32
2.3 Den Bearbeitungsablauf überblicken 40

3 Einfache Texte verarbeiten **43**

3.1 Ein Grundgerüst für Dokumente 43
3.2 Sonderzeichen und Trennungen 48
3.3 Schriftattribute ändern 62
3.4 Auf Fehlermeldungen reagieren 71

4 Den Seitenstil festlegen **77**

4.1 Einen Dokumentstil auswählen 77
4.2 Die Seitengröße einrichten 84
4.3 Zeilen und Seiten umbrechen 88
4.4 Zwischenräume einfügen 89
4.5 Texte ausrichten 92
4.6 Tabulatoren einsetzen 96
4.7 Quellcode ausgeben 98
4.8 Daten am Bildschirm eingeben 100

5 Mehrere Punkte auflisten **103**

5.1 Gepunktete Aufzählungen 103
5.2 Nummerierte Aufzählungen 105
5.3 Eigene Markierungen einsetzen 108
5.4 Praktische Symbole mit ZapfDingbats 112
5.5 Eigene Listen gestalten 116
5.6 Text in Boxen einschließen 118

6 Daten tabellarisch aufarbeiten **123**

6.1 Einfache Tabellen anlegen 123

6.2 Besonderheiten in Tabellen 128

6.3 Textelemente drehen 131

7 Mathematische Formeln verwenden **135**

7.1 Mathematische Symbole aufrufen 135

7.2 Mathematische Formeln konstruieren 144

7.3 Formeln anordnen 165

7.4 Referenzen setzen 168

7.5 Definitionen und Sätze nummerieren 170

8 Eigene Grafiken einfügen **173**

8.1 Ein vorhandenes Bild einbetten 173

8.2 Bilder mit Befehlen zusammensetzen 186

9 Texte farbig gestalten **189**

9.1 Verschiedene Modelle für Farben 189

9.2 Papierfarbe und Textfarbe festlegen 193

9.3 Text in farbige Boxen einschließen 195

9.4 Einzelne Textschnipsel einfärben 197

9.5 Zellen in Tabellen farbig hinterlegen 201

10 Verzeichnisse anlegen **205**

10.1 Ein Buch zusammenstellen 205

10.2 Verschiedene Verzeichnisse anlegen 221

11 Nützliche Hilfsprogramme und Pakete ausprobieren **229**

11.1 Bilder aus Dokumenten erhalten 229

11.2 Handliche Booklets herstellen 243

11.3 Internationale Lautschrift verwenden 248

Index **251**

1 Einleitung

1.1 Was ist LaTeX?

Hallo, ich heiße Robbie und freue mich schon darauf, Sie im ganzen Buch begleiten zu dürfen und Ihnen an vielen Stellen hilfreich zur Seite zu stehen.

Mit dem Textsatzprogramm *TeX* (gesprochen: tech) können Sie eigene Texte einschließlich mathematischer Formeln, Tabellen und Bilder auf einfache Weise am Rechner setzen und anschließend in hervorragender Qualität ausdrucken.

Ursprünglich wurde *TeX* im Jahre 1982 von Donald Knuth entwickelt. Um den Autoren die aufwändige Erarbeitung eines eigenen Layouts zu ersparen, stellte Leslie Lamport das Ergänzungspaket *LaTeX* zur Verfügung. Es enthält eine Vielzahl von Layoutstilen.

Zwischenzeitlich wurden viele Ergänzungspakete für verschiedene Zwecke von freien Entwicklern zur Verfügung gestellt. Hierzu gehören zum Beispiel erweiterte Zeichensätze, Schachdokumentation, Musiknotensatz, Grafikeinbindung und Farbdruck.

In den letzten Jahren stellte sich heraus, dass einige Änderungen des *LaTeX*-Paketes zu einer einfacheren Programmbedienung führen würden. Daher hat sich eine internationale Gruppe zusammengefunden, um die einzelnen Programmpakete zu überarbeiten und die Textsatzbefehle logischer zu gestalten. Dieses Projekt wird als *LaTeX3*-Projekt bezeichnet. Informationen hierzu finden Sie auf der Homepage *http://www.latex-project.org/latex3.html*.

Als Testversion ist 1994 das Textsatzprogramm *LaTeX2e* entstanden. Zurzeit wird nur noch einmal im Jahr eine Überarbeitung dieser Version auf den offiziellen FTP-Servern abgelegt, weil kaum noch Fehler in der Software zu beseitigen sind.

Weil *TeX* und alle Zusatzpakete kostenlos sind, steht Ihren ersten Dokumenten nichts mehr im Wege. Schritt für Schritt zeige ich Ihnen den Umgang mit diesem Textsatzsystem, das zu Beginn etwas gewöhnungsbedürftig ist, weil Sie beim Erstellen der Dokumente noch nicht den fertig gesetzten Text sehen.

1.2 Ein Überblick über die Kapitel

Nach der Installation der notwendigen Software und den ersten Schritten unter *Windows* und *Linux* in Kapitel 2 lernen Sie in den Kapiteln 3 bis 9 zum Beispiel die Befehle, um einfache Texte zu erstellen, Tabellen anzulegen, mathematische Formeln einzufügen und Grafiken einzubinden. Ab dem Kapitel 10 sind Sie in der Lage, komplette Bücher zu schreiben. In Kapitel 11 geht es noch um Ergänzungspakete, die bei einigen Anwendungen in der Praxis eine Rolle spielen.

Weil die Verbreitung von Dokumenten über das Internet zunehmend wichtiger wird, zeige ich Ihnen direkt in Kapitel 2, wie Sie *TeX*-Dokumente nach PDF umwandeln. Durch den Einsatz kostenloser Software können Sie auch hier einiges im Vergleich zu kommerziellen Programmen sparen.

Eine Umwandlung von *TeX* nach HTML ist zwischendurch für kurze Zeit in Mode gekommen. Wegen der zahlreichen Bilder, die zum Beispiel bei Formeln in naturwissenschaftlichen Texten entstehen, ist dieser Vorgang aber nicht empfehlenswert. Im Gegensatz zu PDF verhindern sie einen hochqualitativen Ausdruck, an dem viele Leser Ihrer Dokumente interessiert sein werden.

1.3 So finden Sie sich zurecht

Damit das Buch für Sie »echt einfach« strukturiert ist, sind einige Elemente in einer anderen Schriftart dargestellt.

Namen von Programmen und Dateien sind kursiv gedruckt, zum Beispiel *pdflatex.exe*. Bei Befehlen und Beschriftungen tauchen Kapitälchen auf, zum Beispiel START ➧ ALLE PROGRAMME ➧ ZUBEHÖR ➧ EINGABEAUFFORDERUNG. Quelltext ist in einer Schrift mit Buchstaben gleicher Breite geschrieben, zum Beispiel `\documentclass`.

1. Die einzelnen Schritte in einer Anleitung sind nummeriert.

- ☐ Bei einer Aufzählung von einzelnen Informationen finden Sie ein Kästchen.

Schnappschüsse von *LaTeX*-Dokumenten sind grau hinterlegt, um keine Verwirrung mit dem umgebenden Text zu stiften.

> Als Scheherazade merkte, dass die Nacht vorüber war, hielt sie inne, und ihre kleine Schwester sprach: „Wahrlich, wer deinen Geschichten lauscht, der ist wie im Zauberbann!“
>
> Und Scheherazade entgegnete: „Ach, ich könnte in der nächsten Nacht noch viel schönere Geschichten erzählen — wenn ich dann noch am Leben wäre ...“

Bild 1.1:
Ein Ausschnitt aus einem Dokument

Leider ist es nicht an allen Stellen möglich, den Quelltext »so wie er ist« abzudrucken. Einige Zeilen sind für die Seitenbreite in diesem Buch zu lang. Den künstlich eingeführten Zeilenumbruch erkennen Sie an einem Pfeil, wie im folgenden Beispiel:

```
Stück\hspace{1cm}\=Bestellnummer\hspace{5mm}\=Artikel
  ↳\hspace{3cm}\=Preis\\[3mm]
```

Wenn sich hinter dem Pfeil ein Leerzeichen befindet, muss beim Aneinanderhängen der umgebrochenen Zeilen in Gedanken ein Leerzeichen hinzugefügt werden. Auf diese Weise entsteht in der folgenden Zeile `\\ \hline` und nicht `\\\hline`.

```
\rowcolor{dark}\textbf{Stil}&\textbf{Bedeutung}\\
  ↳ \hline\hline
```

Tipp

Wenn ich mit Luftschlangen herumpuste und Konfetti verstreue, ist Party angesagt. Meinen Tipp sollten Sie sich auf jeden Fall durchlesen, um zu erfahren, wie Sie sich das Leben mit *LaTeX* einfacher gestalten können.

Warnung

Wenn ich mal wieder mit meiner Buchstabensuppe auf Kriegsfuß stehe, sollten Sie gut aufpassen. Durch Beherzigung meiner Warnungen können Sie sich so manchen Ärger ersparen.

1.4 Zum Inhalt der CD-ROM

Auf der CD-ROM finden Sie alle Programme und Beispiele, die in diesem Buch auftauchen. Sehen Sie sich die Webseite *README.html* mithilfe Ihres Browsers an, um weitere Informationen zu erhalten und die einzelnen Installationsprogramme bequem starten zu können.

Für dieses Buch benötigen Sie ein *TeX*-System. Diese Software und alle zugehörigen Hilfsprogramme finden Benutzer von *Windows XP* vollständig auf der CD-ROM, sodass keine weiteren Downloads notwendig sind. Selbstverständlich lassen sich die

Pakete auch auf älteren Systemen problemlos installieren. Hinweise für *Windows 95/98/ME/NT 4.0/2000* stehen an entsprechender Stelle in der ausführlichen Installationsanleitung, die als PDF-Dokument auf der CD-ROM liegt. Benutzer von *SuSE Linux 8.2* finden die Software auf den CD-ROMs, die zur jeweiligen Distribution gehören.

1.5 Die Homepage zu diesem Buch

Sollten Sie Fehler entdecken, Fragen zu einigen Themen haben oder vor scheinbar unlösbaren Problemen stehen, scheuen Sie sich nicht, eine E-Mail an *roland.willms@jlauncher.de* zu schicken.

Auf der Homepage *http://www.jlauncher.de* finden Sie stets aktuelle Informationen zu diesem Buch.

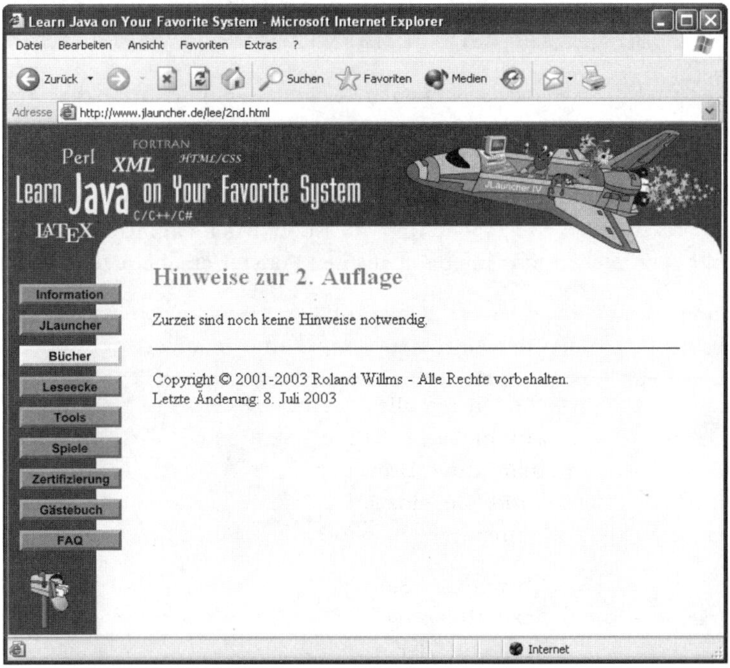

Bild 1.2:
Die Homepage zu diesem Buch besuchen

Auf der Homepage *http://www.jlauncher.de/* gibt es neben Informationen zu Büchern, die weitere Programmier- und Dokumentbeschreibungssprachen behandeln, noch den *JLauncher*. Bei dieser Software handelt es sich um eine integrierte Entwicklungsumgebung zur Handhabung verschiedener Sprachen.

Bild 1.3:
LaTeX-Dokumente automatisch bearbeiten

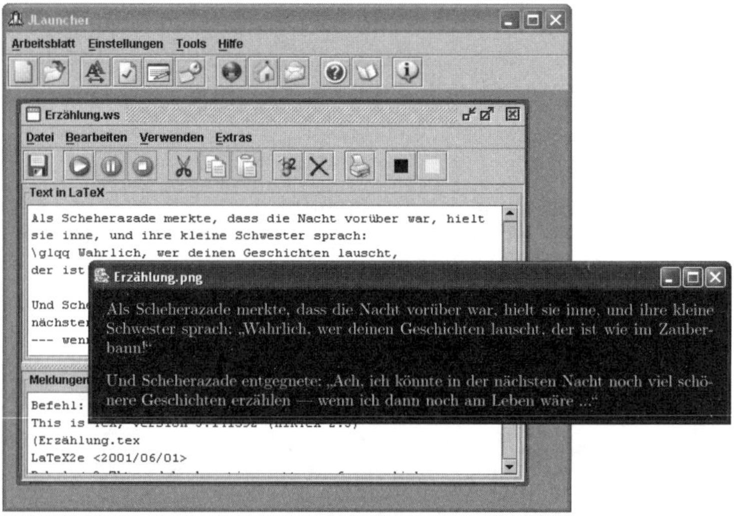

Es ist zum Beispiel möglich, ein paar Zeilen *LaTeX*-Quelltext in einen Textbereich einzugeben und auf Knopfdruck ein farbiges PNG-Bild herzustellen, das in einem eigenen Fenster erscheint.

Nach diesen einleitenden Bemerkungen wünsche ich Ihnen viel Spaß beim Lesen der einzelnen Kapitel und baldige Erfolgserlebnisse beim Ausprobieren der Dokumentbeispiele.

2 Erste Schritte unter Windows und Linux

Bevor Sie das erste Dokument in *LaTeX* schreiben können, müssen Sie ein *TeX*-System und einige Hilfsprogramme installieren. Die einzelnen Schritte sind im Dokument *Installation.pdf* im Ordner *docs* auf der CD-ROM zum Buch zusammengestellt. Die Anleitung setzt sich aus einzelnen Anhängen zusammen, auf die im Verlaufe des Buches verwiesen wird.

In diesem Kapitel sehen wir uns die ersten Schritte zur Herstellung eines Dokuments vom *TeX*-Format bis zum PDF-Format sowohl unter *Windows* als auch unter *Linux* an. Gleichzeitig lernen Sie den Umgang mit den Formaten TEX, DVI, PS und PDF kennen, die abhängig vom ausgewählten Bearbeitungsweg entstehen.

2.1 Ein TeX-Dokument unter Windows bearbeiten

Wir beginnen mit der Erläuterung der einzelnen Vorgänge zur Erzeugung eines fertigen *TeX*-Dokuments unter *Windows*. Hierdurch wird zunächst der Umgang mit *MiKTeX* zur Bearbeitung von TEX-Dateien, *GSview* zur Anzeige von PS-Dokumenten und *Adobe Reader* zum Betrachten von PDF-Dokumenten hinreichend geübt.

2.1.1 Einen Text mit einem Editor erstellen

1. Wählen Sie die Einträge START ◆ Alle PROGRAMME ◆ ZUBEHÖR ◆ EDITOR aus und tippen Sie die folgenden Zeilen in den Textbereich hinein.

```
\documentclass[a4paper, 10pt]{scrartcl}

\usepackage[T1]{fontenc}
```

```
\usepackage[latin1]{inputenc}
\usepackage{ngerman}

\setlength{\parindent}{0em}
\setlength{\parskip}{2.0ex plus 1.0ex minus 0.5ex}

\begin{document}

Die quadratische Gleichung
\begin{equation}
x^2+px+q=0
\end{equation}
hat die Lösungen
\begin{equation}
x=-\frac{p}{2}\pm\sqrt{\left(\frac{p}{2}\right)^2-q}
\end{equation}
Wenn der Term unter der Wurzel verschwindet, ist die Lösung
    ↳ eindeutig definiert.

\end{document}
```

Den Backslash \ eintippen

Der Backslash befindet sich auf der Taste mit dem ß rechts unten. Um ihn einzugeben, drücken Sie die Taste Alt Gr, tippen auf die Taste ß und lassen die Taste Alt Gr wieder los.

2. Achten Sie bei der Eingabe der einzelnen Zeichen genau auf Groß- und Kleinschreibung und überprüfen Sie zum Schluss nochmal, ob alle korrekt eingetippt sind. Hierdurch entstehen zumindest beim ersten Mal keine Fehlermeldungen bei der weiteren Bearbeitung.

Sparen Sie sich Zeit beim Eintippen!

Alle Textbeispiele finden Sie im Ordner *examples* auf der CD-ROM zu diesem Buch. Zurzeit sind Sie in Kapitel 2, sodass das Material zu diesem Kapitel im Unterordner *02* liegt. Am Anfang Ihrer *LaTeX*-Karriere sollten Sie möglichst viel Quellcode abtippen, um Übung im Erkennen von Tippfehlern zu bekommen. Bei der Bearbeitung von Dokumenten treten in solchen Fällen stets Fehlermeldungen auf, die später diskutiert werden. Ansonsten können Sie die ersparte Zeit für das Eintippen der Texte nutzen, um eigene Variationen der Dokumente auszuprobieren.

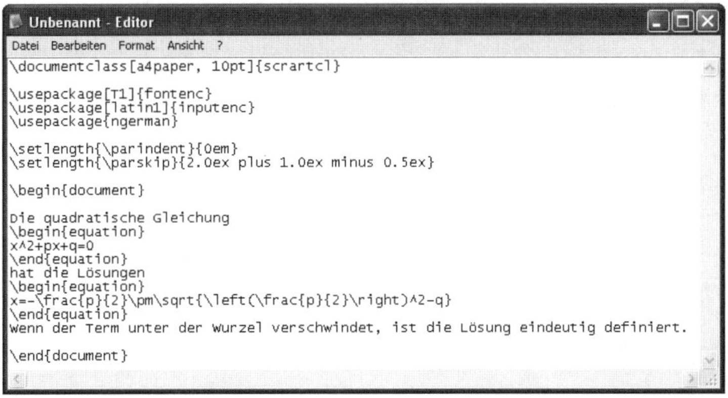


```
\documentclass[a4paper, 10pt]{scrartcl}

\usepackage[T1]{fontenc}
\usepackage[latin1]{inputenc}
\usepackage{ngerman}

\setlength{\parindent}{0em}
\setlength{\parskip}{2.0ex plus 1.0ex minus 0.5ex}

\begin{document}

Die quadratische Gleichung
\begin{equation}
x^2+px+q=0
\end{equation}
hat die Lösungen
\begin{equation}
x=-\frac{p}{2}\pm\sqrt{\left(\frac{p}{2}\right)^2-q}
\end{equation}
Wenn der Term unter der Wurzel verschwindet, ist die Lösung eindeutig definiert.

\end{document}
```

Bild 2.1:
Einen Text mit einem Editor schreiben

3. Speichern Sie den eingegebenen Text über die Menüschritte DATEI ♦ SPEICHERN UNTER in der Datei *Dokument.tex* im Arbeitsordner *E:\Beispiele* ab. Dateien mit *LaTeX*-Dokumenten erhalten die Erweiterung **.tex*.

Speichern bei unregistrierten Dateitypen

Solange ein Dateityp für das Öffnen mit dem Editor noch nicht registriert ist, wird beim Speichern standardmäßig die Erweiterung **.txt* angehängt, sodass die Datei *Dokument.tex.txt* entsteht. Um dies zu verhindern, setzen Sie den Dateinamen beim ersten Mal in Anführungszeichen.

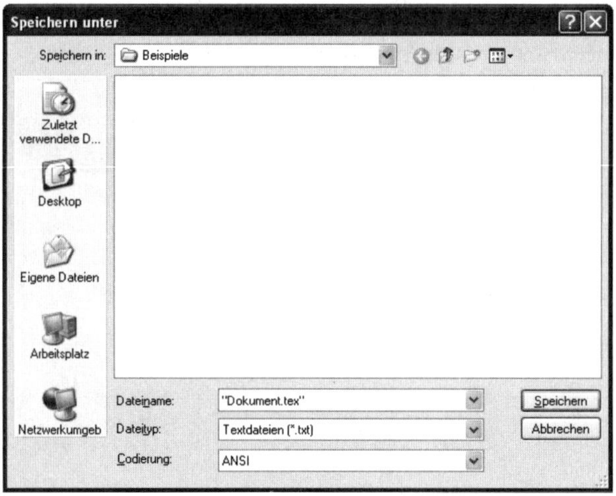

Bild 2.2:
Eine *TeX*-Datei zum ersten Mal speichern

Einen Arbeitsordner für die Beispiele einrichten

In diesem Buch verwenden wir *E:\Beispiele* als gegenwärtigen Arbeitsordner für die einzelnen Dokumente. Sie können sich ebenfalls einen Ordner *Beispiele* auf der Partition *E:* anlegen, falls eine solche überhaupt verfügbar ist. Dies geschieht am einfachsten im *Windows-Explorer*, in dessen Ordnerbaum Sie die Partition *E:* auswählen, das Menü DATEI ◆ NEU ◆ ORDNER aufrufen und anschließend im rechten Bereich den Namen `Beispiele` eingeben. Ansonsten können Sie jeden beliebigen Ordner verwenden, müssen aber beim Lesen der weiteren Abschnitte daran denken, dass beim Auftauchen von *E:\Beispiele* Ihr individueller Ordner für die Textbeispiele gemeint ist.

2.1.2 Einen Dateityp registrieren

1. Wählen Sie die Einträge START ◆ ALLE PROGRAMME ◆ ZUBEHÖR ◆ WINDOWS-EXPLORER aus und begeben Sie sich in den Ordner *E:\Beispiele*. Wenn die Erweiterung **.tex* noch nicht registriert ist, sehen Sie ein standardmäßiges Symbol neben der Datei *Dokument.tex*.

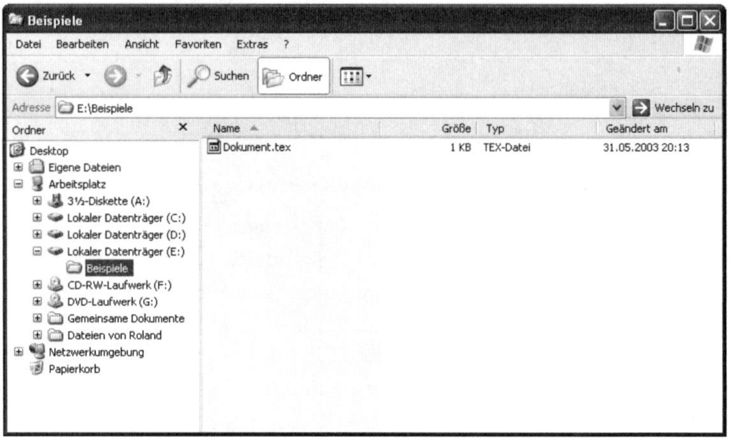

Bild 2.3:
TeX-Dateien sind noch nicht registriert

2. Nach einem Doppelklick auf die Datei *Dokument.tex* erscheint ein Dialog mit der Frage, ob ein Webdienst nach dem geeigneten Programm für den Dateityp suchen soll oder Sie selbst ein Programm aus einer Liste auswählen möchten. Markieren Sie die Option PROGRAMM AUS EINER LISTE AUSWÄHLEN.

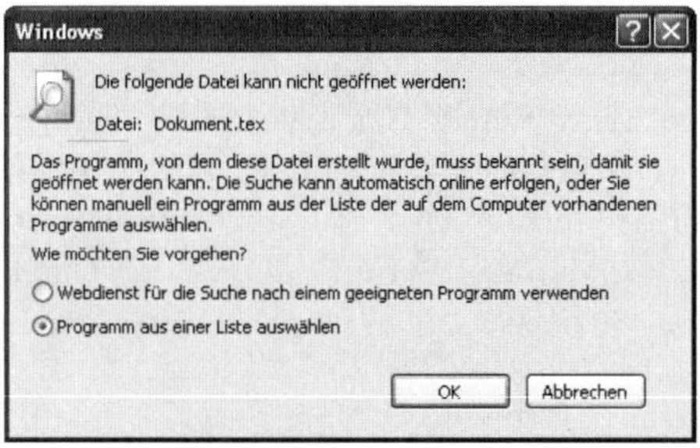

Bild 2.4:
Eine Auswahloption angeben

Nach einem Klick auf OK erscheint das Dialogfenster ÖFFNEN MIT.

3. Geben Sie `LaTeX-Dokument` als Beschreibung für den Dateityp **.tex* an und markieren Sie den Editor. Achten Sie darauf, dass sich im Kontrollkästchen DATEITYP IMMER MIT DEM AUSGEWÄHLTEN PROGRAMM ÖFFNEN ein Häkchen befindet.

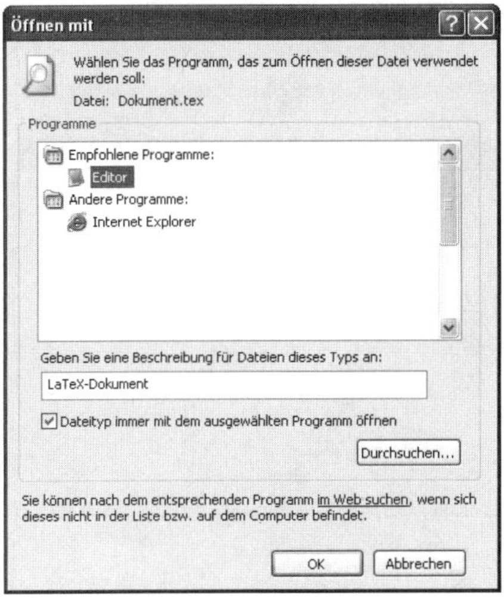

Bild 2.5:
Ein Programm zur Anzeige von *TeX*-Dateien auswählen

Registrierte Dateitypen entmachten

Es kann vorkommen, dass ein Programm bereits die Erweiterung **.tex* für sich eingerichtet hat. Dies erkennen Sie daran, dass nicht das standardmäßige Symbol neben der Datei im *Windows-Explorer* erscheint und nach einem Doppelklick ein anderes Programm als der Editor startet, das den Inhalt der Datei anzeigen will. Zum Beispiel speichern einige Malprogramme erstellte Texturen in **.tex*-Dateien. In einem solchen Fall wählen Sie das Menü EXTRAS ♦ ORDNEROPTIONEN im *Windows-Explorer* aus und klicken auf die Registerkarte DATEITYPEN. Suchen Sie in der angezeigten Liste den Typ **.tex* und löschen Sie ihn. Nun kann die Registrierung wie beschrieben erfolgen.

4. Nach einem Klick auf OK ist die Dateierweiterung **.tex* mit dem Editor verknüpft, sodass sein Symbol neben allen *TeX*-Dateien im *Windows-Explorer* erscheint. Nach einem Doppel-

klick wird der Inhalt eines *LaTeX*-Dokuments automatisch im Editor angezeigt.

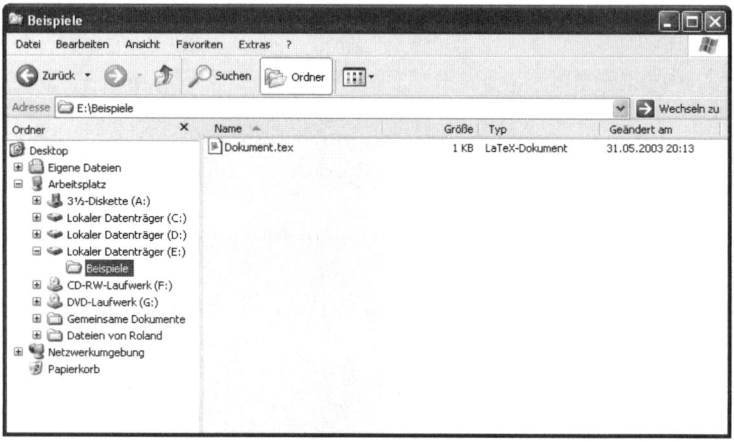

Bild 2.6: Die Registrierung von *TeX*-Dateien war erfolgreich

2.1.3 Ein Dokument bearbeiten

1. Wenn der *Adobe Reader* noch nicht installiert ist, können Sie das Dokument *Installation.pdf* im Ordner *docs* auf der CD-ROM zu diesem Buch nicht betrachten. Klicken Sie doppelt auf die Datei *setup.exe* im Ordner *reader*, um die Installation des *Adobe Readers* nachzuholen.

Die Installationsanleitungen ausdrucken

Die Datei *Installation.pdf* enthält ausführliche Anleitungen zur Installation der notwendigen Softwarepakete unter *Windows* und *Linux*. Drucken Sie sich dieses Dokument am besten vollständig aus, um es stets parat zu haben. Es enthält einige Tipps zum Umgang mit den einzelnen Programmen, die zum weiteren Verständnis notwendig sind.

2. Lesen Sie sich den Anhang A auf der CD zum *Adobe Reader*, den Sie soeben bereits installiert haben, und den Anhang B zu *MiKTeX* sorgfältig durch. Beachten Sie insbesondere die Hinweise zum Umgang mit der Eingabeaufforderung.

3. Stellen Sie *E:\Beispiele* in der Eingabeaufforderung als gegenwärtigen Arbeitsordner ein. Nach der Eingabe des Befehls `latex Dokument` wird der Text in der Datei *Dokument.tex* bearbeitet. Die Angabe des Typs **.tex* darf entfallen.

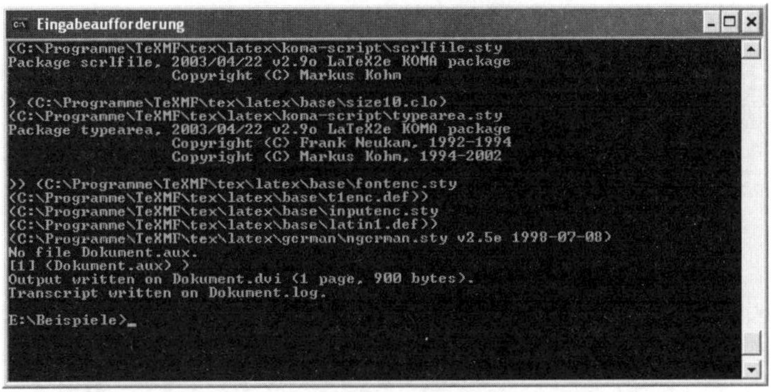

Bild 2.7:
Das erste *LaTeX*-Dokument bearbeiten

Auf dem Bildschirm erzählt das Programm *latex*, was alles bei der Bearbeitung von *Dokument.tex* geschicht.

Zunächst melden sich die Programmteile, die beim Aufruf von *latex* geladen werden, mit ihren Versionsnummern. Die aktuelle Version von *TeX* in *MiKTeX 2.3* ist zum Beispiel *3.141592* und von der Zahl Pi abgeleitet. Bei jedem Update kommt eine Ziffer am Ende hinzu.

```
E:\Beispiele>latex Dokument
This is TeX, Version 3.141592 (MiKTeX 2.3)
...
No file Dokument.aux.
[1] (Dokument.aux) )
Output written on Dokument.dvi (1 page, 900 bytes).
Transcript written on Dokument.log.

E:\Beispiele>
```

Wichtig sind die Zeilen nach der Ausgabe der Versionsnummern.

- Die Meldung »No file Dokument.aux.« bedeutet, dass es die Datei *Dokument.aux* noch nicht gibt. Sie wird nach jeder Bearbeitung eines Dokuments mit *latex* angelegt und enthält wichtige Informationen, zum Beispiel zu Kapitelüberschriften oder Querverweisen. Weil wir *Dokument.tex* zum ersten Mal bearbeitet haben, ist diese Datei noch nicht vorhanden. Bei einer erneuten Ausführung des Befehls `latex Dokument` verschwindet dieser Hinweis.

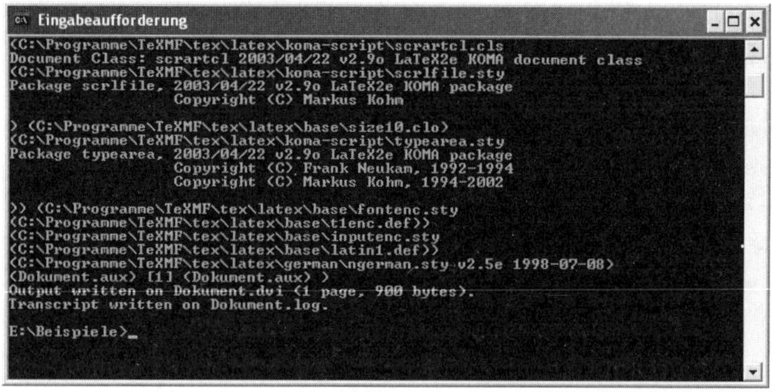

Bild 2.8:
Kein Hinweis auf eine fehlende AUX-Datei beim zweiten Durchgang

- Die Meldung »Output written on Dokument.dvi (1 page, 900 bytes).« besagt, dass die Datei *Dokument.dvi* als Ergebnis der Bearbeitung von *Dokument.tex* mit *latex* entsteht. Sie enthält das fertig gesetzte Dokument, das eine Seite umfasst und 900 Byte groß ist. Bei Dokumenten mit mehreren Seiten lässt sich der Fortschritt der Bearbeitung an den Seitenzahlen in den eckigen Klammern beobachten. In unserem Fall taucht nur »[1]« auf, weil es sich um ein einseitiges Dokument handelt.

- Die Meldung »Transcript written on Dokument.log.« ist ein Hinweis darauf, dass sich ein Protokoll mit ausführlichen Hinweisen zum Verlauf der Bearbeitung in der Datei *Dokument.log* befindet.

Der Ordner *E:\Beispiele* enthält am Ende der Bearbeitung von *Dokument.tex* mit *latex* die neu hinzugekommenen Dateien *Dokument.aux*, *Dokument.dvi* und *Dokument.log*.

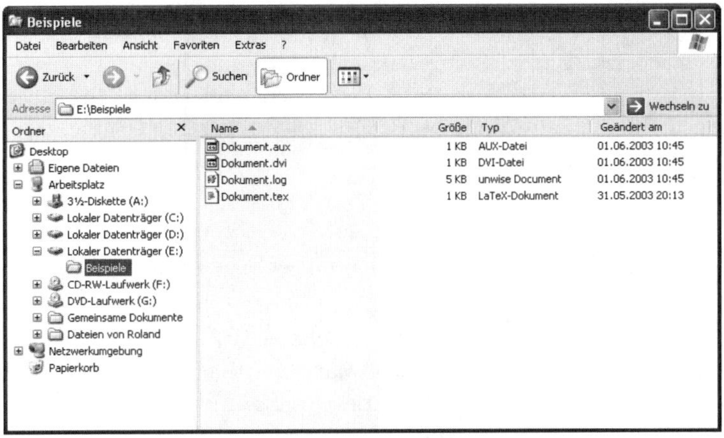

Bild 2.9:
Drei neue Dateien als Ergebnis der Bearbeitung eines Dokuments

2.1.4 Ein DVI-Dokument betrachten

MiKTeX enthält das Programm *YAP* zum Öffnen von DVI-Dateien.

1. Klicken Sie im *Windows-Explorer* doppelt auf die Datei *Dokument.dvi*. In Bild 2.9 ist anhand des standardmäßigen Symbols zu erkennen, dass der Dateityp **.dvi* noch nicht registriert ist, sodass erneut die Dialogfenster in den Bildern 2.4 und 2.5 erscheinen. Im zweiten Dialogfenster klicken Sie auf DURCHSUCHEN und wählen *C:\Programme\TeXMF\miktex\bin\yap.exe* aus.

Bild 2.10:
Sich zur EXE-Datei
von *YAP* begeben

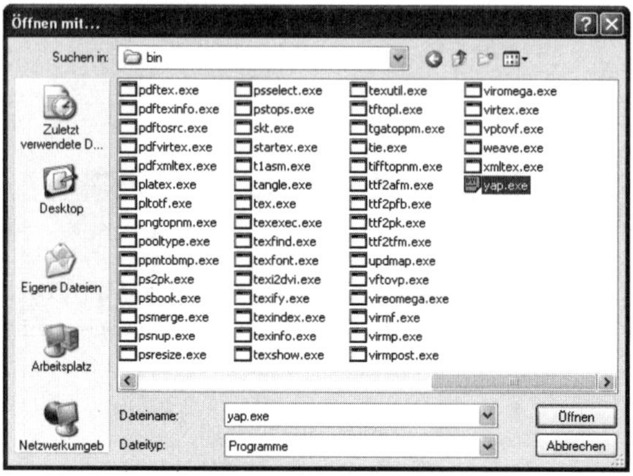

2. Nach einem Klick auf Öffnen erscheint YAP (Yet Another Previewer) in der Programmliste. Markieren Sie den Eintrag und geben Sie `DVI-Dokument` als Beschreibung des Typs **.dvi* an. Sobald die Registrierung abgeschlossen ist, erscheinen die Texte in DVI-Dateien nach einem Doppelklick im *Windows-Explorer* automatisch in *YAP*.

Bild 2.11:
Ein DVI-Dokument
in *YAP*

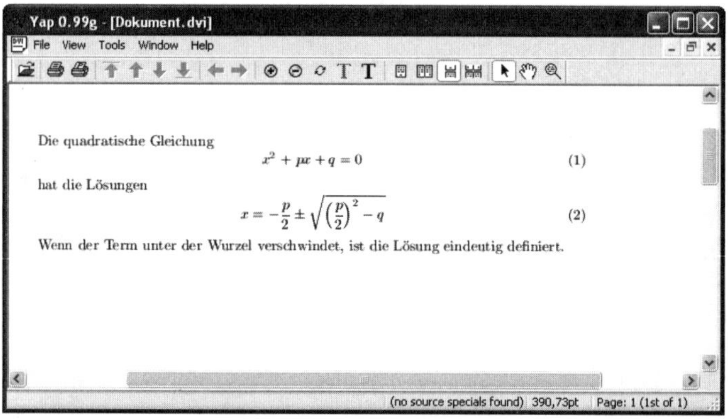

Mit *YAP* umgehen

Über das linke der beiden Druckersymbole lässt sich das Dokument ausdrucken. Mit den Pfeiltasten ↑ und ↓ wird die aktuelle Seite nach unten oder nach oben geschoben. Die Tasten Bild↑ und Bild↓ sorgen für die Anzeige der vorherigen oder der nächsten Seite.

Zukünftig erscheinen in diesem Buch keine Schnappschüsse mehr von Dokumenten in *YAP*, sondern grau hinterlegte Ausschnitte aus Dokumenten.

Die quadratische Gleichung

$$x^2 + px + q = 0 \qquad (1)$$

hat die Lösungen

$$x = -\frac{p}{2} \pm \sqrt{\left(\frac{p}{2}\right)^2 - q} \qquad (2)$$

Wenn der Term unter der Wurzel verschwindet, ist die Lösung eindeutig definiert.

Bild 2.12: Das erste *LaTeX*-Dokument

Ein gravierender Nachteil des DVI-Formats ist, dass die Schriften nicht im Dokument eingebettet sind. Daher müssen Sie auf ihrem Computer ein komplettes *TeX*-System installiert haben, um den Text sehen zu können. Wenn zusätzlich noch Schriften zum Einsatz kommen, die nicht zu einer Standardinstallation gehören, haben Sie es ganz besonders schwer, das Dokument zu betrachten. Aus diesem Grund lohnt es sich, die DVI-Datei in die Formate PS und PDF umzuwandeln.

PDF-Dokumente zum Download anbieten

Im Internet bieten Sie Ihre Dokumente am besten im beliebten PDF-Format zum Herunterladen an. Der *Adobe Reader* ist weit verbreitet und lässt sich bei Bedarf problemlos installieren. Beim PS-Format ist die Installation von *Ghostscript* und *GSview* etwas komplizierter, sodass es aus Rücksichtnahme auf normale Benutzer nicht zu empfehlen ist.

2.1.5 DVI nach PS umwandeln

Beim Ausdrucken einer DVI-Datei mit *YAP* werden die Pixelmuster der genutzten Zeichensätze automatisch für die Auflösung des ausgewählten Druckers im Hintergrund erzeugt. Bei den Zeichensätzen unterscheiden wir Bitmap- und Outlinefonts (font = Zeichensatz).

- Ein Bitmapfont baut ein Zeichen aus einzelnen Pixeln auf, sodass bei entsprechender Vergrößerung rechteckige Kanten am Rand entstehen.
- Ein Outlinefont beschreibt den Rand eines Zeichens durch Bögen. Hierdurch bleiben die Außenlinien bei jeder beliebigen Vergrößerung stets glatt.

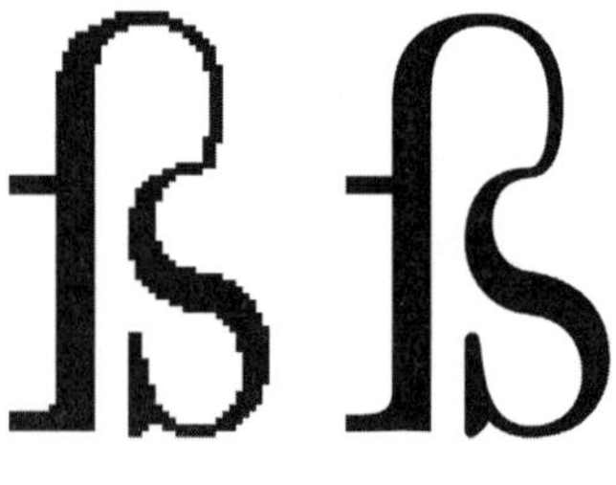

Bild 2.13: Bitmap- und Outlinefont im Vergleich

In unserem ersten *LaTeX*-Dokument haben wir keine besonderen Schriftarten eingebunden, sodass die CM-Schriften (Computer Modern) zum Einsatz kommen. Sie wurden ursprünglich als Bitmapfonts mithilfe des Programms Metafont erzeugt. Mittlerweile stehen sie auch als Outlinefont zur Verfügung, sodass wir keine Rücksicht mehr auf die spezielle Auflösung von Druckern nehmen müssen, wenn wir das DVI-Format in Kürze nach PS oder PDF umwandeln.

In den Formaten PS und PDF werden die genutzten Schriftarten im Gegensatz zu DVI am Anfang der Datei aufgeführt. Dieser Trick erlaubt einen Ausdruck auf einem beliebigen Computer, auch wenn es dort kein *TeX*-System gibt. Die Programme zur Umwandlung des DVI-Formats betten die einzelnen Zeichen automatisch als Outlinefont ein.

Die Umwandlung der Datei *Dokument.dvi* nach *Dokument.ps* erfolgt durch Eingabe des Befehls `dvips Dokument` in der Eingabeaufforderung. Die Erweiterung **.dvi* darf hierbei wegfallen. Als Ergebnis entsteht die Datei *Dokument.ps* mit 59.095 Bytes.

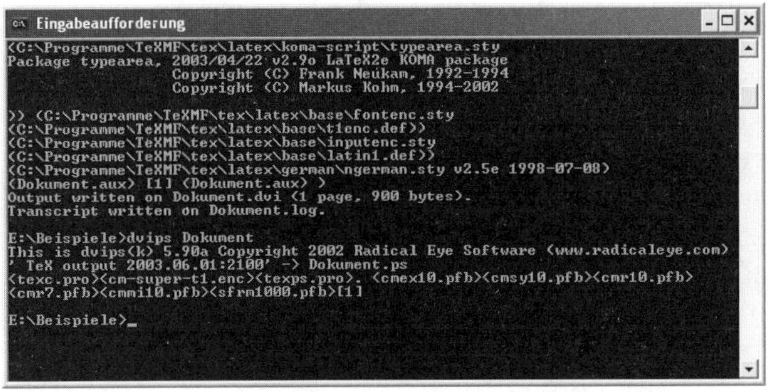

Bild 2.14:
Ein DVI-Dokument ins PS-Format konvertieren

Während der Bearbeitung sehen wir anhand der ausgegebenen Meldungen, dass einige Outlinefonts eingebettet werden, was die Größe der Datei von *Dokument.ps* im Vergleich zu *Dokument.dvi* erklärt.

- *cmex10.pfb*: Computer Modern Math Extensions in 10pt – für die Wurzel in der zweiten Formel

- *cmsy10.pfb*: Computer Modern Math Symbols in 10pt – für das Plus/Minus-Zeichen in der zweiten Formel
- *cmr10.pfb*: Computer Modern Roman in 10pt – für den normalen Text, der die beiden Formeln umgibt
- *cmr7.pfb*: Computer Modern Roman in 7pt – für die hochgestellte Ziffer 2 in den beiden Formeln
- *cmmi10.pfb*: Computer Modern Math Italic in 10pt – für die geneigten Formelzeichen x, p und q

In der ersten Zeile des Quelltextes in der Datei *Dokument.tex* steht

```
\documentclass[a4paper, 10pt]{scrartcl}
```

Hier haben wir die Schriftgröße 10pt (Point) angegeben. Für die kleineren hochgestellten Ziffern zur Quadrierung einiger Terme in den beiden Formeln in Bild 2.12 wählt *LaTeX* automatisch die Schriftgröße 7pt aus.

Die Anleitungen zu den Programmen lesen

Im Ordner *C:\Programme\TeXMF\doc* finden Sie umfangreiche Bedienungsanleitungen zu vielen Programmen, die im Laufe dieses Buches auftauchen, zum Beispiel *dvips.pdf* im Unterordner *dvips*. Sie sollten ab und zu mal einen Blick in diese Dokumente werfen, um alle Optionen der Programme kennen zu lernen.

2.1.6 Ein PS-Dokument betrachten

Zum Betrachten und Ausdrucken von PS-Dokumenten lesen Sie sich den Anhang C auf der CD zu *Ghostscript* und *GSview* durch. Sobald diese beiden Programme installiert sind, genügt ein Doppelklick auf die Datei *Dokument.ps* im *Windows-Explorer*, damit sie mit *GSview* geöffnet wird.

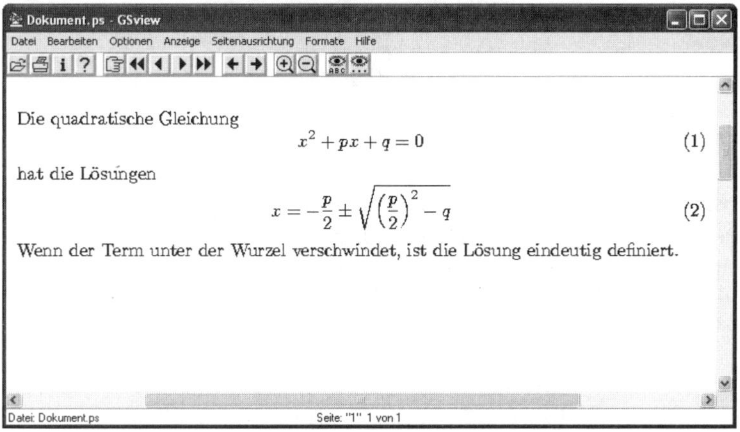

Bild 2.15:
Ein PS-Dokument
in *GSview*

Im Vergleich zu Bild 2.11 ist dieses Dokument nicht gut am Bildschirm lesbar, weil die Pixelmuster der Zeichen am Rand nicht weich gezeichnet werden. Der fehlende Anti-Alias-Effekt sorgt dafür, dass keine grau gefärbten Pixel zur Glättung zum Einsatz kommen und die Zeichen somit zu grob erscheinen.

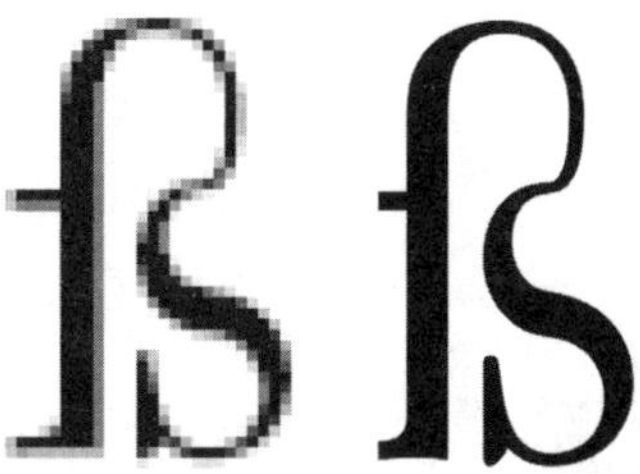

Bild 2.16:
Die grauskalierte
Version eines Zeichens

Im Gegensatz zu *GSview* arbeitet *Adobe Reader* mit dem Anti-Alias-Effekt, sodass wir die Datei *Dokument.ps* im nächsten Schritt nach *Dokument.pdf* umwandeln.

2.1.7 PS nach PDF umwandeln

Neben der Nutzung von Anti-Alias beim Anzeigen von Dokumenten besteht ein wesentlicher Vorteil von PDF gegenüber PS in der starken Komprimierung bei integrierten Bildern, was zu geringen

Dateigrößen führt. Daher werden Firmenbroschüren oder Prospekte im Internet meistens im PDF-Format zum Herunterladen angeboten.

Zur Umwandlung der Datei *Dokument.ps* nach *Dokument.pdf* geben Sie den Befehl `ps2pdf Dokument.ps` in der Eingabeaufforderung ein. Die Erweiterung **.ps* darf hierbei nicht weggelassen werden. Als Ergebnis entsteht die Datei *Dokument.pdf* mit 12.749 Bytes. Der Komprimierungseffekt im Vergleich zur PS-Version ist deutlich zu erkennen.

2.1.8 Ein PDF-Dokument betrachten

Um die Installationsanleitung mit den Anhängen auszudrucken, haben Sie bereits den *Adobe Reader* verwendet. Ein Doppelklick auf eine PDF-Datei im *Windows-Explorer* genügt, um das Dokument zu öffnen.

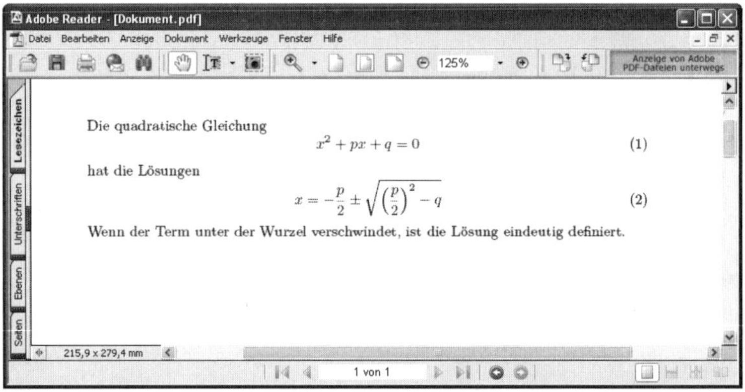

Bild 2.17: Ein PDF-Dokument im *Adobe Reader*

Von DVI direkt nach PDF springen

Die direkte Umwandlung von *Dokument.dvi* nach *Dokument.pdf* ohne den Umweg über das PS-Format geschieht mit dem Befehl `dvipdfm -p a4 Dokument` in der Eingabeaufforderung. Die Erweiterung **.dvi* darf hierbei entfallen. Die Option `-p a4` sorgt für die Einstellung des Papierformats DIN A4. Das Programm *dvipdfm* gehört zu *MiKTeX*.

2.1.9 TeX direkt nach PDF bringen

Bei der Bearbeitung unseres ersten *LaTeX*-Dokuments haben wir die Programme *latex* (Herstellung des DVI-Formats), *dvips* (Umwandlung von DVI nach PS), *ps2pdf* (Umwandlung von PS nach PDF) und *dvipdfm* (direkte Umwandlung von DVI nach PDF) kennen gelernt. Es gibt noch das Programm *pdflatex*, das die Datei *Dokument.tex* direkt nach *Dokument.pdf* übersetzt. Hierzu genügt die Eingabe des Befehls `pdflatex Dokument` in der Eingabeaufforderung, wobei die Erweiterung **.tex* fehlen darf.

Alle Texte mit *pdflatex* bearbeiten

Alle Informationen in diesem Buch sind auf die Nutzung von *pdflatex* ausgerichtet. Es kann vorkommen, dass Sie nicht alle Dateien mit den übrigen Programmen bearbeiten können. So nutzt *dvipdfm* zum Beispiel ein anderes Verfahren zur Einbettung von Bildern, was zu Fehlermeldungen bei der Bearbeitung führt.

2.2 Mit einem TeX-Dokument unter Linux umgehen

Texte in *LaTeX* sind plattformunabhängig, sodass die einzelnen Schritte zur Übersetzung einer *TeX*-Datei in die Formate DVI, PS und PDF unter *Linux* und *Windows* identisch sind. Es kommen jeweils lediglich andere Programme zum Einsatz, die aber dieselbe Funktion übernehmen.

Die einzelnen Schritte unter *Windows* begutachten

Einige zusätzliche Bemerkungen, zum Beispiel zu Bitmap- und Outlinefonts in Abschnitt 2.1.5, sollen an dieser Stelle nicht wiederholt werden. Wenn Sie ausschließlich unter *Linux* arbeiten, lohnt es sich daher, die bisherigen Informationen zu *Windows* in Abschnitt 2.1 grob zu überfliegen. Benutzer, die *Windows* und *Linux* parallel installiert haben, sollten auf jeden Fall auch den Bearbeitungszyklus unter *Linux* ausprobieren. Auf diese Weise sind Sie bei der Erstellung von Texten in *LaTeX* nicht auf ein bestimmtes Betriebssystem angewiesen.

2.2.1 Einen Text mit einem Editor schreiben

1. Wählen Sie die Einträge START ♦ BÜROPROGRAMME ♦ EDITOREN ♦ KWRITE aus und tippen Sie den Quelltext aus Abschnitt 2.1.1 in den Textbereich.

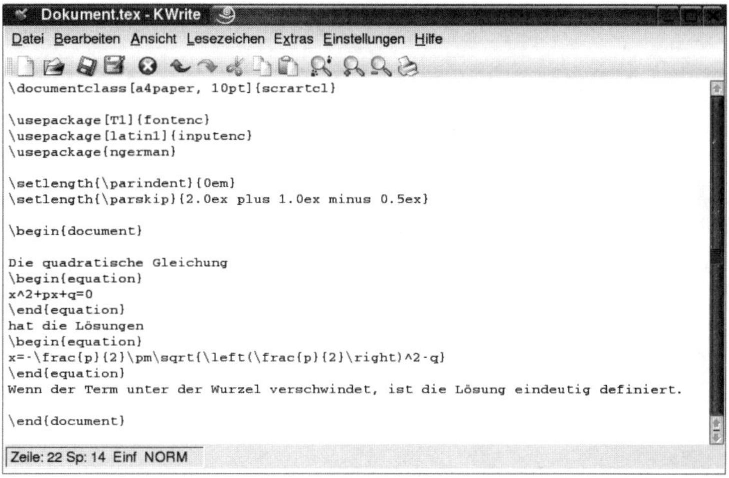

Bild 2.18:
Einen Text mit einem Editor erstellen

2. Wenn Sie keine farbliche Kennzeichnung des eingegebenen Textes wünschen, markieren Sie das Kontrollkästchen NORMAL im Menü EXTRAS ♦ HERVORHEBUNGSMODUS.

3. Rufen Sie die Menüschritte DATEI ♦ SPEICHERN UNTER auf und speichern Sie den Text in der Datei *Dokument.tex*. Achten Sie im Dateidialog darauf, die Zeichenkodierung ISO 8859-1 (Latin-1) in der Liste rechts oben auszuwählen, um einen weltweiten Dateiaustausch zwischen verschiedenen Computern zu erleichtern. Auf die Bedeutung von Latin-1 kommen wir in Kapitel 3 noch ausführlich zu sprechen.

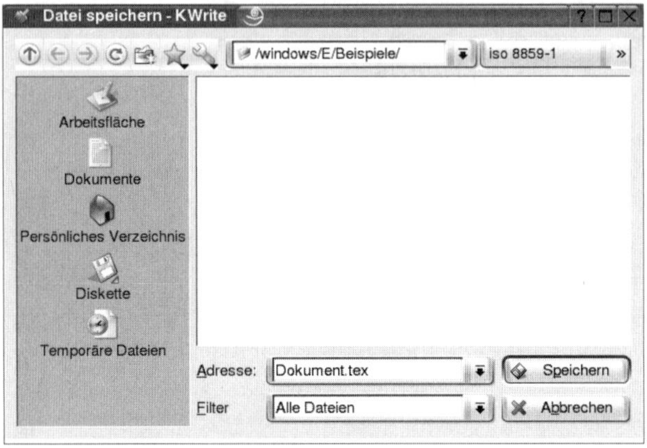

Bild 2.19: Der Dialog zum Speichern eines Textes

Beim Speichern eines Textes wird das Zeilenende abhängig vom Betriebssystem durch eine bestimmte Zeichenkombination dargestellt. Unter *Linux* handelt es sich um LF (Line Feed = Zeilenvorschub), unter *Windows* um CRLF (Carriage Return = Wagenrücklauf, kombiniert mit LF). Aufgrund des fehlenden CR findet im Editor von *Windows* kein Zeilenumbruch statt, was die Lesbarkeit von *Linux*-Texten verhindert. Das Zeichen LF wird lediglich durch ein störendes Kästchen dargestellt.

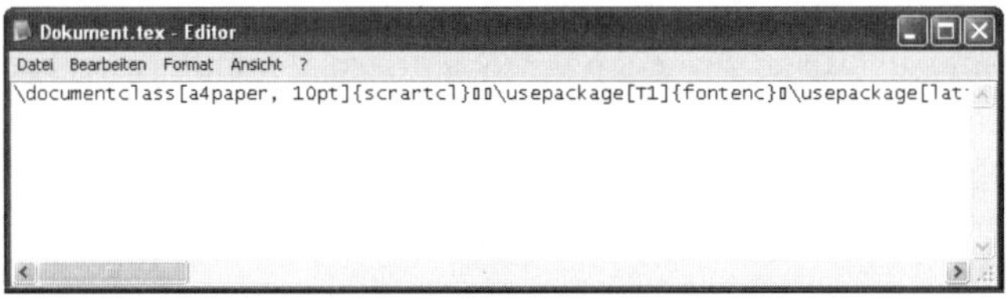

Bild 2.20: Unlesbare *Linux*-Texte unter *Windows*

Dateien unter *Linux* und *Windows* verwenden

Um das Problem mit dem Zeilenende zu vermeiden, markieren Sie das Kontrollkästchen WINDOWS/DOS im Menü EXTRAS ♦ ZEILENENDE. Nun schreibt *KWrite* anstelle von LF die Kombination CRLF, sodass die Texte unter *Windows* lesbar sind. Umgekehrt sind *Windows*-Texte trotz eines überflüssigen CR stets unter *Linux* problemlos lesbar.

2.2.2 Das Dokument in verschiedene Formate umwandeln

1. Wenn Sie *Windows* und *Linux* gleichzeitig auf einem PC nutzen möchten, lesen Sie sich den Anhang H auf der CD durch. Er beschreibt die völlig unproblematische Installation von *Windows XP* und *SuSE Linux 8.2* auf einer Festplatte.

2. Hinweise zur Installation von *teTeX* und der notwendigen Pakete zur Handhabung der Formate PS und PDF finden Sie in Anhang I auf der CD.

3. Wählen Sie die Einträge SYSTEM ♦ TERMINAL-PROGRAMME ♦ KONSOLE aus und stellen Sie den Ordner mit der Datei *Dokument.tex* als gegenwärtigen Arbeitsordner ein. Dies geschieht wie unter *Windows*. Es ist lediglich darauf zu achten, dass der Backslash \ in Pfadangaben nun durch einen Forwardslash / zu ersetzen ist.

Die Dateien von *Windows* unter *Linux* nutzen

Mit dem Befehl `cd /windows/E/Beispiele` wechseln Sie in den Ordner *E:\Beispiele* von *Windows*, der aufgrund des Dateisystems FAT 32 auch unter *Linux* für Lese- und Schreibvorgänge zur Verfügung steht.

4. Geben Sie den Befehl `latex Dokument` in der Konsole ein, um *Dokument.tex* zu bearbeiten. Als Ergebnis entsteht die Datei *Dokument.dvi*. Sie umfasst 900 Byte wie unter *Windows* in Abschnitt 2.1.3, was ein Beweis dafür ist, dass das DVI-Format den Namen »device independent« (geräteunabhängig) verdient hat.

Bild 2.21: Ein *LaTeX*-Dokument bearbeiten

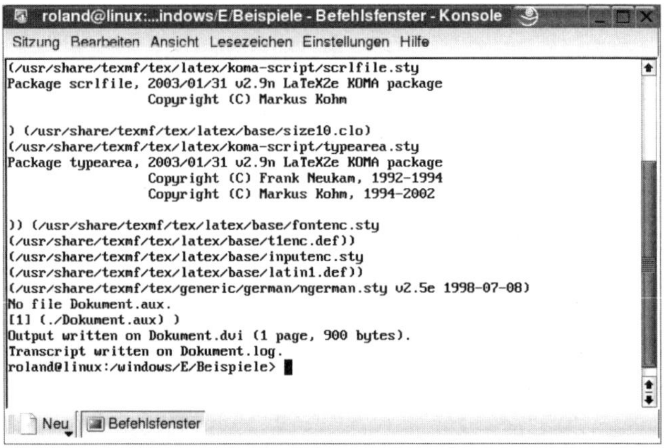

5. Nach einem Klick auf das Symbol für das Laufwerk *E* auf dem Desktop erscheint der *Konqueror*. Er zeigt die bereits bekannten Dateien *Dokument.aux*, *Dokument.dvi*, *Dokument.log* und *Dokument.tex* im Ordner *Beispiele* an.

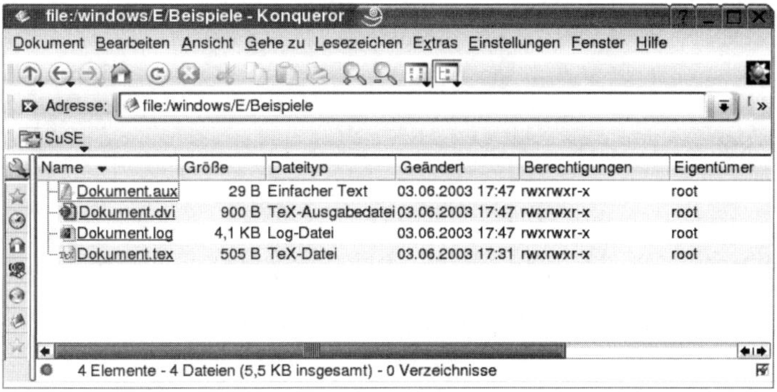

Bild 2.22:
Die entstandenen Dateien überblicken

6. Nach einem Klick auf *Dokument.dvi* werden Sie gefragt, welches Programm zum Anzeigen von DVI-Dateien zuständig ist. Geben Sie im Textfeld `xdvi` ein und markieren Sie das Kontrollkästchen PROGRAMM DIESEM DATEITYP FEST ZUORDNEN.

Bild 2.23:
Einen Dateityp registrieren

7. Nach einem Klick auf OK erscheint *Xdvi* und zeigt das fertige Dokument an. Es übernimmt die gleiche Funktion wie *YAP* unter *Windows*.

Bild 2.24:
Das DVI-Dokument
in *Xdvi*

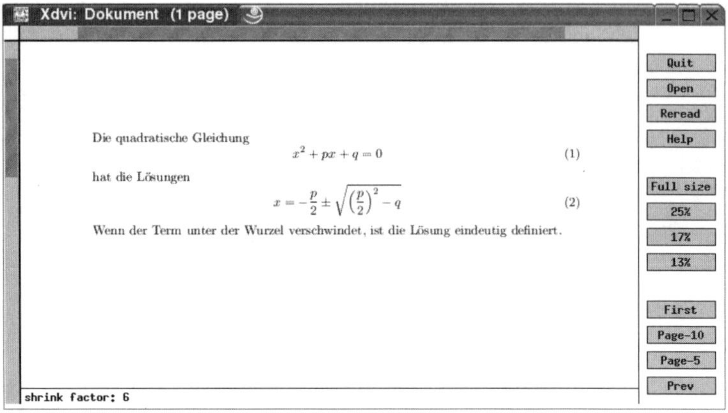

8. Der Befehl `dvips Dokument` in der Konsole wandelt *Dokument.dvi* nach *Dokument.ps* um.

Bild 2.25:
Das Format DVI
nach PS umwandeln

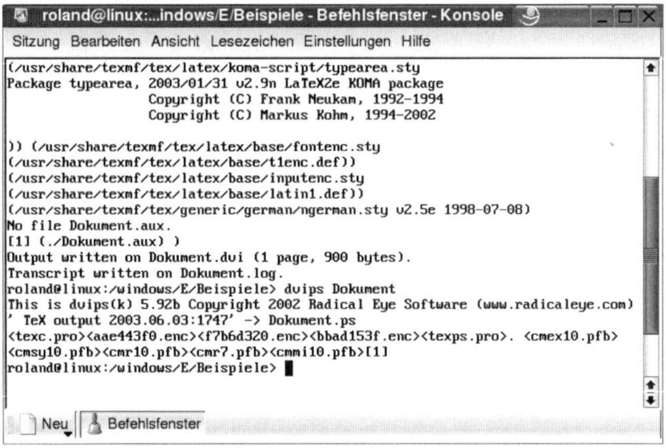

9. Ein Klick auf *Dokument.ps* genügt, um den Text zu betrachten. Der *Konqueror* ist in der Lage, PS- und PDF-Dokumente direkt anzuzeigen.

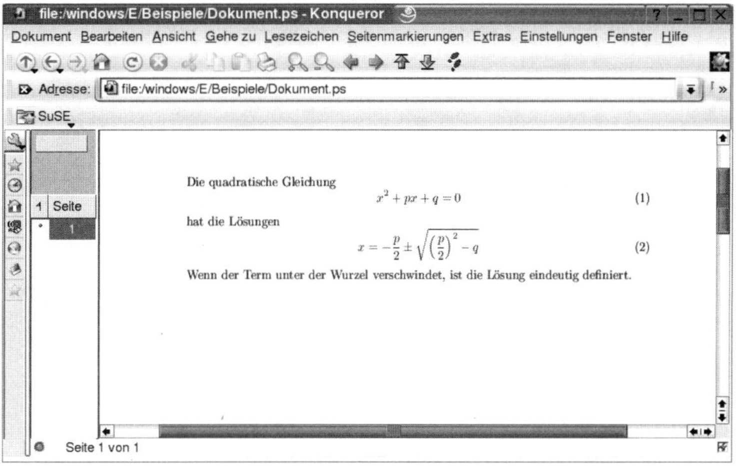

Bild 2.26:
Ein PS-Dokument
im *Konqueror*

10. Nach der Eingabe des Befehls `ps2pdf Dokument.ps` in der Konsole entsteht *Dokument.pdf*. Der *Konqueror* zeigt auch dieses Dokument nach einem Klick direkt an.

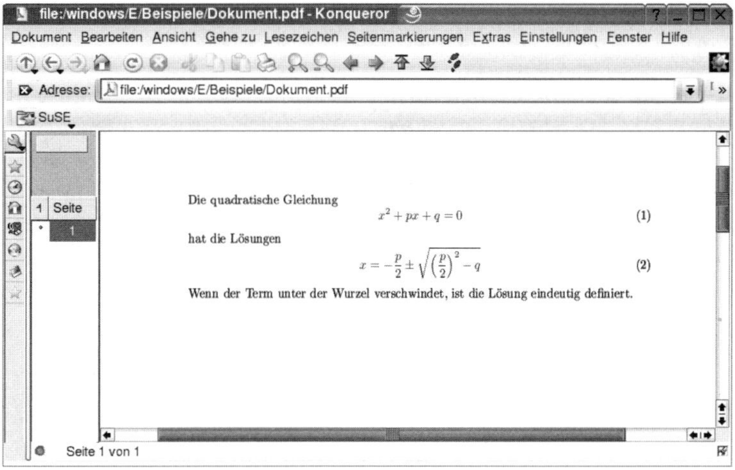

Bild 2.27:
Ein PDF-Dokument
im *Konqueror*

Alternative Befehle ausprobieren

Wie bereits unter *Windows* führen die Befehle `dvipdfm -p a4 Dokument` und `pdflatex Dokument` eine Umwandlung von DVI und von TEX direkt nach PDF durch. Zur Erinnerung sei nochmal erwähnt, dass alle weiteren Beispiele in diesem Buch mit *pdflatex* bearbeitet werden.

2.3 Den Bearbeitungsablauf überblicken

LaTeX ist eine Sprache zur Beschreibung von Dokumenten. Die Eigenschaften von Textteilen werden nicht über eine grafische Benutzeroberfläche wie zum Beispiel bei Word eingestellt, sondern durch Einstreuen von Befehlen.

Aufgrund der Befehlsstruktur ist der Umgang mit *LaTeX* für Benutzer, die zum Beispiel bisher mit Word gearbeitet haben, zunächst etwas gewöhnungsbedürftig. Mit den einzelnen Befehlen setzen wir uns in den nächsten Kapiteln detailliert auseinander. Trotzdem wollen wir schon jetzt einen Blick auf den Quelltext unseres ersten *LaTeX*-Dokuments werfen, um die Bedeutung einzelner Zeilen zu beleuchten.

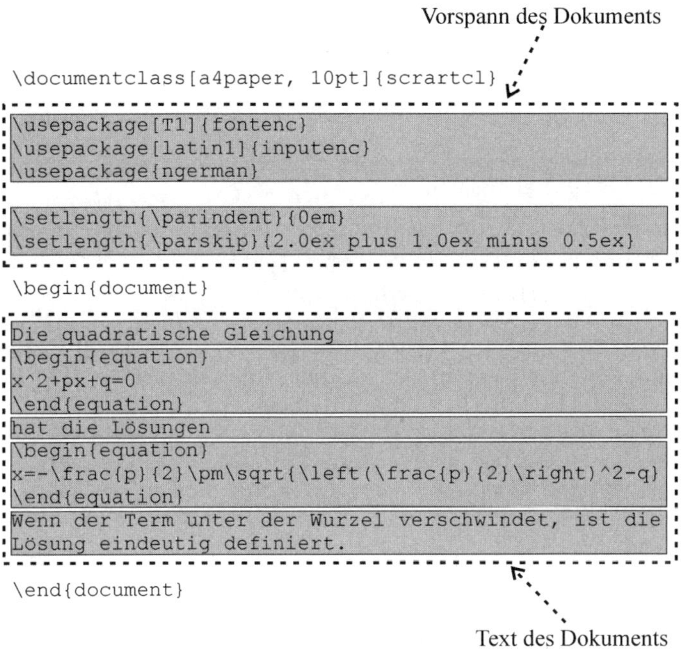

Bild 2.28:
Den Aufbau des ersten *LaTeX*-Dokuments überblicken

Die erste Zeile

```
\documentclass[a4paper, 10pt]{scrartcl}
```

legt den Typ des Dokuments (`scrartcl` für einen Artikel mit dem KOMA-Script Paket) und einige seiner Eigenschaften (`a4paper` für DIN-A4-Papier und `10pt` für die Schriftgröße 10 Point) fest.

Im Vorspann des Dokuments befinden sich die Zeilen

```
\usepackage[T1]{fontenc}
\usepackage[latin1]{inputenc}
\usepackage{ngerman}
```

zur Einbindung einiger Pakete (`fontenc` zur Festlegung der Kodierung der einzelnen Zeichen in den Schriftarten, `inputenc` zur Festlegung der Kodierung der einzelnen Zeichen in der Datei und `ngerman` zur Einstellung von einigen deutschsprachigen Anpassungen, zum Beispiel der neuen deutschen Rechtschreibung).

Die Zeilen

```
\setlength{\parindent}{0em}
\setlength{\parskip}{2.0ex plus 1.0ex minus 0.5ex}
```

legen fest, dass die erste Zeile eines neuen Absatzes (`\parindent`) nicht eingerückt wird und dass zwischen zwei Absätzen (`\parskip`) ein größerer Abstand als zwischen zwei Zeilen in einem Absatz entsteht. Hier passen wir also zwei Maße im Dokument an.

Zwischen den beiden Befehlen `\begin{document}` und `\end{document}` steht der eigentliche Text des Dokuments. Er besteht aus drei Blöcken mit reinem Text, zum Beispiel

```
Die quadratische Gleichung
```

und zwei eingestreuten mathematischen Formeln, zum Beispiel

```
\begin{equation}
x^2+px+q=0
\end{equation}
```

Der Quelltext einer Formel steht zwischen den beiden Befehlen `\begin{equation}` und `\end{equation}`.

Nun sind Sie bestimmt neugierig geworden, welche Vielfalt an Befehlen es in *LaTeX* gibt und freuen sich schon auf die weiteren Schritte. Im folgenden Diagramm sind die einzelnen Möglichkeiten zur Bearbeitung eines *LaTeX*-Dokuments noch einmal übersichtlich zusammengefasst. In diesem Buch bevorzugen wir die direkte Übersetzung eines *TeX*-Dokuments ins PDF-Format mit *pdflatex*.

Bild 2.29: Die einzelnen Schritte zur Bearbeitung eines *LaTeX*-Dokuments und zur Herstellung verschiedener Formate

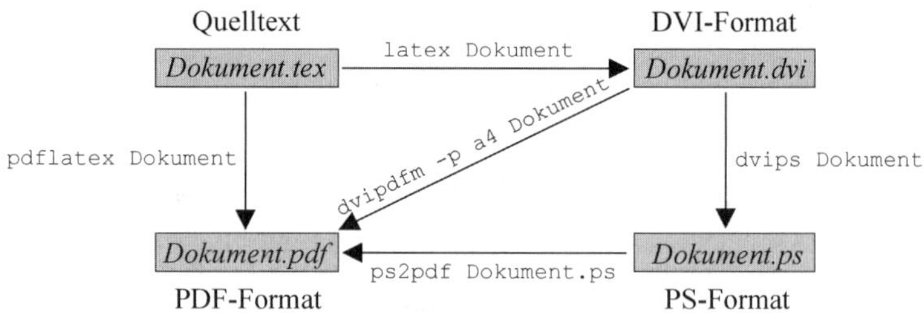

3 Einfache Texte verarbeiten

Nach der Installation von *MiKTeX* unter *Windows* sowie *teTeX* unter *Linux* einschließlich der notwendigen Hilfsprogramme in Kapitel 2 beginnen wir nun mit der Verarbeitung einfacher Texte. Sie erfahren zum Beispiel, wie Abschnitte entstehen und welche Zeichen für besondere Zwecke reserviert sind. Auch die Auswahl verschiedener Schriftarten und Schriftgrößen ist in *LaTeX* vollkommen problemlos.

Um viele Dinge, zum Beispiel die Trennung von Wörtern, müssen Sie sich nicht selbst kümmern. Diese Aufgaben übernimmt *LaTeX* automatisch. Große Bedeutung hat in diesem Zusammenhang das Paket mit den Anpassungen für den deutschsprachigen Raum. Zum Beispiel lassen sich mit ihm die deutschen Anführungszeichen leichter nutzen.

3.1 Ein Grundgerüst für Dokumente

Als erstes Kurzprojekt schreiben wir einige Zeilen aus dem Vorspann zu den »Erzählungen aus 1001 Nacht«.

3.1.1 Mit den Klassen von KOMA-Script arbeiten

In der ersten Zeile der *TeX*-Datei geben wir zunächst ein Layout für das Dokument an. Hierzu dient der Befehl

```
\documentclass[Optionen]{Layout}
```

Alle Befehle beginnen in *LaTeX* mit einem Backslash `\`. In einem eckigen Klammerpaar `[]` stehen Optionen. Ein geschweiftes Klammerpaar `{}` übernimmt Argumente.

- Als Optionen stehen im eckigen Klammerpaar häufig die Papiergröße (zum Beispiel `a4paper`) und die Schriftgröße (zum Beispiel `10pt`). Als Trennzeichen bei der Angabe mehrerer Optionen kommt das Komma zum Einsatz.
- Das Layout im geschweiften Klammerpaar ergibt sich aus dem Typ des Dokuments. Je nachdem, ob es sich um einen Brief, einen Artikel, einen Bericht oder ein Buch handelt, geben wir `scrlttr2`, `scrartcl`, `scrreprt` oder `scrbook` an.

Um die genaue Bedeutung der verschiedenen Optionen und Layouts beim `documentclass`-Befehl kümmern wir uns in Kapitel 4 noch ausführlich.

Die ursprünglichen Dokumentklassen ersetzen

Standardmäßig kennt *LaTeX* die Stile `letter`, `article`, `report` und `book`. KOMA-Script erweitert diese Dokumentklassen um einige Eigenschaften, die in der Praxis sehr nützlich sind. So haben Sie zum Beispiel mehr Gestaltungsmöglichkeiten bei Kopf- und Fußzeilen. Die Klassen von KOMA-Script sind an der Zeichenkombination `scr` an ihrem Anfang zu erkennen. Sie kommen im gesamten Buch zum Einsatz.

In unserem Kurzprojekt entscheiden wir uns für die Optionen `a4paper` und `10pt`. Für einen Ausschnitt aus den »Erzählungen aus 1001 Nacht« ist die Klasse `scrartcl` für einen Artikel hervorragend geeignet. Daher steht der Befehl

```
\documentclass[a4paper, 10pt]{scrartcl}
```

in der ersten Zeile des Dokuments.

3.1.2 Eine Kodierung für die Datei vorgeben

Das Textsatzsystem *TeX* stammt aus den USA, sodass wir die deutschen Sonderzeichen `ä`, `ö`, `ü`, `Ä`, `Ö`, `Ü` und `ß` eigentlich nicht direkt in den Textbereich des Editors eintippen dürfen. Sie gehören nicht zum ASCII-Code (American Standard Code for Information Interchange). Hierbei handelt es sich um eine rechnerinterne Vorschrift zur Darstellung von Zeichen durch Bitmuster, die aus 7 Bits bestehen, wobei jedes Bit einen der Werte `0` oder `1` hat. Zum Beispiel hat das Zeichen A das Bitmuster `1000001`. Die verfügbaren Zeichen des 7-Bit ASCII-Codes befinden sich in der linken Tabelle.

	000	001	002	003	004	005	006	007
0	NUL	DLE	SP	0	@	P	`	p
1	SOH	DC1	!	1	A	Q	a	q
2	STX	DC2	"	2	B	R	b	r
3	ETX	DC3	#	3	C	S	c	s
4	EOT	DC4	$	4	D	T	d	t
5	ENQ	NAK	%	5	E	U	e	u
6	ACK	SYN	&	6	F	V	f	v
7	BEL	ETB	'	7	G	W	g	w
8	BS	CAN	(	8	H	X	h	x
9	HT	EM	)	9	I	Y	i	y
A	LF	SUB	*	:	J	Z	j	z
B	VT	ESC	+	;	K	[	k	{
C	FF	FS	,	<	L	\	l	|
D	CR	GS	-	=	M	]	m	}
E	SO	RS	.	>	N	^	n	~
F	SI	US	/	?	O	_	o	DEL

	008	009	00A	00B	00C	00D	00E	00F
0	XXX	DCS	NB SP	°	À	Ð	à	ð
1	XXX	PU1	¡	±	Á	Ñ	á	ñ
2	BPH	PU2	¢	²	Â	Ò	â	ò
3	NBH	STS	£	³	Ã	Ó	ã	ó
4	XXX	CCH	¤	´	Ä	Ô	ä	ô
5	NEL	MW	¥	µ	Å	Õ	å	õ
6	SSA	SPA	¦	¶	Æ	Ö	æ	ö
7	ESA	EPA	§	·	Ç	×	ç	÷
8	HTS	SOS	¨	¸	È	Ø	è	ø
9	HTJ	XXX	©	¹	É	Ù	é	ù
A	VTS	SCI	ª	º	Ê	Ú	ê	ú
B	PLD	CSI	«	»	Ë	Û	ë	û
C	PLU	ST	¬	¼	Ì	Ü	ì	ü
D	RI	OSC	SHY	½	Í	Ý	í	ý
E	SS2	PM	®	¾	Î	Þ	î	þ
F	SS3	APC	¯	¿	Ï	ß	ï	ÿ

Bild 3.1:
Die einzelnen Zeichen in Latin-1

Um die Zeichen in weiteren Sprachen, zum Beispiel im westeuropäischen Raum, im Rechner darstellen zu können, wurde der ASCII-Code um 1 Bit erweitert, sodass er statt 128 Zeichen nun 256 Zeichen aufnehmen kann. Bei der Auffüllung der Zeichentabelle waren einige Hersteller kreativ und haben eigene Codes entwickelt. Ein standardisierter Code ist Latin-1, der die ersten 256 Zeichen des Unicodes umfasst.

Die Zeichen des Unicodes kennen lernen

Beim Unicode handelt es sich um eine Kodierung für die heutigen Weltsprachen, die eine Kapazität von 65.536 Zeichen hat. Auf der Homepage *http://www.unicode.org/* finden Sie eine Liste mit den einzelnen Codes und PDF-Dokumente mit den Zeichentabellen.

Wenn wir den Text unseres *LaTeX*-Dokuments in einer Datei speichern, wandelt der Editor die einzelnen Zeichen in Bitmuster um. Es ist wichtig, nach welcher Kodierung dies geschieht, damit das Programm *pdflatex* bei der späteren Bearbeitung aus den Bitmustern wieder die richtigen Zeichen macht. Der Befehl

```
\usepackage[latin1]{inputenc}
```

im Vorspann eines Dokuments teilt *pdflatex* mit, dass alle Zeichen in der Datei (`inputenc` = input encoding = Eingabekodierung) gemäß Latin-1 kodiert sind.

Der Editor unter *Windows* nutzt beim Speichern in Bild 2.2 den ANSI-Code, der bis auf einige Feinheiten mit Latin-1 identisch ist. Zum Beispiel hat Microsoft in diesem Code noch das Euro-Zeichen untergebracht. Bei *KWrite* unter *Linux* können wir die Kodierung beim Speichern vorgeben, wie in Bild 2.19 zu sehen ist.

Der Vorteil der Einstellung der Kodierung Latin-1 besteht darin, dass wir alle Zeichen in Bild 3.1 direkt in den Text eintippen können, zum Beispiel auch die deutschen Sonderzeichen `ä`, `ö`, `ü`, `Ä`, `Ö`, `Ü` und `ß`. Früher wurden diese Zeichen durch `"a`, `"o`, `"u`, `"A`, `"O`, `"U` und `"s` dargestellt.

Umgebungen beginnen in *LaTeX* mit `\begin{Umgebung}` und enden mit `\end{Umgebung}`. Bei `document` handelt es sich um eine solche Umgebung. Zwischen den Befehlen

```
\begin{document}
```

und

```
\end{document}
```

steht der eigentliche Text des Dokuments.

Die Datei *Erzählung1.tex* enthält zum Beispiel den Quelltext

```
\documentclass[a4paper, 10pt]{scrartcl}

\usepackage[latin1]{inputenc}

\begin{document}

Als Scheherazade merkte, dass die Nacht vorüber war, hielt
sie inne, und ihre kleine Schwester sprach:

\end{document}
```

Bei der Bearbeitung mit *pdflatex* entsteht die Datei *Erzählung1.pdf*.

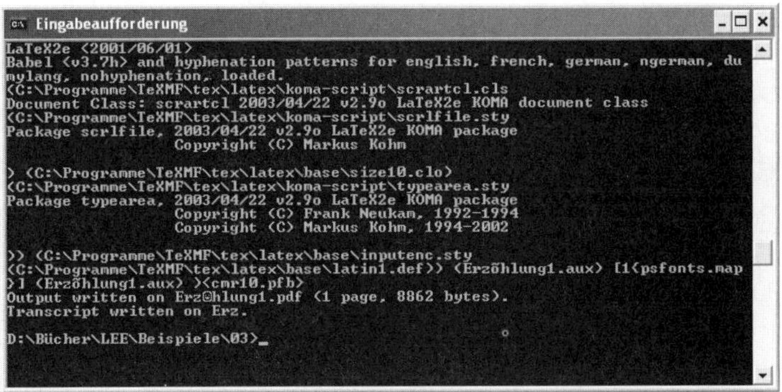

Bild 3.2: Falsche Zeichen in Dateinamen

Deutsche Sonderzeichen in Dateinamen verwenden

Moderne Eingabeaufforderungen sind in der Lage, deutsche Sonderzeichen in Dateinamen richtig zu erkennen. Sollten Sie auf Probleme stoßen, verwenden Sie *Erzaehlung1.tex* als Dateinamen. Anstelle des Buchstabens *ä* sehen Sie bei den Meldungen des Programms *pdflatex* unter *Windows* zum Beispiel das Zeichen *õ* (ein o mit aufgesetzter Tilde ~). Dies ist ein Hinweis darauf, dass die Eingabeaufforderung eine eigene Kodierung beherzigt, und zwar die Code Page 437. Hierdurch kommt es zu fehlerhaften Textausgaben, was Sie aber nicht weiter stören sollte.

Das Zeichen `ü` im Wort `vorüber` wird bei der Bearbeitung des Dokuments mit *pdflatex* richtig erkannt und umgesetzt.

Bild 3.3: Ein deutsches Sonderzeichen im Dokument

Als Scheherazade merkte, dass die Nacht vorüber war, hielt sie inne, und ihre kleine Schwester sprach:

Die erste Zeile eines Absatzes ist auf der linken Seite standardmäßig etwas eingerückt.

3.2 Sonderzeichen und Trennungen

Es gibt einige Zeichen, die wir nicht direkt in den Text tippen dürfen, weil sie für besondere Zwecke reserviert sind und folglich vor *pdflatex* versteckt werden müssen.

3.2.1 Deutsche Anführungszeichen eingeben

Um auf die deutschen Anführungszeichen bequem zugreifen zu können, wurde das Zusatzpaket `ngerman` entwickelt. Es aktiviert gleichzeitig die Trennungsmuster bezüglich der neuen deutschen Rechtschreibung.

Der Befehl

```
\usepackage[Optionen]{Name}
```

dient zum Einbinden eines Pakets im Vorspann eines Dokuments. Bei `ngerman` sind keine Optionen im eckigen Klammerpaar des `usepackage`-Befehls nötig, sodass der Befehl

```
\usepackage{ngerman}
```

die deutschsprachigen Anpassungen aktiviert.

Doppelte Anführungszeichen entstehen mit den Befehlen `\glqq` und `\grqq` (`g` = german, `l` = left, `r` = right, `q` = quote), die links oder rechts neben dem Text positioniert werden.

Zum Beispiel enthält die Datei *Erzählung2.tex* den Quelltext

```
\documentclass[a4paper, 10pt]{scrartcl}

\usepackage{ngerman}
\usepackage[latin1]{inputenc}

\begin{document}

Als Scheherazade merkte, dass die Nacht vorüber war, hielt
sie inne, und ihre kleine Schwester sprach:
\glqq Wahrlich, wer deinen Geschichten lauscht,
der ist wie im Zauberbann!\grqq

\end{document}
```

Wichtig ist, dass zwischen `\glqq` und dem darauf folgenden Wort ein Leerzeichen steht. Ansonsten meldet sich *pdflatex* bei der Bearbeitung mit der Fehlermeldung

```
! Undefined control sequence.
l.10 \glqqWahrlich
                  , wer deinen Geschichten lauscht,
?
```

weil der `glqqWahrlich`-Befehl unbekannt ist.

Bild 3.4: Deutsche Anführungszeichen im Dokument

> Als Scheherazade merkte, dass die Nacht vorüber war, hielt sie inne, und ihre kleine Schwester sprach: „Wahrlich, wer deinen Geschichten lauscht, der ist wie im Zauberbann!“

Einfache Anführungszeichen entstehen durch `\glq` und `\grq`. Für französische Anführungszeichen tauschen wir das `g` gegen ein `f` aus. So erzeugen `\flqq` und `\frqq` die Zeichen « und ». Zum Beispiel entsteht beim Quelltextausschnitt

```
\flqq Wahrlich, wer deinen Geschichten lauscht,
der ist wie im Zauberbann!\frqq
```

in der Datei *Erzählung3.tex* das Dokument

Bild 3.5: Französische Anführungszeichen im Dokument

> Als Scheherazade merkte, dass die Nacht vorüber war, hielt sie inne, und ihre kleine Schwester sprach: «Wahrlich, wer deinen Geschichten lauscht, der ist wie im Zauberbann!»

Befehle mit einem Backslash abschließen

Leerzeichen hinter einem Befehl, zum Beispiel bei `\glqq` und `\grqq`, werden bei der Bearbeitung verschluckt. Daher entsteht insbesondere bei `\grqq` kein Zwischenraum zum nächsten Wort. Durch das Hinzufügen eines Backslashs hinter dem Befehl `\grqq`, sodass `\grqq\` entsteht, wird ein nachfolgendes Leerzeichen richtig erkannt.

Für englische Anführungszeichen verwenden wir die Tastenkombinationen [⇧] + [`] (fallender Akzent auf der linken Seite) und [⇧] + ['] (einfaches Hochkomma auf der rechten Seite). Zum Beispiel entsteht beim Text

```
Als Scheherazade merkte, dass die Nacht vorüber war, hielt
sie inne, und ihre kleine Schwester sprach:
``Wahrlich, wer deinen Geschichten lauscht,
der ist wie im Zauberbann!''
```

in der Datei *Erzählung4.tex* das Dokument

> Als Scheherazade merkte, dass die Nacht vorüber war, hielt sie inne, und ihre kleine Schwester sprach: "Wahrlich, wer deinen Geschichten lauscht, der ist wie im Zauberbann!"

Bild 3.6:
Englische Anführungszeichen im Dokument

Um vor dem Wort `Und` im Quelltext

```
Als Scheherazade merkte, dass die Nacht vorüber war, hielt
sie inne, und ihre kleine Schwester sprach:
\glqq Wahrlich, wer deinen Geschichten lauscht,
der ist wie im Zauberbann!\grqq

Und Scheherazade entgegnete: \glqq Ach, ich könnte in der
nächsten Nacht noch viel schönere Geschichten erzählen
--- wenn ich dann noch am Leben wäre ...\grqq
```

in der Datei *Erzählung5.tex* einen neuen Absatz zu beginnen, tippen wir zweimal auf die Taste ↵, sodass eine leere Zeile entsteht. Sie sorgt bei der Bearbeitung mit *pdflatex* für einen neuen Absatz.

> Als Scheherazade merkte, dass die Nacht vorüber war, hielt sie inne, und ihre kleine Schwester sprach: „Wahrlich, wer deinen Geschichten lauscht, der ist wie im Zauberbann!“
> Und Scheherazade entgegnete: „Ach, ich könnte in der nächsten Nacht noch viel schönere Geschichten erzählen — wenn ich dann noch am Leben wäre ...“

Bild 3.7:
Ein neuer Absatz beginnt

Die erste Zeile des neuen Absatzes im Dokument ist wieder etwas eingerückt.

Überflüssige Leerzeichen und Leerzeilen

Es spielt keine Rolle, wie viele Leerzeichen Sie zwischen den einzelnen Wörtern eines Satzes einfügen. Alle Ansammlungen werden automatisch auf ein Leerzeichen reduziert. Dasselbe gilt für die Anzahl der Leerzeilen zwischen den einzelnen Absätzen.

Hinter dem Wort `erzählen` taucht ein Gedankenstrich auf, der durch drei aufeinander folgende Minus-Zeichen `---` entsteht.

3.2.2 Die Absätze formatieren

In manchen Texten ist die erste Zeile jedes Absatzes nicht eingerückt. Um die einzelnen Absätze noch optisch wahrzunehmen, fügt das Layout einen zusätzlichen vertikalen Abstand ein. Dies geschieht in unserer Erzählung durch die beiden Befehle

```
\setlength{\parindent}{0em}
\setlength{\parskip}{2.0ex plus 1.0ex minus 0.5ex}
```

im Vorspann des Dokuments in der Datei *Erzählung6.tex*. Bei der Bearbeitung entsteht

Als Scheherazade merkte, dass die Nacht vorüber war, hielt sie inne, und ihre kleine Schwester sprach: „Wahrlich, wer deinen Geschichten lauscht, der ist wie im Zauberbann!"

Und Scheherazade entgegnete: „Ach, ich könnte in der nächsten Nacht noch viel schönere Geschichten erzählen — wenn ich dann noch am Leben wäre ..."

Bild 3.8: Abstände zwischen Absätzen und keine Einrückung der ersten Zeilen

Der Befehl

```
\setlength{Maß}{Wert}
```

ordnet einem Maß einen festen oder einen elastischen Wert zu.

- Ein fester Wert besteht aus einem Vorzeichen, einer Dezimalzahl und einer Maßeinheit, zum Beispiel `2mm` (zwei Millimeter). Bei einem positiven Wert ist es üblich, das Vorzeichen wegzulassen.
- Ein elastisches Maß setzt sich aus einem Orientierungswert, dem Etikett `plus`, einem Dehnwert, dem Etikett `minus` und einem Schrumpfwert zusammen, zum Beispiel `15mm plus 10mm minus 5mm`. Im Gegensatz zum festen Maß kann das Maß nun etwas gedehnt oder verringert werden, also zum Beispiel zwischen `25mm` und `10mm` liegen. Hierdurch erlauben wir *pdflatex*, selbst ein geeignetes Maß auszuwählen, das im gegenwärtigen Dokumentumfeld sinnvoll erscheint.

Neben den bekannten Maßeinheiten mm (Millimeter) und cm (Zentimeter) gibt es noch em und ex. Der Wert 1em entspricht der Breite des Gedankenstrichs im gegenwärtigen Zeichensatz. Beim Wert 1ex handelt es sich um die Höhe des Buchstabens x im gegenwärtigen Zeichensatz. Somit hängen die Maßeinheiten em und ex von der Größe des jeweiligen Zeichensatzes ab.

Es ist möglich, im documentclass-Befehl statt 10pt auch 11pt oder 12pt anzugeben. Bei der Verwendung von Werten mit den Einheiten em und ex hängen die Maße von der Größe des Zeichensatzes ab, sodass sich das Layout automatisch der Schriftgröße anpasst.

Horizontale und vertikale Maße beachten

Bei der Verwendung der Maßeinheiten em und ex achten Sie darauf, ob ein horizontales oder ein vertikales Maß geändert werden soll. Weil em mit der Breite des Gedankenstrichs (horizontales Maß) und ex mit der Höhe des Buchstabens x (vertikales Maß) zusammenhängt, verwenden Sie em bei horizontalen und ex bei vertikalen Maßen.

Die beiden Maße, die wir im Vorspann von *Erzählung6.tex* geändert haben, sind \parindent und \parskip.

Tabelle 3.1: Zwei wichtige Maße für Absätze

Maß	Bedeutung
\parindent	Einrücktiefe der ersten Zeile eines Absatzes (horizontales Maß)
\parskip	zusätzlicher Abstand, der zum üblichen Zeilenabstand beim Beginn eines neuen Absatzes hinzugefügt wird (vertikales Maß)

Damit Maßänderungen für das gesamte Dokument gelten, kommen sie in seinen Vorspann. Die Zeilen

```
\setlength{\parindent}{0em}
\setlength{\parskip}{2.0ex plus 1.0ex minus 0.5ex}
```

sorgen in unserem Beispiel dafür, dass das `parindent`-Maß den festen Wert `0em` und das `parskip`-Maß den elastischen Wert `2.0ex plus 1.0ex minus 0.5ex` erhält. Auf diese Weise erfolgt keine Einrückung der ersten Zeile eines Absatzes und der Abstand zwischen zwei Absätzen vergrößert sich. Durch die Nutzung eines elastischen Wertes beim Absatzabstand darf *pdflatex* etwas schummeln. Wenn eine Zeile nicht mehr ganz auf eine Seite passt, kann der Absatzabstand leicht gestaucht oder gedehnt werden, um die Seite vollständig zu füllen.

Bei einer Änderung des standardmäßigen Absatzabstandes müssen wir darauf achten, dass Leerzeilen vor dem Anfang und nach dem Ende einer Umgebung als neue Absätze interpretiert werden. Hierdurch entstehen zum Beispiel größere vertikale Zwischenräume bei Formeln. Beim Bearbeiten des Quelltextausschnitts

```
Die quadratische Gleichung

\begin{equation}
x^2+px+q=0
\end{equation}

hat die Lösungen

\begin{equation}
x=-\frac{p}{2}\pm\sqrt{\left(\frac{p}{2}\right)^2-q}
\end{equation}

Wenn der Term unter der Wurzel verschwindet, ist die Lösung
eindeutig definiert.
```

in der Datei *Gleichung.tex*, wobei der Absatzabstand wieder durch den Befehl

```
\setlength{\parskip}{2.0ex plus 1.0ex minus 0.5ex}
```

vergrößert ist, entsteht das Dokument

Die quadratische Gleichung

$$x^2 + px + q = 0 \qquad (1)$$

hat die Lösungen

$$x = -\frac{p}{2} \pm \sqrt{\left(\frac{p}{2}\right)^2 - q} \qquad (2)$$

Wenn der Term unter der Wurzel verschwindet, ist die Lösung eindeutig definiert.

Bild 3.9: Große Zwischenräume zwischen Texten und Formeln

Hier sind die vertikalen Abstände zwischen Text- und Formelzeilen erheblich größer als in Bild 2.12. Wir müssen also die Absatzstruktur in unserem Dokument streng beachten.

Wenn wir die Einrückung der ersten Zeile eines Absatzes nur ab und zu ändern möchten, schreiben wir den `noindent`-Befehl vor den entsprechenden Absatz. Zum Beispiel steht in der Datei *Erzählung7.tex* der Quelltextausschnitt

```
\noindent Als Scheherazade merkte, dass die Nacht
vorüber war, hielt sie inne, und ihre kleine Schwester
sprach: \glqq Wahrlich, wer deinen Geschichten lauscht,
der ist wie im Zauberbann!\grqq
```

Hierdurch wird der erste Absatz der Erzählung nicht eingerückt, sodass sich das Dokument

Als Scheherazade merkte, dass die Nacht vorüber war, hielt sie inne, und ihre kleine Schwester sprach: „Wahrlich, wer deinen Geschichten lauscht, der ist wie im Zauberbann!“

Und Scheherazade entgegnete: „Ach, ich könnte in der nächsten Nacht noch viel schönere Geschichten erzählen — wenn ich dann noch am Leben wäre ...“

Bild 3.10: Auf die Einrückung bei der ersten Zeile eines Absatzes verzichten

ergibt.

3.2.3 Die Trennung steuern

Beim Bearbeiten eines Dokuments werden Wörter, die über die Zeilenbreite hinausragen, automatisch getrennt. Hierzu lädt *pdflatex* zu Beginn die Trennungsmuster (hyphenation patterns) verschiedener Sprachen. Das `ngerman`-Paket sorgt für die Aktivierung der Trennungsmuster für die neue deutsche Rechtschreibung.

In seltenen Fällen kommt es vor, dass Wörter falsch getrennt werden. Um *pdflatex* eine Hilfestellung zu geben, fügen wir an der Stelle, wo eine Trennung möglich ist, die Zeichenkombination `\-` ein, zum Beispiel `entgeg\-nete`. Die automatische Silbentrennung an den anderen Stellen wird nun aber unterdrückt, sodass das Wort nur noch bei der angegebenen Stelle getrennt wird.

Bei der Nutzung der Zeichenkombination `"-` bleibt die automatische Silbentrennung erhalten. Hier haben wir zusätzlich die Möglichkeit, direkt alle möglichen Stellen für eine Trennung anzugeben, zum Beispiel `ent"-geg"-ne"-te`.

3.2.4 Kommentare einfügen

Manchmal ist es sinnvoll, Kommentare in den Quelltext einzustreuen.

- Kommentare helfen dem Autor, sich bei einer späteren Durchsicht des Dokuments an die Bedeutung bestimmter Textteile zu erinnern. Zum Beispiel geht der Überblick beim Setzen der einzelnen Elemente in Bildern nicht so schnell verloren, wenn wir Bemerkungen zu ihrer Bedeutung einstreuen.
- Bei der Fehlersuche in einem *LaTeX*-Dokument sind Kommentare ein willkommenes Hilfsmittel. Sie erlauben es, Textpassagen vorübergehend zu deaktivieren, damit sie von *pdflatex* nicht bearbeitet werden. Durch diesen Trick ist es möglich, einen Fehler leichter zu finden, ohne Textzeilen zu löschen und anschließend wieder einzufügen.

Sobald der Einzeichenbefehl `%` auftaucht, überliest *pdflatex* den Rest der Zeile und fährt mit der Bearbeitung in der nächsten Zeile fort. Der Kommentar bleibt somit auf eine Zeile beschränkt. Um einen mehrzeiligen Kommentar zu erhalten, setzen wir vor jede Zeile das Zeichen `%`.

Zum Beispiel steht in der Datei *Erzählung8.tex* der Textausschnitt

```
% Einige Zeilen aus dem Vorspann zu den Erzählungen
% aus 1001 Nacht

Als Scheherazade merkte, dass die Nacht vorüber war, hielt
sie inne, und ihre kleine Schwester sprach:
\glqq Wahrlich, wer deinen Geschichten lauscht,
der ist wie im Zauberbann!\grqq
```

Vor dem ersten Absatz in der Erzählung stehen zwei einzeilige Kommentare, die bei der Bearbeitung überlesen werden.

3.2.5 Akzente und Sonderzeichen

Gewisse Zeichen sind für besondere Zwecke reserviert. Zum Beispiel leiten wir mit `%` einen Kommentar ein. Solche Zeichen dürfen nicht »so wie sie sind« in den Text getippt werden.

Im Dokument *Sonderzeichen.tex* befinden sich die Zeilen

```
Akzente: \'a, \`a, \^a, \u{a}, \v{a}, \~a, \.{a}, \d{a},
\={a}, \b{a}, \c{a}, \H{a}, \t{aa}

Befehlszeichen: \$, \%, \&, \#, \{, \}, \_

Sonderzeichen: \aa, \AA, \ae, \AE, \oe, \OE, \o, \O, \l,
\L, ?`, !`, \dag, \ddag, \P, \S, \copyright, \pounds
```

mit Akzenten, Befehlszeichen und Sonderzeichen.

Akzente: á, à, â, ă, ǎ, ã, ȧ, ạ, ā, a̱, a̧, a̋, a͡a

Befehlszeichen: $, %, &, #, {, }, _

Sonderzeichen: å, Å, æ, Æ, œ, Œ, ø, Ø, ł, Ł, ¿, ¡, †, ‡, ¶, §, ©, £

Bild 3.11: Akzente, Befehlszeichen und Sonderzeichen

Zum Beispiel müssen wir im Satz »Die Umsatzsteuer bei Büchern beträgt 7 %.« in der Datei *Umsatzsteuer.tex* das Zeichen `%` durch `\%` maskieren. Andernfalls glaubt *pdflatex*, dass es sich ab dem Prozentzeichen um einen einzeiligen Kommentar handelt.

```
Die Umsatzsteuer bei Büchern beträgt 7 \%.
```

Bei der Bearbeitung erscheint das Prozentzeichen.

Bild 3.12:
Ein Prozentzeichen
im Dokument

Die Umsatzsteuer bei Büchern beträgt 7 %.

Auf das einfache Hochkomma achten

Auf der Tastatur finden Sie einen fallenden und einen steigenden Akzent. Beachten Sie, dass bei einem Zeichen mit steigendem Akzent aber ein einfaches Hochkomma eingetippt werden muss, zum Beispiel `\'a`. Dieses kleine Verwirrspiel taucht auch bei englischen Anführungszeichen auf. Sollten Sie Akzente über die Buchstaben i und j setzen wollen, nutzen Sie die Befehle `\i` und `\j`. Sie erzeugen ein ı und ein ȷ ohne Punkt.

3.2.6 Das Euro-Zeichen verwenden

Das Euro-Zeichen ist in Latin-1 nicht vorgesehen. Um es nutzen zu können, binden wir das `eurosym`-Paket ein. Die Option `right` in den eckigen Klammern des `usepackage`-Befehls im Vorspann eines Dokuments sorgt für die Platzierung des Währungssymbols auf der rechten Seite eines Betrags.

```
\usepackage[right]{eurosym}
```

In die geschweiften Klammern des `EUR`-Befehls kommt ein Geldbetrag. Zum Beispiel enthält die Datei *Euro.tex* die Zeile

```
Darf ich Ihnen \EUR{1000} schenken?
```

Bei der Bearbeitung erscheint das Euro-Zeichen.

Bild 3.13:
Beträge in Euro sind
nun kein Problem mehr

Darf ich Ihnen 1000 € schenken?

3.2.7 Die Logos von TeX und LaTeX

Wenn wir in der Einleitung eines Dokuments erwähnen möchten, dass es in *LaTeX* geschrieben wurde, benötigen wir die Logos »TeX« und »LaTeX«. Sie stehen über die Befehle `\TeX` und `\LaTeX` im Dokument zur Verfügung.

Die Bearbeitung von *LaTeX.tex* mit der Zeile

```
\TeX, \LaTeX, MiK\TeX\ und te\TeX
```

liefert das Dokument

TEX, LATEX, MiKTEX und teTEX

Bild 3.14:
Die Logos von *TeX* und *LaTeX* verwenden

Hinter dem Befehl `\TeX` in `MiK\TeX\` wurde ein Backslash angefügt, damit das folgende Leerzeichen nicht verschluckt wird.

3.2.8 Fremdsprachige Texte schreiben

Die Nutzung des `inputenc`-Pakets mit der Option `latin1` erlaubt uns die direkte Eingabe fremdsprachiger Zeichen. Bei einer deutschen Tastatur stellt sich die Frage, wie wir zum Beispiel an das Zeichen ç (c mit Cedille) herankommen. Zu diesem Zweck dienen die beiden Hilfsprogramme *Latin1.exe* und *Latin1.jar* im Ordner *tools\latin1* auf der CD-ROM zu diesem Buch.

1. Lesen Sie den Anhang D auf der CD zur Installation des .NET Frameworks, um das Programm *Latin1.exe* ausführen zu können.

2. Lesen Sie den Anhang E auf der CD zur Installation der J2RE (Java 2 Runtime Environment), um das Programm *Latin1.jar* starten zu können.

EXE- und JAR-Programme nutzen

Die Programme *Latin1.exe* und *Latin1.jar* haben dieselbe Funktion. Das erste ist in *C#* und das zweite in *Java* geschrieben. Wenn Sie unter *Windows* arbeiten, nutzen Sie am besten *Latin1.exe*, weil die Programmiersprache C# von Microsoft entwickelt wurde. Unter *Linux* kommt *Latin1.jar* zum Einsatz, weil Sun die Programmiersprache *Java* schon vor einigen Jahren für *Linux* zur Verfügung gestellt hat.

Die grafischen Benutzeroberflächen von Programmen in *C#* und in *Java* sehen zwar etwas anders aus, lassen sich aber in gleicher Weise bedienen.

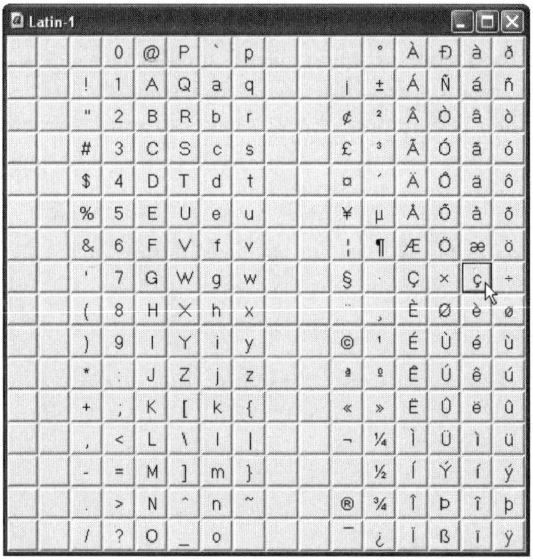

Bild 3.15: Schaltflächen für die einzelnen Zeichen aus Latin-1

Nach einem Klick auf eine Schaltfläche kopiert das Programm das zugehörige Zeichen in die Zwischenablage. Auf diese Weise steht es zum Beispiel im Editor von *Windows* über die Tastenkombination Strg + V zur Verfügung und kann bequem in den Text eingefügt werden.

Als Beispiel sehen wir uns den französischen Text in der Datei *Accueil.tex* an. Die Zeichen ê, ç, é und è sind mithilfe des Programms *Latin1* zunächst in die Zwischenablage kopiert und anschließend im Editor von dort abgeholt worden. Auf die Nutzung der Befehle zum Setzen von Akzenten in Abschnitt 3.2.5 können wir auf diese Weise verzichten.

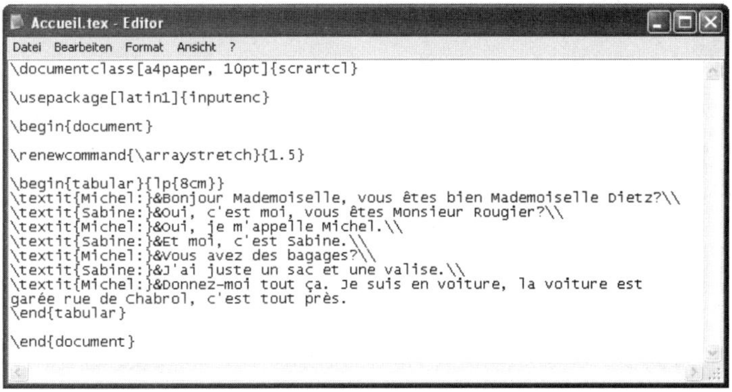


```
\documentclass[a4paper, 10pt]{scrartcl}

\usepackage[latin1]{inputenc}

\begin{document}

\renewcommand{\arraystretch}{1.5}

\begin{tabular}{lp{8cm}}
\textit{Michel:}&Bonjour Mademoiselle, vous êtes bien Mademoiselle Dietz?\\
\textit{Sabine:}&Oui, c'est moi, vous êtes Monsieur Rougier?\\
\textit{Michel:}&Oui, je m'appelle Michel.\\
\textit{Sabine:}&Et moi, c'est Sabine.\\
\textit{Michel:}&Vous avez des bagages?\\
\textit{Sabine:}&J'ai juste un sac et une valise.\\
\textit{Michel:}&Donnez-moi tout ça. Je suis en voiture, la voiture est
garée rue de Chabrol, c'est tout près.
\end{tabular}

\end{document}
```

Bild 3.16: Fremdsprachige Sonderzeichen im Text

Bei der Bearbeitung entsteht das Dokument

Michel:	Bonjour Mademoiselle, vous êtes bien Mademoiselle Dietz?
Sabine:	Oui, c'est moi, vous êtes Monsieur Rougier?
Michel:	Oui, je m'appelle Michel.
Sabine:	Et moi, c'est Sabine.
Michel:	Vous avez des bagages?
Sabine:	J'ai juste un sac et une valise.
Michel:	Donnez-moi tout ça. Je suis en voiture, la voiture est garée rue de Chabrol, c'est tout près.

Bild 3.17: Ein französisches Gespräch mit direkt eingegebenen Sonderzeichen

Auf die Bedeutung der `tabular`-Umgebung zum Setzen von Tabellen kommen wir in einem späteren Kapitel zu sprechen.

3.2.9 Chemische Verbindungen eingeben

Zum Höher- und Tieferstellen eines Textes gibt es in KOMA-Script die beiden Befehle

```
\textsuperscript{Text}
\textsubscript{Text}
```

Der `textsubscript`-Befehl ist zum Beispiel bei chemischen Verbindungen nützlich. Das Dokument *Butan.tex* enthält den Textausschnitt

```
Bei C\textsubscript{4}H\textsubscript{10} handelt es sich
um Butan.
```

Bei der Bearbeitung werden die Ziffern etwas tiefer als der normale Text platziert und in einer kleineren Schriftgröße dargestellt.

Bild 3.18: Eine chemische Verbindung

Bei C_4H_{10} handelt es sich um Butan.

3.3 Schriftattribute ändern

Zur Einstellung der Schräge oder der Größe der gegenwärtigen Schrift gibt es verschiedene Befehle. Standardmäßig wird das Dokument in einer normalen und aufrechten Version der Schriftart »Roman« gesetzt.

3.3.1 Eine andere Schriftart auswählen

Als ursprüngliche Zeichensätze stehen Roman, Sans Serif und Typewriter zur Verfügung. Sie gehören zur CM-Reihe (Computer Modern), die speziell zum Entstehungszeitpunkt von *TeX* entwickelt wurden.

Um einen Textteil in einer anderen Schrift darzustellen, schreiben wir ihn in die geschweiften Klammern der Befehle `textrm`, `textsf` oder `texttt` hinein. Die Schriftdicke wird mit `textmd` und `textbf` beeinflusst. Mit den Befehlen `textup`, `textit` und `textsl` legen wir die Schriftschräge fest. Für Wörter mit großen Buchstaben ist der Befehl `textsc` zuständig.

Die Wirkung aller neun Befehle ist im Dokument *Schriftarten.tex* gut zu sehen.

```
Zeichensätze: \textrm{Roman}, \textsf{Sans Serif},
\texttt{Typewriter}

Schriftdicke: \textmd{Normal}, \textbf{Hervorgehoben}

Schriftschräge: \textup{Aufrecht}, \textit{Italic},
\textsl{Slanted}

Großbuchstaben: \textsc{Small Caps}

Kombinationen: \textbf{\textit{hervorgehoben und geneigt}}
```

In der letzten Zeile entsteht eine hervorgehobene und geneigte Schrift durch Verschachtelung der Befehle `textbf` und `textit`.

Zeichensätze: Roman, Sans Serif, `Typewriter`

Schriftdicke: Normal, **Hervorgehoben**

Schriftschräge: Aufrecht, *Italic*, *Slanted*

Großbuchstaben: SMALL CAPS

Kombinationen: ***hervorgehoben und geneigt***

Bild 3.19: Verschiedene Schriftarten und Attribute

Ein praktisches Beispiel zur Nutzung der CM-Schriften steht in der Datei *Definition.tex*.

```
\textbf{Definition:} \textit{Die Gleichung
\begin{equation}
y'+g(x)y+h(x)y^\alpha =0,\quad\alpha\neq 1
\end{equation}
wird als \textsc{Bernoulli}-Differenzialgleichung
bezeichnet.}
```

In vielen Lehrbüchern wird der Text in einer Definition kursiv gedruckt. Eigennamen erscheinen in Small Caps. Um Aufmerksamkeit zu erregen, wird das Etikett `Definition:` hervorgehoben.

Bild 3.20: Verschiedene Schriftarten in einer Definition

Definition: *Die Gleichung*

$$y' + g(x)y + h(x)y^{\alpha} = 0, \quad \alpha \neq 1 \tag{1}$$

wird als BERNOULLI-*Differenzialgleichung bezeichnet.*

Nicht jede beliebige Kombination von Schriftarten und Attributen ist erlaubt. Zum Beispiel entsteht bei der Bearbeitung von *Typewriter.tex* mit dem Ausschnitt

```
\texttt{Die normale Typewriter-Schrift.}

\texttt{\textit{Gibt es eine geneigte
Typewriter-Schrift?}}

\texttt{\textbf{Gibt es eine hervorgehobene
Typewriter-Schrift?}}
```

das Dokument

Bild 3.21: Nicht alle Attribute sind stets verfügbar

```
Die normale Typewriter-Schrift.

Gibt es eine geneigte Typewriter-Schrift?

Gibt es eine hervorgehobene Typewriter-Schrift?
```

Folglich hat der `textbf`-Befehl bei Typewriter keine Wirkung. Diese Erkenntnis spielt auch in *Definition.tex* eine wichtige Rolle. Im Text

```
\textit{Die Gleichung ... \textsc{Bernoulli} ... bezeichnet.}
```

steht der Name »Bernoulli« im `textsc`-Befehl, der seinerseits in `textit` auftaucht. Es gibt keine geneigte Version von Small Caps, sodass `textit` keine Wirkung entfaltet.

3.3.2 Die Schriftgröße einstellen

Für Größenänderungen gibt es die Befehle `tiny`, `scriptsize`, `footnotesize`, `small`, `normalsize`, `large`, `Large`, `LARGE`, `huge` und `Huge`. Im Vergleich zu den Befehlen für Schriftarten

```
\Schriftart{Text}
```

kommt der Text nicht in die geschweiften Klammern hinter dem Befehl. Er wird zusammen mit dem Befehl in ein geschweiftes Klammerpaar eingeschlossen.

```
{\Schriftgröße Text}.
```

Im Dokument *Schriftgrößen.tex* probieren wir alle Größen aus.

```
{\tiny tiny}, {\scriptsize scriptsize},
{\footnotesize footnotesize}, {\small small},
{\normalsize normalsize}, {\large large}, {\Large Large},
{\LARGE LARGE}, {\huge huge} und {\Huge Huge}
```

Die Änderungen wirken relativ zur standardmäßigen Größe `normalsize` des Textes im Dokument.

tiny, scriptsize, footnotesize, small, normalsize, large, Large, LARGE, huge und Huge

Bild 3.22: Verschiedene Schriftgrößen im Vergleich

In vielen Fällen kümmert sich *LaTeX* automatisch um die richtige Schriftgröße, zum Beispiel bei einer Fußnote. Eine manuelle Einstellung mit den obigen Befehlen ist daher in der Praxis selten.

Der *LaTeX*-Schriftzug auf dem Cover dieses Buches wurde zum Beispiel mit der Zeile

```
\textbf{\Huge \LaTeX}
```

in der Datei *Logo.tex* erzeugt.

LaTeX

Bild 3.23: Der Schriftzug auf dem Cover

Dieses Logo musste anschließend noch etwas vergrößert und überarbeitet werden.

3.3.3 Moderne Schriftarten einstellen

Neben der Nutzung der standardmäßigen CM-Zeichensätze ist es mithilfe des PSNFSS-Pakets (Postscript New Font Selection Scheme) möglich, andere Schriftarten zu aktivieren, die anstelle von Roman, Sans Serif und Typewriter zum Einsatz kommen.

Tabelle 3.2: Zusätzliche Pakete zur Aktivierung verschiedener Schriftarten

Paket	textrm	textsf	texttt	Formeln
kein	Roman	Sans Serif	Typewriter	Roman
`mathptmx`	Times	-	-	Times
`mathpazo`	Palatino	-	-	Palatino
`helvet`	-	Helvetica	-	-
`avant`	-	Avant Garde	-	-
`courier`	-	-	Courier	-
`bookman`	Bookman	Avant Garde	Courier	-
`newcent`	New Century Schoolbook	Avant Garde	Courier	-

Wenn kein Paket eingebunden ist, sind die Standardschriften voreingestellt. Ein Strich in der obigen Tabelle bedeutet, dass die jeweilige Schriftart nicht angepasst wird. Beim Einbinden mehrerer Pakete ist die zuletzt eingestellte Schriftart vorrangig.

Zum Beispiel steht im Vorspann des Dokuments *Mathpazo.tex* der Befehl

```
\usepackage{mathpazo}
```

Im Vergleich zu Bild 2.12 kommt nun Palatino für normalen Text und mathematische Formeln zum Einsatz.

Die quadratische Gleichung

$$x^2 + px + q = 0 \qquad (1)$$

hat die Lösungen

$$x = -\frac{p}{2} \pm \sqrt{\left(\frac{p}{2}\right)^2 - q} \qquad (2)$$

Wenn der Term unter der Wurzel verschwindet, ist die Lösung eindeutig definiert.

Bild 3.24: Palatino ist für normalen Text und mathematische Formeln aktiviert

Der Befehl

```
\usepackage{bookman}
```

in der Datei *Bookman.tex* sorgt für die Aktivierung von Bookman in unserer Erzählung.

Als Scheherazade merkte, dass die Nacht vorüber war, hielt sie inne, und ihre kleine Schwester sprach: „Wahrlich, wer deinen Geschichten lauscht, der ist wie im Zauberbann!"
Und Scheherazade entgegnete: „Ach, ich könnte in der nächsten Nacht noch viel schönere Geschichten erzählen — wenn ich dann noch am Leben wäre ..."

Bild 3.25: Bookman ist für normalen Text eingestellt

3.3.4 Zeichen über ihre Codes ansprechen

Um ein Befehlszeichen im Text auszugeben, schreiben wir einen Backslash davor, zum Beispiel `\%` für das Prozentzeichen. Leider sorgt die Kombination `\\` nicht für einen Backslash, sondern für einen Sprung in eine neue Zeile.

Im Dokument *Zeilensprung.tex* befindet sich ein Zeilensprung hinter dem Wort `Nacht`.

```
Als Scheherazade merkte, dass die Nacht\\ vorüber war, hielt
sie inne, und ihre kleine Schwester sprach:
\glqq Wahrlich, wer deinen Geschichten lauscht,
der ist wie im Zauberbann!\grqq
```

Weil kein neuer Absatz beginnt, ist die zweite Zeile nicht eingerückt.

Als Scheherazade merkte, dass die Nacht
vorüber war, hielt sie inne, und ihre kleine Schwester sprach: „Wahrlich, wer deinen Geschichten lauscht, der ist wie im Zauberbann!"

Bild 3.26: Die Wirkung eines Zeilensprungs

Der doppelte Backslash `\\` ist eine Abkürzung für den `newline`-Befehl zur Durchführung eines Sprungs in eine neue Zeile.

LaTeX bietet die Möglichkeit an, ein Zeichen über seine Nummer im Zeichensatz mit dem Befehl

```
\symbol{Nummer}
```

anzusprechen. Es ist erforderlich, die Kodierung des Zeichensatzes festzulegen, um falsche Zeichenanordnungen zu verhindern. Dies geschieht mit dem Befehl

```
\usepackage[T1]{fontenc}
```

Bei der Einstellung der Option `T1` beim `fontenc`-Paket (fontenc = font encoding = Zeichensatzkodierung) enthält jede Schriftart 256 Zeichen. In der standardmäßig voreingestellten Option `OT1` sind nur 128 Zeichen verfügbar.

Fünf wichtige Zeilen im Vorspann eines Dokuments

Im ersten *LaTeX*-Dokument in Kapitel 2 stehen die Zeilen

```
\usepackage[T1]{fontenc}
\usepackage[latin1]{inputenc}
\usepackage{ngerman}

\setlength{\parindent}{0em}
\setlength{\parskip}{2.0ex plus 1.0ex minus 0.5ex}
```

In diesem Kapitel haben Sie die Bedeutung dieser Befehle im Detail kennen gelernt. Die ersten drei sollten heutzutage im Vorspann eines jeden deutschsprachigen Dokuments auftauchen.

Das Dokument *CMR.tex* liefert eine Tabelle mit allen verfügbaren Zeichen in Roman. Die Erzeugung tabellenartiger Strukturen besprechen wir in einem späteren Kapitel.

` 0	´ 1	ˆ 2	˜ 3	¨ 4	˝ 5	˚ 6	ˇ 7
˘ 8	¯ 9	˙ 10	¸ 11	˛ 12	‚ 13	‹ 14	› 15
“ 16	” 17	„ 18	« 19	» 20	– 21	— 22	23
0 24	ı 25	ȷ 26	ff 27	fi 28	fl 29	ffi 30	ffl 31
␣ 32	! 33	" 34	# 35	$ 36	% 37	& 38	’ 39
(40	) 41	* 42	+ 43	, 44	- 45	. 46	/ 47
0 48	1 49	2 50	3 51	4 52	5 53	6 54	7 55
8 56	9 57	: 58	; 59	< 60	= 61	> 62	? 63
@ 64	A 65	B 66	C 67	D 68	E 69	F 70	G 71
H 72	I 73	J 74	K 75	L 76	M 77	N 78	O 79
P 80	Q 81	R 82	S 83	T 84	U 85	V 86	W 87
X 88	Y 89	Z 90	[91	\ 92	] 93	^ 94	_ 95
‘ 96	a 97	b 98	c 99	d 100	e 101	f 102	g 103
h 104	i 105	j 106	k 107	l 108	m 109	n 110	o 111
p 112	q 113	r 114	s 115	t 116	u 117	v 118	w 119
x 120	y 121	z 122	{ 123	| 124	} 125	~ 126	- 127
Ă 128	Ą 129	Ć 130	Č 131	Ď 132	Ě 133	Ę 134	Ğ 135
Ĺ 136	Ľ 137	Ł 138	Ń 139	Ň 140	Ŋ 141	Ő 142	Ŕ 143
Ř 144	Ś 145	Š 146	Ş 147	Ť 148	Ţ 149	Ű 150	Ů 151
Ÿ 152	Ź 153	Ž 154	Ż 155	Ĳ 156	İ 157	đ 158	§ 159
ă 160	ą 161	ć 162	č 163	ď 164	ě 165	ę 166	ğ 167
ĺ 168	ľ 169	ł 170	ń 171	ň 172	ŋ 173	ő 174	ŕ 175
ř 176	ś 177	š 178	ş 179	ť 180	ţ 181	ű 182	ů 183
ÿ 184	ź 185	ž 186	ż 187	ĳ 188	¡ 189	¿ 190	£ 191
À 192	Á 193	Â 194	Ã 195	Ä 196	Å 197	Æ 198	Ç 199
È 200	É 201	Ê 202	Ë 203	Ì 204	Í 205	Î 206	Ï 207
Ð 208	Ñ 209	Ò 210	Ó 211	Ô 212	Õ 213	Ö 214	Œ 215
Ø 216	Ù 217	Ú 218	Û 219	Ü 220	Ý 221	Þ 222	SS 223
à 224	á 225	â 226	ã 227	ä 228	å 229	æ 230	ç 231
è 232	é 233	ê 234	ë 235	ì 236	í 237	î 238	ï 239
ð 240	ñ 241	ò 242	ó 243	ô 244	õ 245	ö 246	œ 247
ø 248	ù 249	ú 250	û 251	ü 252	ý 253	þ 254	ß 255

Bild 3.27: Die Nummern der einzelnen Zeichen in Roman

Das umgekehrte Fragezeichen in der spanischen Version der Frage »Mit dem Wagen oder zu Fuß?« können wir nun anstelle von `?`` durch `\symbol{190}` direkt ansprechen. Die Zeile

```
\symbol{190}En coche o a pie?
```

in der Datei *Fragezeichen.tex* liefert das Dokument

Bild 3.28:
Eine spanische Frage

¿En coche o a pie?

Im Dokument *OT1.tex* ist keine Zeichensatzkodierung vorgegeben, sodass nur 128 Zeichen in Roman vorhanden sind. Daher fehlen die letzten 16 Zeilen in der nächsten Tabelle.

Bild 3.29:
Der verkürzte Zeichensatz von Roman, der nicht mehr zum Einsatz kommen sollte

Γ 0	Δ 1	Θ 2	Λ 3	Ξ 4	Π 5	Σ 6	Υ 7
Φ 8	Ψ 9	Ω 10	ff 11	fi 12	fl 13	ffi 14	ffl 15
ı 16	ȷ 17	` 18	´ 19	ˇ 20	˘ 21	¯ 22	˚ 23
¸ 24	ß 25	æ 26	œ 27	ø 28	Æ 29	Œ 30	Ø 31
‐ 32	! 33	” 34	# 35	$ 36	% 37	& 38	’ 39
(40	) 41	* 42	+ 43	, 44	- 45	. 46	/ 47
0 48	1 49	2 50	3 51	4 52	5 53	6 54	7 55
8 56	9 57	: 58	; 59	¡ 60	= 61	¿ 62	? 63
@ 64	A 65	B 66	C 67	D 68	E 69	F 70	G 71
H 72	I 73	J 74	K 75	L 76	M 77	N 78	O 79
P 80	Q 81	R 82	S 83	T 84	U 85	V 86	W 87
X 88	Y 89	Z 90	[91	“ 92	] 93	ˆ 94	˙ 95
‘ 96	a 97	b 98	c 99	d 100	e 101	f 102	g 103
h 104	i 105	j 106	k 107	l 108	m 109	n 110	o 111
p 112	q 113	r 114	s 115	t 116	u 117	v 118	w 119
x 120	y 121	z 122	– 123	— 124	˝ 125	˜ 126	¨ 127

Im Vergleich zu Bild 3.27 fehlen nun einige wichtige Zeichen. Zum Beispiel gibt es keinen Backslash, den wir beim erweiterten Zeichensatz mit `\symbol{92}` erhalten. Wichtig ist auch, dass das umgekehrte Fragezeichen ¿ in Roman mit 128 Zeichen durch `\symbol{62}` entsteht. Bei 256 verfügbaren Zeichen verwenden wir `\symbol{190}`. Die Angabe der Zeichenkodierung spielt also wie die Eingabekodierung bei der Bearbeitung von Dokumenten mit *pdflatex* eine große Rolle.

Das Dokument *CMTI.tex* liefert die geneigte Version von Roman. *CMTT.tex* enthält die Zeichen von Typewriter. Die zugehörigen Tabellen enthalten dieselben Zeichen wie in Bild 3.27.

Pfade zu Dateien werden in Dokumenten häufig geneigt dargestellt. Um den Backslash einzufügen, verwenden wir den Befehl `\symbol{92}`. Zum Beispiel erzeugen die Zeilen

```
Der Ordner \textit{C:\symbol{92}Programme\symbol{92}TeXMF}
enthält die Dateien von MiK\TeX.
```

in der Datei *Ordner.tex* das Dokument

Der Ordner *C:\Programme\TeXMF* enthält die Dateien von MiKTEX.

Bild 3.30:
Ein Backslash in einer Pfadangabe

3.4 Auf Fehlermeldungen reagieren

Leider verläuft bei der Bearbeitung eines Dokuments mit *pdflatex* nicht immer alles reibungslos ab. Wenn zum Beispiel ein Befehl in einer falschen Umgebung auftaucht, erscheint eine Fehlermeldung auf dem Bildschirm.

In der Datei *Fehler.tex* steht der Text

```
Der Ordner \textit{C:\backslash Programme\backslash TeXMF}
enthält die Dateien von MiK\TeX.
```

Bei der Bearbeitung mit *pdflatex* sehen wir die Fehlermeldung »Missing $ inserted«, weil der `backslash`-Befehl zur Erzeugung des Zeichens \ nur in der mathematischen Umgebung und nicht im normalen Textmodus auftauchen darf. Um diesen Fehler zu beheben, fügt *pdflatex* automatisch das Zeichen `$` für den Beginn einer mathematischen Umgebung ein.

Bild 3.31:
Die mathematische
Umgebung fehlt

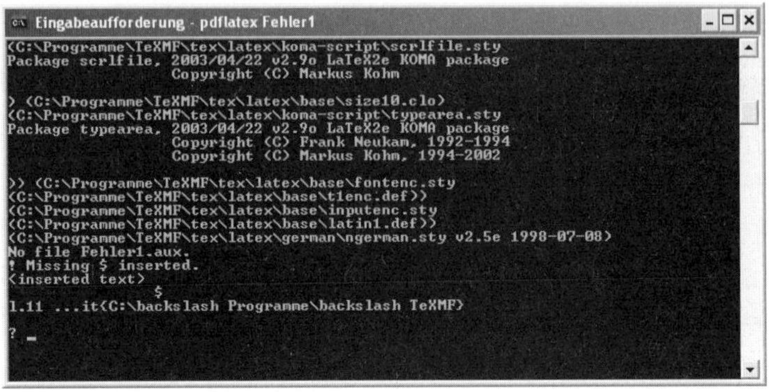

Über die Taste ↵ veranlassen wir, dass die Bearbeitung des Dokuments fortgesetzt wird. Nun passiert es häufig, dass Folgefehler auftreten und somit weitere Fehlermeldungen auf dem Bildschirm erscheinen. In unserem Beispiel ist klar, dass die mathematische Umgebung, die von *pdflatex* zur Korrektur eingefügt wurde, irgendwo wieder enden muss. Daher erscheint die Meldung »Extra }, or forgotten $« auf dem Bildschirm.

Bild 3.32:
Ein Folgefehler entsteht

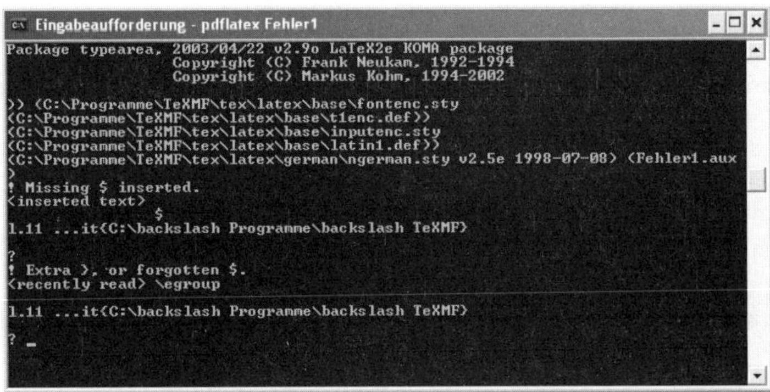

Nach mehrfachem Tippen auf die Taste ↵ und weiteren Fehlermeldungen ist die Bearbeitung des Dokuments beendet.

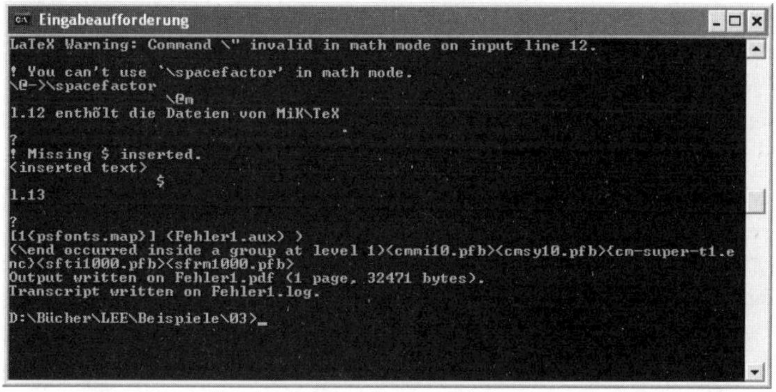

Bild 3.33: Die Bearbeitung des Dokuments ist beendet

Das Dokument ist allerdings unbrauchbar.

Der Ordner *C:\Programme\TeXMFenthltdieDateienvonMiKTEX.*

Bild 3.34: Ein unbrauchbares Dokument

Manchmal kommt es auch vor, dass *pdflatex* trotz wilden Tippens auf die Taste ↵ irgendwann nicht mehr weiß, wie es noch vernünftig weitergehen soll und dann eine Eingabe erwartet. In diesem Fall brechen wir die Bearbeitung am besten durch die Tastenkombination Strg + C ab.

Zur Behebung eines Fehlers empfiehlt sich die folgende Vorgehensweise:

1. Zunächst müssen Sie in der Eingabeaufforderung erkennen, dass *pdflatex* die Bearbeitung eines Dokuments aufgrund einer Fehlermeldung anhält.

2. Sehen Sie sich die Fehlermeldung an und überlegen Sie, was im Quelltext des Dokuments falsch sein kann. Die Zeilennummer zum Fehler kann als Orientierung dienen, an welcher Stelle der Quelltext zu berichtigen ist. Es kann vorkommen, dass sich der eigentliche Fehler einige Zeilen höher befindet.

3. Brechen Sie die Bearbeitung durch die Tastenkombination Strg + C ab. Es ist meistens nicht sinnvoll, die Bearbeitung fortzusetzen.

4. Korrigieren Sie den Fehler im Quelltext. Hierbei kann es manchmal nützlich sein, einzelne Zeilen durch vorübergehendes Einfügen des Zeichens `%` in eine Kommentarzeile zu verwandeln.

5. Nach der Korrektur des Fehlers bearbeiten Sie das Dokument erneut.

Dokumente »Step by Step« erstellen

Sie sollten Dokumente immer schrittweise erstellen und zwischendurch mit *pdflatex* bearbeiten, um Fehler frühzeitig zu erkennen und zu beheben.

Die folgenden Fehlermeldungen sind bei Anfängern sehr häufig zu finden. Zur Orientierung sind Hinweise zur Fehlerbehebung beigefügt.

- `! Double subscript`: Zwei Zeichen _ zur Tiefstellung von Symbolen tauchen ohne Klammerung hintereinander auf, zum Beispiel `$q_x_1$` anstelle von `$q_{x_1}$`.
- `! Double superscript`: Zwei Zeichen `^` zur Hochstellung von Symbolen tauchen ohne Klammerung hintereinander auf, zum Beispiel `$x^2^3$` anstelle von `${x^2}^3$`.
- `! Extra }, or forgotten $`: Hier fehlt die Klammer `}` am Ende einer Umgebung oder ein Dollarzeichen zur Beendigung des mathematischen Modus. Es kann auch sein, dass die Klammer `{` vergessen wurde. Der eigentliche Fehler kann einige Zeilen höher liegen.
- `! Extra alignment tab has been changed to \cr`: Eine Zeile in einer Tabelle enthält mehr Zellen als Spalten verfügbar sind.

- `! Misplaced alignment tab character &`: Das Zeichen `&` taucht im normalen Text auf. Es muss durch `\&` maskiert werden.
- `! Missing $ inserted`: Ein Befehl taucht im normalen Textmodus auf, der eigentlich nur in einer mathematischen Umgebung zur Verfügung steht.
- `! Missing { inserted`: Es fehlt die Klammer `{` für den Beginn einer Umgebung oder Verschachtelung eines Textelements.
- `! Missing } inserted`: Es fehlt die Klammer `}` für das Ende einer Umgebung oder Verschachtelung eines Textelements. Bei diesem Fehler liegt die Ursache häufig einige Zeilen höher.
- `! Undefined control sequence`: Der Name eines Befehls ist unbekannt, zum Beispiel `\textt{Quellcode}` anstelle von `\texttt{Quellcode}`.

Weiterhin können noch Warnmeldungen auftreten. Sie behindern die weitere Bearbeitung des Dokuments aber nicht.

- `Overfull \hbox`: In horizontale Richtung ist eine Textbox entstanden, die über den Rand hinausragt. In diesem Fall müssen wir den Text etwas umschreiben oder eine Trennhilfe einfügen.
- `Underfull \hbox`: In horizontale Richtung ist eine Textbox entstanden, die nicht bis an den Rand herankommt. In diesem Fall müssen wir den Text etwas umschreiben oder eine Trennhilfe einfügen.
- `Overfull \vbox`: Eine Textbox ragt über den unteren Rand der Seite hinaus. Dieser Fehler tritt manchmal auf, wenn Maße nicht elastisch sind, sodass eine Zeile nicht mehr ganz auf eine Seite passt und sich *LaTeX* nicht traut, diese Zeile auf die nächste Seite zu setzen.
- `Underfull \vbox`: Eine Textbox kommt nicht an den unteren Rand der Seite heran. Dieser Fehler tritt manchmal auf, wenn Maße nicht elastisch sind, sodass eine Zeile nicht mehr ganz auf eine Seite passt und *LaTeX* sich entscheidet, diese Zeile auf die nächste Seite zu setzen.

Im idealen Fall erscheinen bei der Bearbeitung mit *LaTeX* weder Fehler- noch Warnmeldungen.

4 Den Seitenstil festlegen

In Kapitel 3 haben wir die ersten Befehle von *LaTeX* kennen gelernt und ausprobiert. Zum Beispiel ist nun bekannt, wie deutsche Sonderzeichen in den Text gelangen. Im Grundgerüst unserer ersten Dokumente war der Artikelstil angegeben. Das exakte Layout des Textes steht somit fest, sodass benutzereigene Anpassungen oft unnötig sind.

Um einige Dinge sollten Sie sich bei Bedarf jedoch selbst kümmern können. Zum Beispiel sind die Seitenmaße häufig nicht vernünftig voreingestellt, sodass die Vorder- und Rückseite eines doppelseitig bedruckten Dokuments beim Hindurchsehen nicht exakt übereinander liegen. Geeignete Befehle erlauben die Anpassung des Absatzabstandes oder der Einrücktiefe der ersten Zeile eines Absatzes.

Es ist auch möglich, Textbestandteile auf einer Seite in einer bestimmten Weise auszurichten. Spezielle Umgebungen, die wir am Ende dieses Kapitels besprechen, stehen für ganze Textblöcke zur Verfügung, zum Beispiel um Verse eines Gedichts oder originalen Text in Form von Quellcode auszugeben.

4.1 Einen Dokumentstil auswählen

In der ersten Zeile eines *TeX*-Dokuments taucht der Befehl

```
\documentclass[Optionen]{Stil}
```

mit einer Optionsliste und dem Dokumentstil auf.

Es gibt zahlreiche Optionen und Stile, deren Bedeutung in den nächsten beiden Tabellen zusammengestellt ist. Um zum Beispiel ein Buch im Format DIN A4 zu schreiben, geben wir `a4paper` als Option und `scrbook` als Stil an.

Tabelle 4.1: Die Bedeutung einzelner Optionen

Option	Bedeutung
10pt, 11pt oder 12pt	eine Schriftgröße festlegen, standardmäßig ist 11pt eingestellt
a4paper, a5paper, b5paper, letterpaper, legalpaper, executive-paper	verschiedene Papierformate (A4: 21 cm x 29.7 cm, A5: 14.8 cm x 21 cm, B5: 18.2 cm x 25.7 cm, Letter: 21.59 cm x 27.94 cm, Legal: 21.59 cm x 35.56 cm, Executive: 18.41 cm x 26.67 cm)
landscape	das Dokument wird nicht im Hochformat (Standard), sondern im Querformat gesetzt
leqno	die Nummerierungen von mathematischen Gleichungen befinden sich nicht auf der rechten Seite (Standard), sondern auf der linken Seite
fleqn	mathematische Gleichungen werden nicht zentriert (Standard), sondern linksbündig ausgegeben
oneside, twoside	das Dokument ist einseitig oder doppelseitig (also mit Vorderseite und Rückseite), beim Stil scrbook ist twoside standardmäßig voreingestellt
onecolumn, twocolumn	einspaltiger (Standard) oder doppelspaltiger Druck

Tabelle 4.2: Die Bedeutung der Stile von KOMA-Script

Stil	Bedeutung
scrlttr2	Brief mit Standardmerkmalen
scrartcl	Artikel; einseitiger Druck, eine Gliederung erfolgt mit den Befehlen \part (I), \section (1), \subsection (1.1), \subsubsection (1.1.1), Seitenzahl steht zentriert in der Fußzeile
scrreprt	Bericht; einseitiger Druck, eine Gliederung erfolgt mit den Befehlen \part (I), \chapter (1), \section (1.1), \subsection (1.1.1), \subsubsection (keine Nummerierung), ein Teil (part) sorgt nun für den Einschub einer zusätzlichen Seite, bei einem neuen Kapitel (chapter) beginnt eine neue Seite für den Text, die Seitenzahl steht zentriert in der Fußzeile
scrbook	Buch; doppelseitiger Druck, Gliederung wie bei einem Bericht, Kapitel beginnen auf einer Seite mit einer ungeraden Seitennummer (also auf der rechten Seite), die Kapitelüberschrift (gerade Seite) oder die Abschnittsüberschrift (ungerade Seite) befindet sich in der Kopfzeile, die Seitenzahl steht in der Fußzeile

Die Anleitung zu KOMA-Script lesen

Im Ordner *docs* auf der CD-ROM zu diesem Buch finden Sie die Anleitung *scrguide.pdf* von den Autoren des KOMA-Script-Paketes. Sie beschreibt die verfügbaren Optionen und individuellen Gestaltungsmöglichkeiten bei den vier Stilen sehr ausführlich.

4.1.1 Einen Brief schreiben

Im Dokument *Letter.tex* stehen die folgenden Zeilen eines einfachen Briefes.

```
\documentclass[a4paper, 10pt]{scrlttr2}

\usepackage[right]{eurosym}
\usepackage[T1]{fontenc}
\usepackage[latin1]{inputenc}
\usepackage{ngerman}

\setlength{\parindent}{0em}
\setlength{\parskip}{2.0ex plus 1.0ex minus 0.5ex}

\begin{document}

\setkomavar{fromname}{Frank Müller}
\setkomavar{fromaddress}{Hüttenstraße 45\\85586 Poing}
\setkomavar{title}{Bestellung}
\setkomavar{subject}{\subjectname: Bestellung einiger
  ↳ Artikel}

\begin{letter}{Cybershop GmbH\\Schillerstraße 17\\76331
  ↳ Hüttental}

\opening{Sehr geehrte Damen und Herren,}
```

```
hiermit bestelle ich die folgenden Artikel in Ihrem Shop:

...

\closing{Mit freundlichen Grüßen}

\end{letter}

\end{document}
```

Bei der Bearbeitung entsteht ein Brief für eine Bestellung mit Faltmarken am linken Rand, der für einen Fensterbriefumschlag geeignet ist.

Bild 4.1: Ein Ausschnitt aus einem Brief

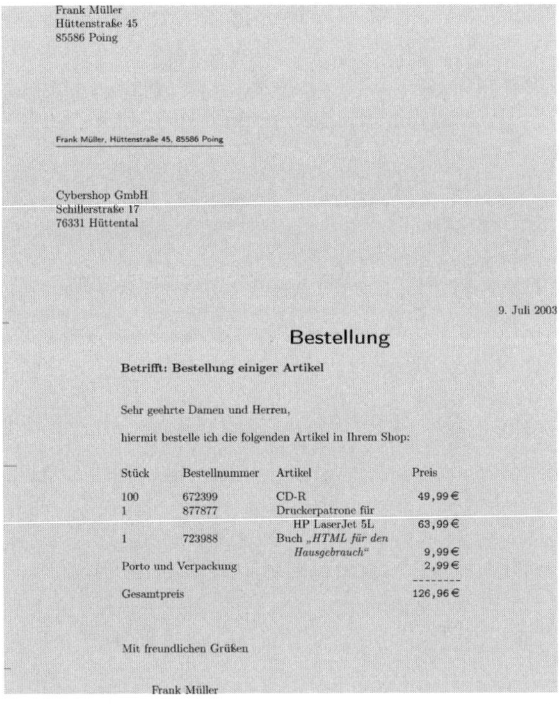

Frank Müller
Hüttenstraße 45
85586 Poing

Frank Müller, Hüttenstraße 45, 85586 Poing

Cybershop GmbH
Schillerstraße 17
76331 Hüttental

9. Juli 2003

Bestellung

Betrifft: Bestellung einiger Artikel

Sehr geehrte Damen und Herren,

hiermit bestelle ich die folgenden Artikel in Ihrem Shop:

Stück	Bestellnummer	Artikel	Preis
100	672399	CD-R	49,99 €
1	877877	Druckerpatrone für HP LaserJet 5L	63,99 €
1	723988	Buch *„HTML für den Hausgebrauch"*	9,99 €
Porto und Verpackung			2,99 €

Gesamtpreis			126,96 €

Mit freundlichen Grüßen

Frank Müller

Der Befehl `\setkomavar{Variable}{Wert}` weist einer Variablen des Briefstils einen Wert zu. Wir verwenden im obigen Brief die Variablen `fromname` (Name des Absenders), `fromaddress` (Adresse des Absenders), `title` (Titel für den Briefkopf) und `subject` (Betreff des Briefs). Mit \subjectname fragen wir den lokalisierten Bezeichner für den Betreff ab, der im deutschsprachigen Raum Betrifft ist. Die einzelnen Zeilen in der Adresse sind durch den Befehl \\ als Abkürzung von \newline getrennt.

Der eigentliche Brieftext steht zwischen den Befehlen

```
\begin{letter}{Empfänger}
```

und

```
\end{letter}
```

Der Befehl \opening ist für die Anrede zuständig. Die Grußformel steht im Befehl \closing.

4.1.2 Ein Buch strukturieren

Das Dokument *Book1.tex* enthält die Zeilen

```
\documentclass[a4paper, 10pt]{scrbook}

\usepackage[T1]{fontenc}
\usepackage[latin1]{inputenc}
\usepackage{ngerman}

\setlength{\parindent}{0em}
\setlength{\parskip}{2.0ex plus 1.0ex minus 0.5ex}

\begin{document}

\setcounter{chapter}{3}

\chapter{Den Seitenstil festlegen}

In Kapitel 3 haben wir die ersten Befehle von \LaTeX\
kennen gelernt ...

\section{Einen Dokumentstil auswählen}

In der ersten Zeile eines \TeX-Dokuments taucht der
Befehl ...
```

```
\section{Die Seitengröße einrichten}

\newpage

\section{Zeilen und Seiten umbrechen}

\section{Zwischenräume einfügen}

\newpage

\section{Texte ausrichten}

Die \texttt{center}-Umgebung sorgt für die Zentrierung
von Textbestandteilen. Bei der Bearbeitung ...

\end{document}
```

Mit dem Befehl `\newpage` beginnen wir eine neue Seite, sodass das Buch aus drei Seiten besteht. Für den Nachbau des gegenwärtigen Kapitels in *LaTeX* benötigen wir nur die Befehle `\chapter` und `\section`. Damit die Kapitelnummer 4 erscheint, erhält der Zähler `chapter` unmittelbar vor dem Beginn des vierten Kapitels den Wert `3`. Er wird automatisch erhöht, sobald ein neues Kapitel beginnt. In Abschnitt 10.1.4 kommen wir auf die Funktion von Zählern im Detail zurück.

Auf der ersten Seite steht die Kapitelüberschrift und der erste Abschnitt. Die Seitennummer befindet sich auf der Anfangsseite eines Kapitels rechts unten in der Fußzeile. Sie ist im folgenden Bild weggelassen worden.

Bild 4.2: Die erste Seite des Buches

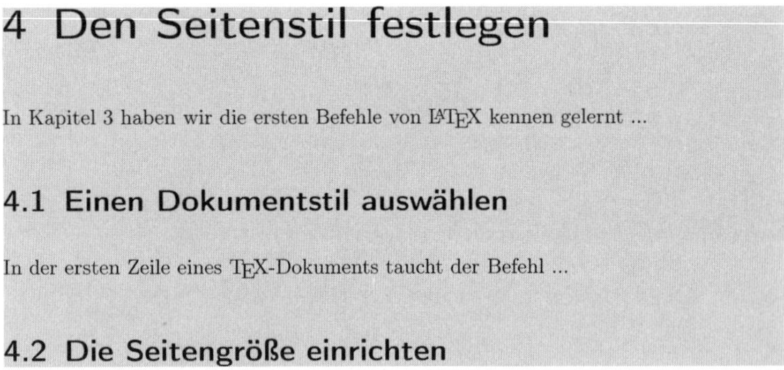
4 Den Seitenstil festlegen

In Kapitel 3 haben wir die ersten Befehle von LaTeX kennen gelernt ...

4.1 Einen Dokumentstil auswählen

In der ersten Zeile eines TeX-Dokuments taucht der Befehl ...

4.2 Die Seitengröße einrichten

In der Kopfzeile der zweiten Seite ist links die Kapitelüberschrift aufgeführt.

4 Den Seitenstil festlegen

4.3 Zeilen und Seiten umbrechen

4.4 Zwischenräume einfügen

Bild 4.3:
Die zweite Seite
des Buches

In der Kopfzeile auf der dritten Seite befindet sich rechts die Überschrift des gegenwärtigen Abschnitts.

4.5 Texte ausrichten

4.5 Texte ausrichten

Die `center`-Umgebung sorgt für die Zentrierung von Textbestandteilen. Bei der Bearbeitung ...

Bild 4.4:
Die dritte Seite
des Buches

In den Bildern 4.2, 4.3 und 4.4 ist die Seitenzahl in der Fußzeile nicht wiedergegeben. Sie steht rechts- oder linksbündig passend zur Ausrichtung der Überschrift in der Kopfzeile.

Um die serifenlose Schriftart für die Überschriften abzuschalten, steht der Befehl

```
\setkomafont{sectioning}{\normalfont\normalcolor\bfseries}
```

in der Datei *Book2.tex*.

4 Den Seitenstil festlegen

In Kapitel 3 haben wir die ersten Befehle von LaTeX kennen gelernt ...

4.1 Einen Dokumentstil auswählen

In der ersten Zeile eines TeX-Dokuments taucht der Befehl ...

4.2 Die Seitengröße einrichten

Bild 4.5:
Die normale Schriftart
in den Überschriften

Die Option `chapterprefix` ändert die Kapitelüberschrift ab, sodass zunächst in einer Zeile `Kapitel` gefolgt von der gegenwärtigen Nummer und in einer weiteren Zeile die Kapitelüberschrift steht.

Die Datei *Book3.tex* beginnt mit der Zeile

```
\documentclass[a4paper, 10pt, chapterprefix]{scrbook}
```

Auf der ersten Seite taucht nun eine separate Kapitelzeile auf.

Bild 4.6: Eine separate Zeile für die Kapitelnummer

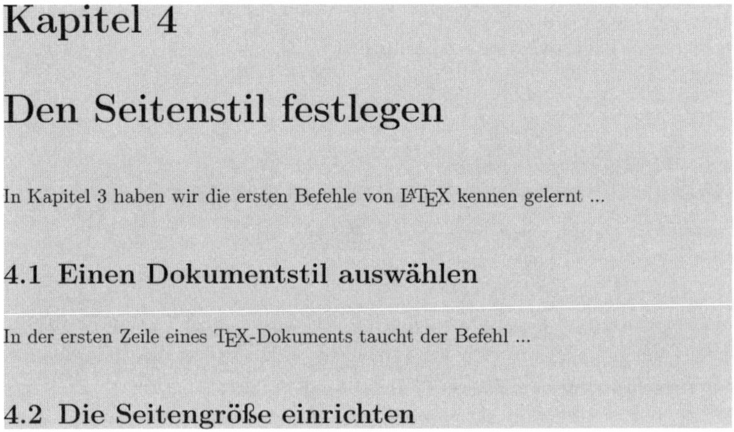
Kapitel 4

Den Seitenstil festlegen

In Kapitel 3 haben wir die ersten Befehle von LaTeX kennen gelernt ...

4.1 Einen Dokumentstil auswählen

In der ersten Zeile eines TeX-Dokuments taucht der Befehl ...

4.2 Die Seitengröße einrichten

Die Überschrift in der Kopfzeile auf den geraden Seiten passt sich automatisch an.

Bild 4.7: Die angepasste Überschrift in der Kopfzeile

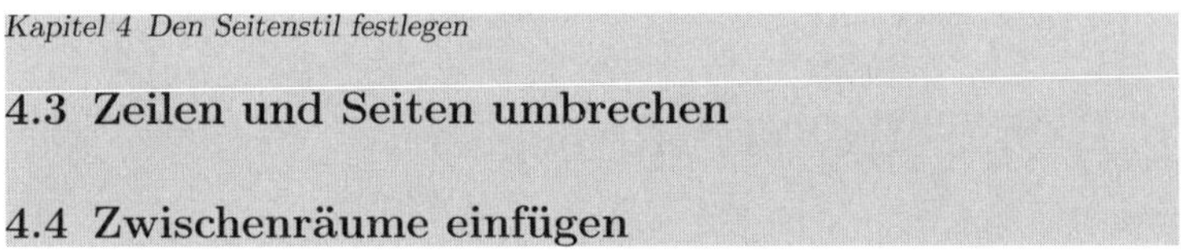
Kapitel 4 Den Seitenstil festlegen

4.3 Zeilen und Seiten umbrechen

4.4 Zwischenräume einfügen

4.2 Die Seitengröße einrichten

In *LaTeX* stehen verschiedene Maße zur Verfügung, um das Layout einer Seite zu beeinflussen.

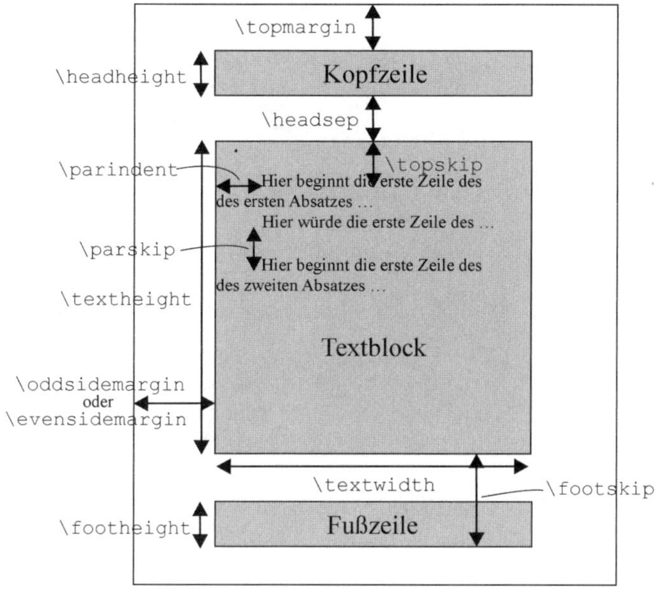

Bild 4.8:
Überblick über
wichtige Seitenmaße

Zum Beispiel verschieben die Zeilen

```
\setlength{\oddsidemargin}{9mm}
\setlength{\evensidemargin}{-1mm}
```

im Vorspann eines Dokuments den Text auf den ungeraden und geraden Seiten in horizontale Richtung. Auf diese Weise erreichen wir, dass die Seitenzahlen eines doppelseitigen Ausdrucks beim Hindurchblicken gegen das Licht übereinander liegen. Die beiden Werte muss jeder Benutzer für seinen Drucker selbst ermitteln, weil jeder Druckertreiber eigene Verschiebungen in horizontale und vertikale Richtung durchführt, die als Offsetverschiebungen bezeichnet werden.

Tabelle 4.3:
Die Bedeutung
der Seitenmaße

Seitenmaß	**Bedeutung**
`\topmargin`	Abstand zwischen dem oberen Rand der Seite und dem oberen Rand der Kopfzeile
`\headheight`	Höhe der Kopfzeile

Tabelle 4.3. (Forts.): Die Bedeutung der Seitenmaße

Seitenmaß	Bedeutung
`\topskip`	Abstand zwischen dem oberen Rand des Textblocks und der Grundlinie der ersten Zeile
`\parindent`	Einrücktiefe der ersten Zeile eines Absatzes
`\parskip`	ein zusätzlicher Abstand, der zum üblichen Abstand zweier Zeilen beim Beginn eines neuen Absatzes hinzugefügt wird
`\textheight`	Höhe des Textblocks
`\textwidth`	Breite des Textblocks
`\oddsidemargin` oder `\evensidemargin`	Abstand zwischen dem linken Rand der Seite mit einer ungeraden (`odd`) oder geraden (`even`) Seitennummer und dem linken Rand des Textblocks
`\footskip`	Abstand zwischen dem unteren Rand des Textblocks und dem unteren Rand der Fußzeile
`\footheight`	Höhe der Fußzeile

Die meisten Maße sind von KOMA-Script bezüglich der angegebenen Schriftgröße im `documentclass`-Befehl vernünftig ausgerechnet. In der Praxis ist daher nur eine Anpassung des linken, oberen und rechten Randes nötig.

Eigene Maße einstellen

Die Programme zum Ausdrucken von Dokumenten in den Formaten **.dvi*, **.ps* und **.pdf* und die Druckertreiber führen unterschiedliche Offsetverschiebungen durch. An dieser Stelle lohnt es sich, die drei Maße `\topmargin`, `\oddsidemargin` und `\evensidemargin` bezüglich Ihres Systems zu ermitteln. Mit Copy und Paste ist es leicht möglich, so viel Text ins Dokument einzufügen, dass zwei gefüllte Seiten in einem Buch entstehen.

Eine Datei mit der Erweiterung **.tex* können wir an einer beliebigen Stelle eines *TeX*-Dokuments mit dem Befehl

```
\input{Dateiname}
```

einbinden. Häufig ist es sinnvoll, die einzelnen Kapitel eines Buches in separaten Dateien zu speichern, die mit mehreren Befehlen `\input` in das Hauptdokument integriert werden.

Einzelne Kapitel entmachten

LaTeX-Texte entstehen häufig schrittweise, um später nicht von einem Stapel an Fehlermeldungen überrascht zu werden. Durch Hinzufügen des Kommentarzeichens `%` vor einem `input`-Befehl verhindern Sie die Einbindung des Quelltextes in dieser Datei ins Dokument. Auf diese Weise bleibt die Bearbeitung eines Textes auf die Teile beschränkt, die nicht herauskommentiert wurden, wodurch sich Zeit sparen lässt.

Die einzelnen Befehle zur Änderung der Seitenmaße schreiben wir zum Beispiel in die Datei *Format.tex* hinein. Mit dem Befehl

```
\input{Format}
```

vor dem Befehl

```
\begin{document}
```

im eigentlichen Dokument entfalten die geänderten Seitenmaße von Anfang an ihre Wirkung. Die Erweiterung **.tex* kann bei der Angabe eines Dateinamens wegfallen.

Der Befehl

```
\include{Dateiname}
```

fügt ebenfalls den Quelltext in der angegebenen Datei ein, führt aber vorher einen Seitenwechsel durch.

4.3 Zeilen und Seiten umbrechen

Im Brief in Bild 4.1 haben wir bereits den Befehl `\\` kennen gelernt, der eine Abkürzung für `\newline` ist und einen Sprung in eine neue Zeile durchführt.

Das Dokument *Newline.tex* enthält die Zeilen

```
Cybershop GmbH\newline
Schillerstraße 17\\
76331 Hüttental
```

für eine Adresse. Der Zeilensprung entsteht in der ersten Zeile mit `\newline` und in der zweiten Zeile mit `\\`.

Bild 4.9: Zeilensprünge im Text

Cybershop GmbH
Schillerstraße 17
76331 Hüttental

Beim Setzen des Dokuments bricht *pdflatex* die Seiten automatisch um. Der Befehl `\newpage` erzwingt einen Seitenumbruch, sodass der Rest der gegenwärtigen Seite leer bleibt und die Bearbeitung auf der nächsten Seite fortfährt. Sinnvoll ist dieser Befehl zum Beispiel, wenn eine Abbildung nicht mehr ganz auf die gegenwärtige Seite passt. Sie gleitet zwar automatisch auf die nächste Seite, aber wenn es dort bereits weitere Abbildungen gibt, gehen alle Bilder auf Wanderschaft.

Seiten auf eigene Faust umbrechen

Erzwingen Sie Seitenumbrüche erst dann, wenn das Dokument bereits fertig geschrieben ist. Durch ein nachträgliches Einfügen von Text am Anfang des Dokuments verschieben sich die Stellen mit den erzwungenen Seitenumbrüchen automatisch, sodass der gesamte Text durcheinander gerät.

4.4 Zwischenräume einfügen

Die Befehle

```
\hspace{Wert}
\hspace*{Wert}
\vspace{Wert}
\vspace*{Wert}
```

erzeugen einen horizontalen (h) oder vertikalen (v) Abstand zwischen zwei Textelementen.

Zum Beispiel erzeugt die Zeile

```
Zwischen \textit{und}\hspace{1cm}\textit{oder} wird ein
horizontaler Abstand von \texttt{1cm} eingefügt.
```

im Dokument *Zwischenraum1.tex* das Dokument

Zwischen *und*   *oder* wird ein horizontaler Abstand von `1cm` eingefügt.

Bild 4.10:
Ein horizontaler Abstand

In einigen Fällen zeigen Abstände keine Wirkung. Bei den Zeilen

```
Taucht ein horizontaler Abstand bei einem Zeilenumbruch auf,
wird er automatisch \hspace{1cm} verschluckt.
```

in der Datei *Zwischenraum2.tex* entsteht das Dokument

Taucht ein horizontaler Abstand bei einem Zeilenumbruch auf, wird er automatisch verschluckt.

Bild 4.11:
Ein horizontaler Abstand wird verschluckt

Die gesternte Form der Abstandsbefehle verhindert, dass ein Abstand verschluckt wird. Das Dokument

Taucht ein horizontaler Abstand bei einem Zeilenumbruch auf, wird er automatisch
          verschluckt, wenn nicht die gesternte Form zum Einsatz kommt.

Bild 4.12:
Das Verschlucken ist deaktiviert

erhalten wir beim Bearbeiten des Textes

```
Taucht ein horizontaler Abstand bei einem Zeilenumbruch auf,
wird er automatisch \hspace*{1cm} verschluckt, wenn nicht die
gesternte Form zum Einsatz kommt.
```

in der Datei *Zwischenraum3.tex*.

Manchmal kommt es vor, dass eine Tabelle oder ein Bild zu nah an den vorangegangenen Text gerückt ist. Mit dem Befehl `\vspace` am Zeilenende sorgen wir für einen zusätzlichen vertikalen Zwischenraum. Dies funktioniert auch zwischen zwei Absätzen. Zum Beispiel erzeugen die Zeilen

```
Zwischen dem ersten und dem zweiten Absatz wird kein
zusätzlicher Zwischenraum eingeführt.

Am Ende des zweiten Absatzes taucht der Befehl
\verb§\vspace{1cm}§ auf.\vspace{1cm}

Der dritte Absatz ist nun weit weggerückt.
```

in der Datei *Zwischenraum4.tex* das Dokument

Bild 4.13: Ein größerer Absatzabstand

Zwischen dem ersten und dem zweiten Absatz wird kein zusätzlicher Zwischenraum eingeführt.

Am Ende des zweiten Absatzes taucht der Befehl `\vspace{1cm}` auf.

Der dritte Absatz ist nun weit weggerückt.

Grundsätzlich sind auch negative Werte als Abstandsangaben erlaubt. Beim Bearbeiten des Satzes

```
Ein negativer Abstandswert sorgt für besondere
Ef\hspace{-2mm}fek\hspace{-3mm}te.
```

in der Datei *Zwischenraum5.tex* entstehen Textüberschneidungen.

Bild 4.14: Die Wirkung negativer Abstände

Ein negativer Abstandswert sorgt für besondere Effekte.

Um bei einem Zeilensprung einen zusätzlichen vertikalen Abstand vorzusehen, gibt es die Befehle `\\[Wert]` und `\\*[Wert]`. Bei der gesternten Form wird der vertikale Abstand nicht verschluckt, wenn der Zeilensprung während eines Seitenumbruchs erfolgt.

Der aktuell genutzte Zeichensatz hat eine bestimmte Größe, zum Beispiel `10pt` (point). `72pt` ergeben `1in` (inch), was zirka `2.5cm` entspricht. `10pt` sind also zirka 3,5 mm. Ein horizontaler Abstand in der Größe des gegenwärtigen Zeichensatzes wird mit dem Befehl `\quad` erzeugt. Für einen verdoppelten Abstand sorgt der Befehl `\qquad`. Zum Beispiel erzeugen die Zeilen

```
Ein\quad normaler und ein\qquad doppelter Abstand in
der Größe des gegenwärtigen Zeichensatzes.
```

in der Datei *Zwischenraum6.tex* das Dokument

Ein normaler und ein   doppelter Abstand in der Größe des gegenwärtigen Zeichensatzes.

Bild 4.15:
Die Wirkung von Abstandsbefehlen

Es gibt noch vier Befehle für variable Zwischenräume.

Tabelle 4.4:
Variable Zwischenräume

Befehl	**Bedeutung**
`\hfill`	Es wird so viel horizontaler Zwischenraum eingefügt, dass die gegenwärtige Zeile vollständig gefüllt ist.
`\vfill`	Es wird so viel vertikaler Zwischenraum eingefügt, dass die gegenwärtige Seite vollständig gefüllt ist.
`\dotfill`	Dieser Befehl wirkt wie `\hfill`, allerdings wird der Zwischenraum nun durch Punkte gekennzeichnet.
`\hrulefill`	Dieser Befehl wirkt wie `\hfill`, allerdings wird der Zwischenraum nun durch Unterstriche gekennzeichnet, wodurch eine horizontale Linie entsteht.

Die Befehle dürfen mehrfach hintereinander geschrieben werden, wodurch eine Gewichtung entsteht. Zum Beispiel steht der Befehl `\hrulefill` im Text

```
Vorname: \hrulefill\hrulefill\quad
Name: \hrulefill\hrulefill\quad
Kundennummer: \hrulefill
```

in der Datei *Zwischenraum7.tex* zweimal hinter `Vorname`, aber nur einmal hinter `Kundennummer`, sodass die horizontale Linie hinter `Vorname` doppelt so lang ist.

Bild 4.16: Gewichtete horizontale Linien

Vorname: __________ Name: __________ Kundennummer: ______

Mithilfe der Punktsequenzen ist es möglich, ein Inhaltsverzeichnis zu einem Buch zu erstellen. Die Zeilen

```
Kapitel 1: Einleitung \dotfill\ 1\\
Kapitel 2: Wichtige Software installieren \dotfill\ 5\\
\hspace*{5mm} 2.1: Texte mit MiKTeX bearbeiten \dotfill\ 5\\
\hspace*{5mm} 2.2: Mit PostScript umgehen \dotfill\ 9\\
\hspace*{5mm} 2.3: Dokumente im Format PDF verteilen
  ↳ \dotfill\ 13\\
Kapitel 3: Einfache Texte gestalten \dotfill\ 21
```

in der Datei *Zwischenraum8.tex* erzeugen das Dokument

Bild 4.17: Ein einfaches Inhaltsverzeichnis

Kapitel 1: Einleitung 1
Kapitel 2: Wichtige Software installieren 5
    2.1: Texte mit MiKTeX bearbeiten 5
    2.2: Mit PostScript umgehen 9
    2.3: Dokumente im Format PDF verteilen 13
Kapitel 3: Einfache Texte gestalten 21

Ein Inhaltsverzeichnis erstellen

Es ist üblich, das Inhaltsverzeichnis durch *pdflatex* erzeugen zu lassen. Die Seitennummern werden automatisch angepasst, wenn Sie nachträglich noch einige Seiten in ein Kapitel einbauen. Informationen zur automatischen Erstellung von Verzeichnissen finden Sie in Kapitel 10.

4.5 Texte ausrichten

Die `center`-Umgebung sorgt für die Zentrierung von Textbestandteilen. Bei der Bearbeitung der Zeilen

```
\begin{center}
\textbf{\LaTeX\ echt einfach}\\
\textit{Autor:} Roland Willms\\
\textit{Verlag:} Franzis'\\
\textit{Erscheinungsjahr:} 2003
\end{center}
```

in der Datei *Center.tex* entsteht das Dokument

LaTeX echt einfach
Autor: Roland Willms
Verlag: Franzis'
Erscheinungsjahr: 2003

Bild 4.18: Einige Textzeilen zentrieren

Für linksseitig oder rechtsseitig bündige Textzeilen gibt es die Umgebungen `flushleft` und `flushright`. Im Dokument

```
\begin{flushright}
\textbf{\LaTeX\ echt einfach}\\
\textit{Autor:} Roland Willms\\
\textit{Verlag:} Franzis'\\
\textit{Erscheinungsjahr:} 2003
\end{flushright}
```

in der Datei *Flushright.tex* werden die Textzeilen bezüglich des rechten Randes ausgerichtet.

LaTeX echt einfach
Autor: Roland Willms
Verlag: Franzis'
Erscheinungsjahr: 2003

Bild 4.19: Rechtsbündige Zeilen

Einzelne Zeilen ausrichten

Mit den Befehlen `\centerline`, `\leftline` und `\rightline` wird eine Textzeile zentriert, linksbündig oder rechtsbündig ausgegeben. Der vertikale Zwischenraum, der bei den Umgebungen `center`, `flushleft` und `flushright` entsteht, wird aber unterdrückt.

Zum Beispiel sorgt der Text

```
Weitere Beispiele finden Sie im Buch\\
\centerline{\textbf{\LaTeX\ echt einfach}}\\
von Roland Willms, das im Franzis' Verlag erschienen ist.
```

in der Datei *Centerline.tex* für eine zentrierte Zeile.

Bild 4.20: Eine Zeile zentrieren

Weitere Beispiele finden Sie im Buch
LaTeX echt einfach
von Roland Willms, das im Franzis' Verlag erschienen ist.

Für einen Text, der beidseitig etwas eingerückt ist, sorgen die Umgebungen `quote` und `quotation`. Die Absätze werden bei `quote` durch zusätzlichen vertikalen Zwischenraum optisch voneinander abgesetzt. Bei der Umgebung `quotation` wird zwar auf den vertikalen Abstand verzichtet, aber die erste Zeile jedes Absatzes erscheint nun etwas eingerückt.

Im Dokument *Quote.tex* finden Sie die Zeilen

```
\begin{quote}
Für einen Text, der beidseitig etwas eingerückt ist,
sorgen die Umgebungen \texttt{quote} und \texttt{quotation}.

Die Absätze werden bei \texttt{quote} durch zusätzlichen
vertikalen Zwischenraum optisch voneinander abgesetzt.

Bei der Umgebung \texttt{quotation} wird zwar auf den
vertikalen Abstand verzichtet, aber die erste Zeile jedes
Absatzes erscheint nun etwas eingerückt.
\end{quote}
```

zur Erzeugung des Dokuments

Bild 4.21: Ein beidseitig eingerückter Text mit Zwischenraum zwischen den Absätzen

Für einen Text, der beidseitig etwas eingerückt ist, sorgen die Umgebungen `quote` und `quotation`.

Die Absätze werden bei `quote` durch zusätzlichen vertikalen Zwischenraum optisch voneinander abgesetzt.

Bei der Umgebung `quotation` wird zwar auf den vertikalen Abstand verzichtet, aber die erste Zeile jedes Absatzes erscheint nun etwas eingerückt.

```
  public static void Main() {
    Console.Out.Write("Hallo");
  }

}
\end{verbatim}

und wird zum Kompilieren in der Datei \textit{Hallo.cs}
gespeichert.
```

Die verbatim-Umgebung sorgt dafür, dass der Text in der Schriftart Typewriter erscheint und die Formatierungen wie zum Beispiel Leerzeilen nicht verloren gehen.

Das einfachste C#-Programm zur Ausgabe der Begrüßung *Hallo* auf der Standardausgabe hat den Quellcode

```
using System;

public class Hallo {

  public static void Main() {
    Console.Out.Write("Hallo");
  }

}
```

und wird zum Kompilieren in der Datei *Hallo.cs* gespeichert.

Bild 4.27: Quellcode in ein Dokument einfügen

Wenn wir anstelle von verbatim mit der gesternten Umgebung verbatim* arbeiten, werden die Leerzeichen durch ein besonderes Zeichen verdeutlicht.

```
using␣System;

public␣class␣Hallo␣{

␣␣public␣static␣void␣Main()␣{
␣␣␣␣Console.Out.Write("Hallo");
␣␣}

}
```

Bild 4.28: Die Leerzeichen besonders kennzeichnen

Ein weiterer Befehl zum Ausdrucken von Quellcode innerhalb einer Zeile ist \verb. Um einen Bereich festzulegen, schreiben wir direkt hinter diesen Befehl ein Zeichen, das im Quellcode nicht vorkommt, und wiederholen dieses Zeichen am Ende.

In der Praxis wird als Markierung häufig das Zeichen `§` gewählt. Im Dokument *Verb1.tex* sind die Quellcodeschnipsel `\setlength` und `\setlength{\textwidth}{108mm}` in zwei Paragrafenzeichen eingeschlossen.

```
Der Befehl \verb§\setlength§ ordnet einem Längenbefehl
eine Größe zu. Zum Beispiel sorgt
\verb§\setlength{\textwidth}{108mm}§
dafür, dass der Text eine Breite von 108 mm hat.
```

Der Befehl `\verb` achtet auf das folgende Zeichen und weiß dadurch sehr genau, wo der Quelltext endet.

Bild 4.29: Quellcodeschnipsel im normalen Textfluss

Der Befehl **`\setlength`** ordnet einem Längenbefehl eine Größe zu. Zum Beispiel sorgt **`\setlength{\textwidth}{108mm}`** dafür, dass der Text eine Breite von 108 mm hat.

Bei der gesternten Form `\verb*` werden die Leerzeichen wieder sichtbar gemacht. Zum Beispiel sorgen die Zeilen

```
Die Kombination \verb*§public static void Main()§ wird als
Deklaration der Hauptmethode eines C\#-Programms
bezeichnet.
```

in der Datei *Verb2.tex* für die Ausgabe

Bild 4.30: Leerzeichen werden besonders gekennzeichnet

Die Kombination **`public␣static␣void␣Main()`** wird als Deklaration der Hauptmethode eines C#-Programms bezeichnet.

4.8 Daten am Bildschirm eingeben

Bei der Erstellung von Teilnahmescheinen ist es sehr praktisch, wenn die Daten der einzelnen Personen über die Eingabeaufforderung eingegeben werden. Hierdurch ersparen wir uns die nervige Anpassung des Quelltextes mit anschließender Speicherung.

Die Befehle `\typein` und `\typeout` steuern Eingaben und Ausgaben in der Eingabeaufforderung. Zum Beispiel erscheint beim

Auftreten von `\typein{Vor- und Nachname:}` die Aufforderung »Vor- und Nachname:«. Erst wenn wir den Vor- und Nachnamen eines Teilnehmers eingegeben haben, geht die Bearbeitung des Dokuments mit *pdflatex* weiter. Der Befehl `\typeout` dient dazu, Meldungen auf dem Bildschirm auszugeben, zum Beispiel `\typeout{Daten fuer den Schein:}`.

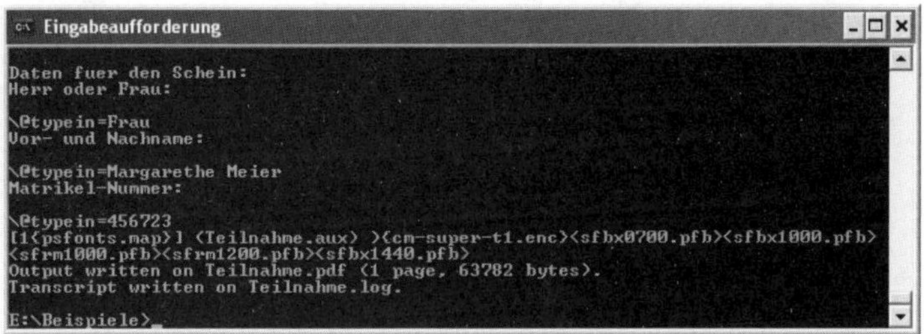

Bild 4.31: Interaktive Eingabe von Daten in der Eingabeaufforderung

Das Dokument *Teilnahme.tex* fragt während der Bearbeitung drei Daten ab: Herr oder Frau, Vor- und Nachname, Matrikel-Nummer.

```
\begin{center}{\textbf{\Large Universität Hüttental\\[0.2cm]
Fachbereich 5 --- Multimedia}}\end{center}
\vspace{-3mm}\hrulefill
\begin{center}{\large TEILNAHMESCHEIN}\end{center}

\typeout{Daten fuer den Schein:}

\typein{Herr oder Frau:}
\textbf{\typein{Vor- und Nachname:}}\hfill Matrikel-Nummer:
\textbf{\typein{Matrikel-Nummer:}}\vspace{0.5cm}

hat am \todaysname, den \today, den abschließenden Test zum
\begin{center}\textbf{\glqq\LaTeX-Praktikum für
Medienwissenschaftler\grqq}\end{center} mit Erfolg
bestanden.\vspace{0.5cm}

Hüttental, den \today \vspace{0.5cm}

\hspace*{3.5cm}\underline{\hspace{7cm}}\\
\hspace*{6.1cm}(Hans Müller)
```

Wenn wir *pdflatex* aufrufen und die Daten in Bild 4.31 eingeben, entsteht ein Teilnahmeschein für die betreffende Person.

Auf Umlaute verzichten

Weil Eingabeaufforderungen meistens nur mit dem 7-Bit-ASCII-Code oder besonderen Zeichensatzkodierungen arbeiten, macht die Ausgabe deutscher Sonderzeichen häufig keinen Sinn.

Bild 4.32: Ein Teilnahmeschein mit den eingegebenen Daten ist entstanden

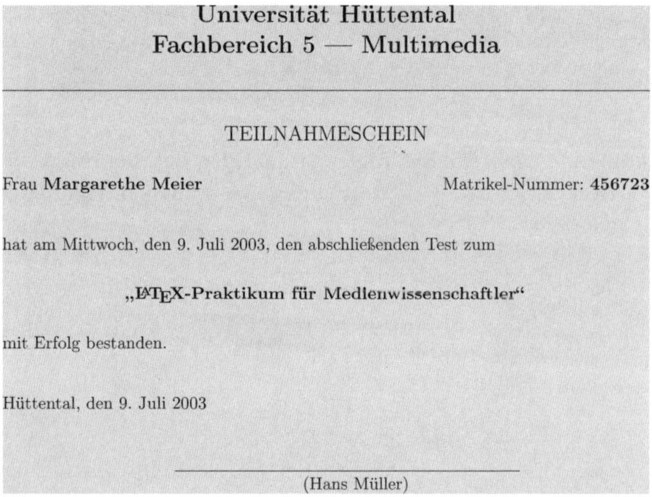

Universität Hüttental
Fachbereich 5 — Multimedia

TEILNAHMESCHEIN

Frau **Margarethe Meier** Matrikel-Nummer: **456723**

hat am Mittwoch, den 9. Juli 2003, den abschließenden Test zum

„LaTeX-Praktikum für Medienwissenschaftler"

mit Erfolg bestanden.

Hüttental, den 9. Juli 2003

(Hans Müller)

Zu KOMA-Script gehören die Pakete `scrdate` und `scrtime`, die mit den Zeilen

```
\usepackage{scrdate}
\usepackage{scrtime}
```

im Vorspann des Dokuments eingebunden werden.

Der Befehl `\todaysname` gibt den Namen des gegenwärtigen Tages, zum Beispiel »Mittwoch«, aus. Bei `\today` erscheint das aktuelle Datum, zum Beispiel »9. Juli 2003«. Mit `\thistime` erhalten wir die gegenwärtige Uhrzeit, zum Beispiel »21:12«.

5 Mehrere Punkte auflisten

Um eine Sammlung wichtiger Themen übersichtlich darzustellen, stehen Aufzählungen zur Verfügung. Bei der gepunkteten Form befinden sich Punkte vor jedem Thema. Sie wird zum Beispiel verwendet, wenn es sich um einige Bemerkungen mit gleicher Priorität handelt. Bei Arbeitsanleitungen oder Aufgabenblättern gibt es eine festgelegte Reihenfolge, sodass die nummerierte Form zum Einsatz kommt.

Manchmal ist es notwendig, eigene Markierungen einzuführen, zum Beispiel für Kontrollkästchen in einem Multiple-Choice-Test. Hierzu dienen besondere Zeichensätze mit mathematischen Symbolen oder die ZapfDingbats.

5.1 Gepunktete Aufzählungen

Die `itemize`-Umgebung erlaubt den Aufbau einer Liste mit Themen, deren Reihenfolge bedeutungslos ist. Vor ein neues Thema schreiben wir den Befehl `\item`.

In der Datei *Itemize.tex* steht der Text

```
In diesem Kapitel besprechen wir
\begin{itemize}
\item den Unterschied zwischen einer gepunkteten und
einer nummerierten Aufzählung
\item wie Aufzählungen verschachtelt werden
\item den Einsatz von Sonderzeichen als Markierungen
\item die Grundlagen zur Erstellung eines
Multiple-Choice-Tests
\end{itemize}
```

zur Erzeugung des Dokuments

Bild 5.1: Einige Themen in Form einer gepunkteten Aufzählung zusammenstellen

In diesem Kapitel besprechen wir

- den Unterschied zwischen einer gepunkteten und einer nummerierten Aufzählung
- wie Aufzählungen verschachtelt werden
- den Einsatz von Sonderzeichen als Markierungen
- die Grundlagen zur Erstellung eines Multiple-Choice-Tests

Es ist möglich, Unterthemen hinzuzufügen, was bis zur vierten Stufe erlaubt ist. Hierzu öffnen wir in einer laufenden `itemize`-Umgebung eine weitere `itemize`-Umgebung. Zum Beispiel entsteht bei der Bearbeitung des Textes

```
Es folgt eine mehrstufige Aufzählung.
\begin{itemize}
\item Thema (Stufe 1)
\item Thema (Stufe 1)
\begin{itemize}
\item Thema (Stufe 2)
\item Thema (Stufe 2)
\begin{itemize}
\item Thema (Stufe 3)
\begin{itemize}
\item Thema (Stufe 4)
\item Thema (Stufe 4)
\item Thema (Stufe 4)
\end{itemize}
\item Thema (Stufe 3)
\end{itemize}
\item Thema (Stufe 2)
\end{itemize}
\item Thema (Stufe 1)
\end{itemize}
```

in der Datei *Mehrstufig1.tex* das Dokument

Es folgt eine mehrstufige Aufzählung.

- Thema (Stufe 1)
- Thema (Stufe 1)
  - Thema (Stufe 2)
  - Thema (Stufe 2)
    - Thema (Stufe 3)
      - Thema (Stufe 4)
      - Thema (Stufe 4)
      - Thema (Stufe 4)
    - Thema (Stufe 3)
  - Thema (Stufe 2)
- Thema (Stufe 1)

Bild 5.2:
Eine gepunktete Liste mit mehreren Themen

Jede Stufe ist durch eine eigene Markierung gekennzeichnet.

Auf das Ende der Umgebungen achten

Achten Sie genau auf das Ende der `itemize`-Umgebung der gegenwärtigen Stufe, damit die Themen nicht eine Stufe höher rutschen. Bei einer Aufzählung müssen gleich viele Befehle `\begin{itemize}` und `\end{itemize}` vorhanden sein.

5.2 Nummerierte Aufzählungen

Für nummerierte Aufzählungen ist die `enumerate`-Umgebung zuständig. Die Punkte werden nun durch Nummern ersetzt. Hierdurch entsteht eine Reihenfolge, sodass wir zum Beispiel eine Arbeitsanleitung aufschreiben können.

Bild 5.3: Eine Arbeitsanleitung zur Erstellung des ersten Dokuments mit *LaTeX*

Führen Sie die folgenden Schritte durch.

1. Öffnen Sie den Texteditor von Windows und schreiben Sie den Text

   ```
   \documentclass[a4paper, 10pt]{scrartcl}

   \begin{document}

   Hallo

   \end{document}
   ```

   hinein. Speichern Sie das Dokument in der Datei *Hallo.tex* ab.
2. Öffnen Sie die Eingabeaufforderung von Windows. Begeben Sie sich zum Ordner mit der Datei *Hallo.tex*. Führen Sie den Befehl `pdflatex Hallo` aus.
3. Klicken Sie im Explorer doppelt auf die Datei *Hallo.dvi*, damit das Dokument von YAP angezeigt wird.

Der Quelltext dieses Dokuments befindet sich in der Datei *Enumerate.tex*.

```
Führen Sie die folgenden Schritte durch.
\begin{enumerate}
\item Öffnen Sie den Texteditor von Windows und schreiben
Sie den Text
\begin{verbatim}
  \documentclass[a4paper, 10pt]{scrartcl}

  \begin{document}

  Hallo

  \end{document}
\end{verbatim}
hinein. Speichern Sie das Dokument in der Datei
\textit{Hallo.tex} ab.
\item Öffnen Sie die Eingabeaufforderung von Windows.
Begeben Sie sich zum Ordner mit der Datei \textit{Hallo.tex}.
Führen Sie den Befehl \texttt{pdflatex Hallo} aus.
\item Klicken Sie im Explorer doppelt auf die Datei
\textit{Hallo.dvi}, damit das Dokument von YAP
angezeigt wird.
\end{enumerate}
```

Wie bei der gepunkteten Aufzählung sind auch bei der nummerierten Aufzählung vier Stufen erlaubt. Wenn wir in der Datei

Mehrstufig1.tex die Umgebung `itemize` an allen 8 Stellen durch `enumerate` ersetzen, entsteht das Dokument

Es folgt eine mehrstufige Aufzählung.

1. Thema (Stufe 1)
2. Thema (Stufe 1)
   a) Thema (Stufe 2)
   b) Thema (Stufe 2)
      i. Thema (Stufe 3)
         A. Thema (Stufe 4)
         B. Thema (Stufe 4)
         C. Thema (Stufe 4)
      ii. Thema (Stufe 3)
   c) Thema (Stufe 2)
3. Thema (Stufe 1)

Bild 5.4:
Eine nummerierte Liste mit mehreren Themen

in der Datei *Mehrstufig2.tex.*

Die Verschachtelung von Umgebungen der Typen `itemize` und `enumerate` untereinander ist ebenfalls erlaubt. Zum Beispiel liefert die Bearbeitung des Ausschnitts

```
Es folgt eine mehrstufige Aufzählung.
\begin{enumerate}
\item Thema (Stufe 1 - Stufe 1 nummeriert)
\item Thema (Stufe 1 - Stufe 1 nummeriert)
\begin{itemize}
\item Thema (Stufe 2 - Stufe 1 gepunktet)
\item Thema (Stufe 2 - Stufe 1 gepunktet)
\begin{itemize}
\item Thema (Stufe 3 - Stufe 2 gepunktet)
\begin{enumerate}
\item Thema (Stufe 4 - Stufe 2 nummeriert)
\item Thema (Stufe 4 - Stufe 2 nummeriert)
\item Thema (Stufe 4 - Stufe 2 nummeriert)
\end{enumerate}
\item Thema (Stufe 3 - Stufe 2 gepunktet)
\end{itemize}
\item Thema (Stufe 2 - Stufe 1 gepunktet)
\end{itemize}
\item Thema (Stufe 1 - Stufe 1 nummeriert)
\end{enumerate}
```

in der Datei *Mehrstufig3.tex* das Dokument

Bild 5.5: Vermischung von gepunkteten und nummerierten Markierungen

Es folgt eine mehrstufige Aufzählung.

1. Thema (Stufe 1 - Stufe 1 nummeriert)
2. Thema (Stufe 1 - Stufe 1 nummeriert)
   - Thema (Stufe 2 - Stufe 1 gepunktet)
   - Thema (Stufe 2 - Stufe 1 gepunktet)
     – Thema (Stufe 3 - Stufe 2 gepunktet)
       a) Thema (Stufe 4 - Stufe 2 nummeriert)
       b) Thema (Stufe 4 - Stufe 2 nummeriert)
       c) Thema (Stufe 4 - Stufe 2 nummeriert)
     – Thema (Stufe 3 - Stufe 2 gepunktet)
   - Thema (Stufe 2 - Stufe 1 gepunktet)
3. Thema (Stufe 1 - Stufe 1 nummeriert)

5.3 Eigene Markierungen einsetzen

Hinter dem `item`-Befehl dürfen wir einen optionalen Parameter in eckigen Klammern angeben, zum Beispiel ein mathematisches Symbol. Zum gegenwärtigen Zeitpunkt genügt die Erkenntnis, dass wir das `amssymb`-Paket zur Nutzung solcher Sonderzeichen ins Dokument einbinden und den Befehl für ein mathematisches Symbol in zwei Dollarzeichen einschließen müssen.

Zum Beispiel kennzeichnet der Befehl `\square` ein umrandetes Quadrat, das wie ein Kontrollkästchen aussieht. Weil es sich um ein mathematisches Symbol handelt, schließen wir es in zwei Dollarzeichen ein, wodurch `$\square$` entsteht. Mit dem Befehl `\item[$\square$]` erscheint ein Kontrollkästchen anstelle der üblichen Markierung.

Im Vorspann des Dokuments *Markierung.tex* taucht die Zeile

```
\usepackage{amssymb}
```

auf, um das amssymb-Paket für mathematische Texte einzubinden. Im folgenden Ausschnitt nutzen wir Kontrollkästchen als Markierungen für die möglichen Antworten.

```
Betrachten Sie den \LaTeX-Quelltext
\begin{verbatim}
  \documentclass[a4paper, 10pt]{scrartcl}

  \begin{document}

  Hallo

  \end{document}
\end{verbatim}

Welche der folgenden Aussagen sind richtig? (Wählen Sie
zwei Antworten aus.)
\begin{itemize}
\item[$\square$]Beim Bearbeiten des Dokuments mit
\texttt{pdflatex} entsteht kein Fehler.
\item[$\square$]Der Befehl \verb§\documentclass§ muss durch
\verb§\documenttype§ ersetzt werden.
\item[$\square$]Die Option \texttt{10pt} ist unbekannt.
\item[$\square$]Es handelt sich um einen Text, der in
Artikelform gesetzt wird.
\item[$\square$]Die Befehle \verb§\begin{document}§ und
\verb§\end{document}§ können getrost weggelassen werden.
\end{itemize}
```

Bei der Bearbeitung entsteht das Dokument

Bild 5.6:
Eine Frage in einem Multiple-Choice-Test

Betrachten Sie den LaTeX-Quelltext

```
\documentclass[a4paper, 10pt]{scrartcl}

\begin{document}

Hallo

\end{document}
```

Welche der folgenden Aussagen sind richtig? (Wählen Sie zwei Antworten aus.)

☐ Beim Bearbeiten des Dokuments mit `pdflatex` entsteht kein Fehler.

☐ Der Befehl `\documentclass` muss durch `\documenttype` ersetzt werden.

☐ Die Option `10pt` ist unbekannt.

☐ Es handelt sich um einen Text, der in Artikelform gesetzt wird.

☐ Die Befehle `\begin{document}` und `\end{document}` können getrost weggelassen werden.

Musterlösungen erstellen

Um eine Musterlösung zur obigen Multiple-Choice-Frage zu erstellen, benötigen Sie ein angekreuztes Kontrollkästchen, das durch `$\boxtimes$` entsteht. Es gibt auch Fragen, deren Antworten sich gegenseitig ausschließen. Hier verwenden Sie `{\scriptsize$\bigcirc$}` als Optionsfeld. Für ein angekreuztes Optionsfeld ist der Befehl `$\otimes$` zuständig.

Bei nummerierten Aufzählungen ist die erste Stufe durch eine arabische Ziffer, die zweite durch einen eingeklammerten Kleinbuchstaben, die dritte durch eine kleine römische Ziffer und die vierte durch einen Großbuchstaben gekennzeichnet. Es ist möglich, diese Standardmarkierungen durch eigene Zählermarken zu ersetzen.

Die `enumerate`-Umgebung arbeitet mit den Zählern `enumi`, `enumii`, `enumiii` und `enumiv`. Diese Zähler haben bei der Zeile

```
C. Thema (Stufe 4)
```

in Bild 5.4 die Werte 2 (`enumi` – Stufe 1), 2 (`enumii` – Stufe 2), 1 (`enumiii` – Stufe 3) und 3 (`enumiv` – Stufe 4).

Der aktuelle Zählerstand wird mit dem Befehl

```
\Stil{Zähler}
```

aufgerufen. Zum Beispiel entsteht durch `\alph{enumiv}` die Nummer der vierten Stufe in Form eines Kleinbuchstabens.

Stil	**Bedeutung**
`\arabic`	arabische Ziffern (1, 2, 3, 4, ...)
`\roman`	kleine römische Ziffern (i, ii, iii, iv, ...)
`\Roman`	große römische Ziffern (I, II, III, IV, ...)
`\alph`	kleine Buchstaben (a, b, c, d, ...)
`\Alph`	große Buchstaben (A, B, C, D, ...)

Tabelle 5.1: Verschiedene Stile für Zähler

Um eine eigene Markierung einzuführen, muss die bestehende Markierung ersetzt werden. Hierzu dient der Befehl

```
\renewcommand{existierender Befehl}{neue Bedeutung}
```

Für die vier Markierungsstufen gibt es die Befehle `\labelenumi`, `\labelenumii`, `\labelenumiii` und `\labelenumiv`.

In der Datei *Zähler.tex* steht fast derselbe Text wie in der Datei *Enumerate.tex*. Bei der Bearbeitung entsteht das Dokument

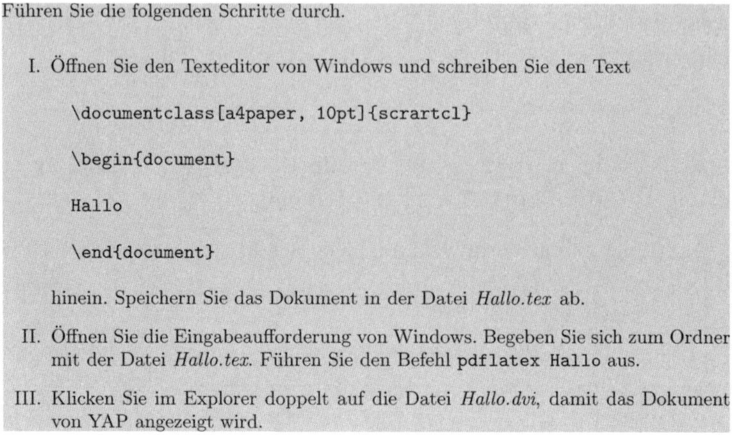
Führen Sie die folgenden Schritte durch.

I. Öffnen Sie den Texteditor von Windows und schreiben Sie den Text

```
\documentclass[a4paper, 10pt]{scrartcl}

\begin{document}

Hallo

\end{document}
```

hinein. Speichern Sie das Dokument in der Datei *Hallo.tex* ab.

II. Öffnen Sie die Eingabeaufforderung von Windows. Begeben Sie sich zum Ordner mit der Datei *Hallo.tex*. Führen Sie den Befehl `pdflatex Hallo` aus.

III. Klicken Sie im Explorer doppelt auf die Datei *Hallo.dvi*, damit das Dokument von YAP angezeigt wird.

Bild 5.7: Eine Nummerierung mit großen römischen Ziffern

Mit der zusätzlichen Zeile

```
\renewcommand{\labelenumi}{\Roman{enumi}.}
```

vor dem Beginn der nummerierten Aufzählung legen wir fest, dass die erste Stufe durch große römische Ziffern nummeriert wird.

5.4 Praktische Symbole mit ZapfDingbats

Auch die Fülle von mathematischen Symbolen hilft bei einigen Markierungswünschen nicht weiter. In den ZapfDingbats tauchen weitere Zeichen auf.

32	✁ 33	✂ 34	✃ 35	✄ 36	☎ 37	✆ 38	✇ 39
✈ 40	✉ 41	☛ 42	☞ 43	✌ 44	✍ 45	✎ 46	✏ 47
✐ 48	✑ 49	✒ 50	✓ 51	✔ 52	✕ 53	✖ 54	✗ 55
✘ 56	✙ 57	✚ 58	✛ 59	✜ 60	✝ 61	✞ 62	✟ 63
✠ 64	✡ 65	✢ 66	✣ 67	✤ 68	✥ 69	✦ 70	✧ 71
★ 72	✩ 73	✪ 74	✫ 75	✬ 76	✭ 77	✮ 78	✯ 79
✰ 80	✱ 81	✲ 82	✳ 83	✴ 84	✵ 85	✶ 86	✷ 87
✸ 88	✹ 89	✺ 90	✻ 91	✼ 92	✽ 93	✾ 94	✿ 95
❀ 96	❁ 97	❂ 98	❃ 99	❄ 100	❅ 101	❆ 102	❇ 103
❈ 104	❉ 105	❊ 106	❋ 107	● 108	❍ 109	■ 110	❏ 111
❐ 112	❑ 113	❒ 114	▲ 115	▼ 116	◆ 117	❖ 118	◗ 119
❘ 120	❙ 121	❚ 122	❛ 123	❜ 124	❝ 125	❞ 126	127
160	❡ 161	❢ 162	❣ 163	❤ 164	❥ 165	❦ 166	❧ 167
♣ 168	♦ 169	♥ 170	♠ 171	① 172	② 173	③ 174	④ 175
⑤ 176	⑥ 177	⑦ 178	⑧ 179	⑨ 180	⑩ 181	❶ 182	❷ 183
❸ 184	❹ 185	❺ 186	❻ 187	❼ 188	❽ 189	❾ 190	❿ 191
➀ 192	➁ 193	➂ 194	➃ 195	➄ 196	➅ 197	➆ 198	➇ 199
➈ 200	➉ 201	➊ 202	➋ 203	➌ 204	➍ 205	➎ 206	➏ 207
➐ 208	➑ 209	➒ 210	➓ 211	➔ 212	→ 213	↔ 214	↕ 215
➘ 216	➙ 217	➚ 218	➛ 219	➜ 220	➝ 221	➞ 222	➟ 223
➠ 224	➡ 225	➢ 226	➣ 227	➤ 228	➥ 229	➦ 230	➧ 231
➨ 232	➩ 233	➪ 234	➫ 235	➬ 236	➭ 237	➮ 238	➯ 239
240	➱ 241	➲ 242	➳ 243	➴ 244	➵ 245	➶ 246	➷ 247
➸ 248	➹ 249	➺ 250	➻ 251	➼ 252	➽ 253	➾ 254	255

Bild 5.8: Praktische Symbole in ZapfDingbats

Der Quelltext dieses Dokuments befindet sich in der Datei *ZapfDingbats.tex*. Zum Aufbau von Tabellen kommen wir in einem späteren Kapitel.

Das Einbinden des `pifont`-Pakets, das einen einfachen Zugriff auf die Symbole über ihre Position erlaubt, erfolgt durch den Befehl

```
\usepackage{pifont}
```

Über `\ding{Nummer}` sprechen wir das Symbol auf einem bestimmten Platz an. Zum Beispiel wird die hervorgehobene, umkreiste 1 durch `\ding{172}` in ein Dokument eingefügt.

Neben der Möglichkeit, ein Symbol in den eckigen Klammern hinter `\item` anzugeben, können wir auch die neuen Umgebungen nutzen, die durch das `pifont`-Paket zur Verfügung stehen.

Für die gepunktete Aufzählung gibt es die `dinglist`-Umgebung. Zum Beispiel erzeugen die Zeilen

```
In diesem Kapitel besprechen wir
\begin{dinglist}{43}
\item den Unterschied zwischen einer gepunkteten und
einer nummerierten Aufzählung
\item wie Aufzählungen verschachtelt werden
\item den Einsatz von Sonderzeichen als Markierungen
\item die Grundlagen zur Erstellung eines Multiple-Choice-
Tests
\end{dinglist}
```

in der Datei *Dinglist.tex* das Dokument

Bild 5.9: Eine gepunktete Aufzählung mit einer Hand

In diesem Kapitel besprechen wir

☞ den Unterschied zwischen einer gepunkteten und einer nummerierten Aufzählung

☞ wie Aufzählungen verschachtelt werden

☞ den Einsatz von Sonderzeichen als Markierungen

☞ die Grundlagen zur Erstellung eines Multiple-Choice-Tests

Im zweiten geschweiften Klammerpaar beim Beginn der `dinglist`-Umgebung steht die Position des Markierungssymbols in Zapf-Dingbats.

Für eine nummerierte Aufzählung sorgt die `dingautolist`-Umgebung. Das Dokument

Führen Sie die folgenden Schritte durch.

❶ Öffnen Sie den Texteditor von Windows und schreiben Sie den Text

```
\documentclass[a4paper, 10pt]{scrartcl}

\begin{document}

Hallo

\end{document}
```

hinein. Speichern Sie das Dokument in der Datei *Hallo.tex* ab.

❷ Öffnen Sie die Eingabeaufforderung von Windows. Begeben Sie sich zum Ordner mit der Datei *Hallo.tex*. Führen Sie den Befehl `pdflatex Hallo` aus.

❸ Klicken Sie im Explorer doppelt auf die Datei *Hallo.dvi*, damit das Dokument von YAP angezeigt wird.

Bild 5.10:
Eine nummerierte Aufzählung mit umkreisten Nummern

wird durch den Quelltext

```
Führen Sie die folgenden Schritte durch.
\begin{dingautolist}{202}
\item Öffnen Sie den Texteditor von Windows und schreiben
Sie den Text
\begin{verbatim}
  \documentclass[a4paper, 10pt]{scrartcl}

  \begin{document}

  Hallo

  \end{document}
\end{verbatim}
hinein. Speichern Sie das Dokument in der Datei
\textit{Hallo.tex} ab.
\item Öffnen Sie die Eingabeaufforderung von Windows.
Begeben Sie sich zum Ordner mit der Datei \textit{Hallo.tex}.
Führen Sie den Befehl \texttt{pdflatex Hallo} aus.
\item Klicken Sie im Explorer doppelt auf die Datei
\textit{Hallo.dvi}, damit das Dokument von YAP
angezeigt wird.
\end{dingautolist}
```

in der Datei *Dingautolist.tex* erzeugt.

5.5 Eigene Listen gestalten

In der Datei *Liste.tex* steht fast derselbe Text wie in *Enumerate.tex*. Anstelle der Umgebung `enumerate` verwenden wir `list` zur Gestaltung eigener Listen.

```
Führen Sie die folgenden Schritte durch.
\begin{list}
{\makebox[5em][l]{\textbf{Schritt \arabic{enumi}:}}}
{\usecounter{enumi}\setlength{\leftmargin}{6em}
\setlength{\labelwidth}{5em}\setlength{\labelsep}{1em}}
\item Öffnen Sie den Texteditor von Windows und schreiben
... bekannter Text ...
\textit{Hallo.dvi}, damit das Dokument von YAP
angezeigt wird.
\end{list}
```

Bei der Bearbeitung entsteht das Dokument

Bild 5.11: Eine Liste selbst gestalten

Führen Sie die folgenden Schritte durch.

Schritt 1: Öffnen Sie den Texteditor von Windows und schreiben Sie den Text

```
\documentclass[a4paper, 10pt]{scrartcl}

\begin{document}

Hallo

\end{document}
```

hinein. Speichern Sie das Dokument in der Datei *Hallo.tex* ab.

Schritt 2: Öffnen Sie die Eingabeaufforderung von Windows. Begeben Sie sich zum Ordner mit der Datei *Hallo.tex*. Führen Sie den Befehl `pdflatex Hallo` aus.

Schritt 3: Klicken Sie im Explorer doppelt auf die Datei *Hallo.dvi*, damit das Dokument von YAP angezeigt wird.

Ein wesentlicher Unterschied zu den Umgebungen `enumerate` und `itemize` besteht darin, dass eigene Marken mit Nummern zum Einsatz kommen und keine Einrückung dieser Marken erfolgt.

Um eine Liste zu erzeugen, verwenden wir den allgemeinen Aufbau

```
\begin{list}{Markengestaltung}{Einstellungen}
```

```
<Einträge>
\end{list}
```

Im obigen Quelltext dient

```
\makebox[5em][l]{\textbf{Schritt \arabic{enumi}:}}
```

als Markengestaltung und

```
\usecounter{enumi}\setlength{\leftmargin}{6em}
\setlength{\labelwidth}{5em}\setlength{\labelsep}{1em}
```

als Einstellungen.

Damit die Marke linksbündig gesetzt wird, kommt eine Box zum Einsatz. Mit Boxen beschäftigen wir uns in Kürze noch ausführlich. In diesem Zusammenhang genügt die Information, dass der Befehl `\makebox[5em][l]{Text}` eine Box mit unsichtbarem Rahmen der Breite `5em` erzeugt. Der angegebene Text beginnt direkt am linken Rand der Box, was der Buchstabe `l` festlegt. Diese Vorgehensweise ist sehr wichtig, um eine minimale Einrückung der Marke innerhalb des Markenbereichs zu verhindern. Für den Markentext ist der Ausschnitt `\textbf{Schritt \arabic{enumi}:}` zuständig.

In der Liste verwenden wir den Zähler `enumi`. Um ihn vor Beginn eines neuen Eintrags in der Liste jeweils um 1 zu erhöhen, verwenden wir den Befehl `\usecounter{enumi}` bei den Listeneinstellungen. Damit zwischen dem Markenbereich und dem linken Rand der Textseite kein Platz entsteht, erhalten die Maße `labelwidth`, `labelsep` und `leftmargin` vernünftige Werte. Die Summe von `labelwidth` (`5em`) und `labelsep` (`1em`) ergibt `leftmargin` (`6em`).

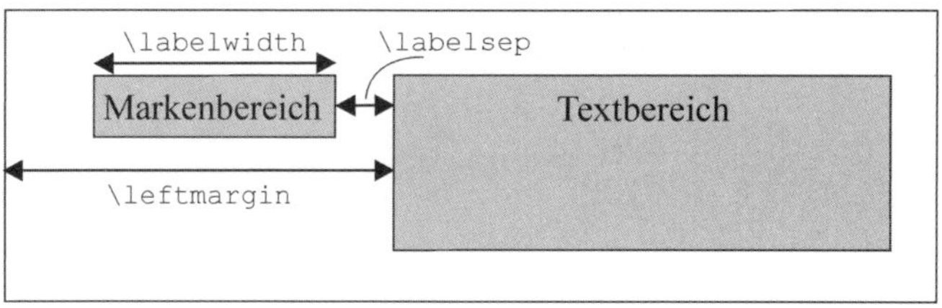

Bild 5.12: Wichtige Maße bei eigenen Listen einstellen

5.6 Text in Boxen einschließen

Manche Fragen in Multiple-Choice-Tests, die an Computern durchgeführt werden, erfordern die Eingabe von Text in ein Textfeld. Zum Beispiel entsteht das Dokument

Bild 5.13: Eine Box zur Aufnahme von Text

Was müssen Sie an die Stelle `Stil` im LaTeX-Quelltext

```
\documentclass[a4paper, 10pt]{Stil}

\begin{document}

Hallo

\end{document}
```

schreiben, um das Dokument in Buchform zu setzen? (Tragen Sie Ihre Antwort in das folgende Textfeld ein.)

bei der Bearbeitung des Quelltextes

```
Was müssen Sie an die Stelle \texttt{Stil} im
\LaTeX-Quelltext
\begin{verbatim}
  \documentclass[a4paper, 10pt]{Stil}

  \begin{document}

  Hallo

  \end{document}
\end{verbatim}
schreiben, um das Dokument in Buchform zu setzen? (Tragen Sie
Ihre Antwort in das folgende Textfeld ein.)

\begin{center}
\fbox{\rule[0.3cm]{8cm}{0cm}}
\end{center}
```

in der Datei *Textfeld.tex*. Die Zeile

```
\fbox{\rule[0.3cm]{8cm}{0cm}}
```

sorgt für die Erzeugung des Textfeldes. Neben dem `fbox`-Befehl gibt es noch drei weitere, die bei Boxen eine wichtige Rolle spielen.

```
\mbox{Text}
\makebox[Breite][Ausrichtung]{Text}
\fbox{Text}
\framebox[Breite][Ausrichtung]{Text}
```

Boxbefehl	Bedeutung
`\mbox`	Es wird eine Box mit unsichtbarem Rahmen erzeugt, in der ein Text steht.
`\makebox`	Es wird eine Box mit unsichtbarem Rahmen und mit der übergebenen Breite erzeugt, in der ein Text steht; zur Ausrichtung des Textes gibt es die Parameter `l` (linksbündig), `r` (rechtsbündig) und `s` (stretched, also linksbündig und rechtsbündig, wobei die Zwischenräume gedehnt werden); eine Zentrierung wird beim Weglassen der eckigen Klammern mit der Ausrichtung erreicht.
`\fbox`	Es wird eine umrahmte Box erzeugt, in der ein Text steht.
`\framebox`	Es wird eine umrahmte Box mit der übergebenen Breite erzeugt, in der ein Text steht; für die Angabe der Ausrichtung gilt dasselbe wie beim Befehl `\makebox`.

Tabelle 5.2: Befehle für Boxen

Zum Beispiel erzeugen die Zeilen

```
\framebox[5cm]{ein zentrierter Text}

\framebox[5cm][l]{ein linksbündiger Text}

\framebox[5cm][r]{ein rechtsbündiger Text}

\framebox[5cm][s]{ein gedehnter Text}
```

in der Datei *Boxen.tex* das Dokument

Bild 5.14: Verschiedene Ausrichtungen bei umrahmten Boxen

Schwarz gefüllte Boxen mit einer vorgegebenen Breite und Höhe entstehen durch den Befehl

```
\rule[Anhebung]{Breite}{Höhe}
```

Sie werden auf Wunsch vertikal angehoben, wobei ein negativer Wert für eine Absenkung unter die Grundlinie sorgt.

In der Datei *Rule.tex* stehen die Zeilen

```
eine angehobene Box \rule[3mm]{1cm}{0.5cm}
und eine abgesenkte Box \rule[-3mm]{1cm}{0.5cm}
```

zur Erzeugung des Dokuments

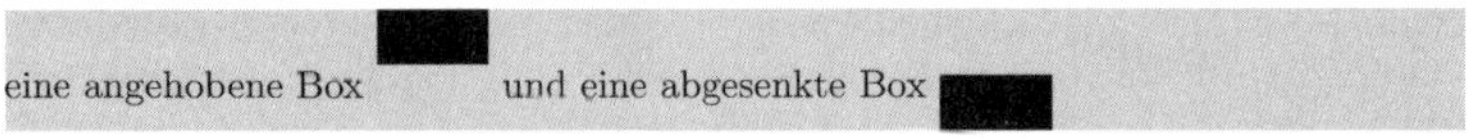

Bild 5.15: Zwei schwarz gefüllte Boxen

Der Befehl `\fbox{\rule[0.3cm]{8cm}{0cm}}` erzeugt eine umrahmte Textbox, in der sich eine horizontale Linie der Länge `8cm` und der Höhe `0cm` befindet. Aufgrund der Höhe ist sie unsichtbar und eignet sich hervorragend zur Festlegung der Dimensionen einer Textbox.

Musterlösungen erstellen

Um eine Musterlösung zur obigen Frage mit dem Textfeld zu erstellen, splitten Sie die horizontale Linie in zwei Teile, zum Beispiel `\rule{4cm}{0cm}scrbook\rule{4cm}{0cm}`, und schreiben die Lösung in die Mitte. Eventuell müssen Sie die Breite der Boxen je nach Textlänge etwas verkürzen, um den Seitenrand nicht zu überschreiten. Besser ist es aber, wenn Sie von vornherein mit dem Befehl `\framebox` arbeiten, der eine vorgegebene Breite respektiert.

Bei der Bearbeitung der Zeile

```
\fbox{Wenn der Text nicht in eine einzige Zeile passt,
ragt er über den rechten Rand hinaus. Eine neue Zeile
wird nicht automatisch begonnen.}
```

in einem Dokument entsteht eine `overfull \hbox`, weil der Seitenrand überschritten wird. Die Befehle `box`, `makebox`, `fbox` und `framebox` sind also für mehrzeilige Boxen ungeeignet. Hier hilft der Befehl

```
\parbox[Ausrichtung]{Breite}{Text}
```

weiter. Die Box wird bei fehlender Angabe der Ausrichtung bezüglich der gegenwärtigen Zeile in vertikale Richtung zentriert. Bei der Ausrichtung `b` (bottom) oder `t` (top) wird die Box so platziert, dass die untere oder obere Zeile mit der aktuellen Zeile übereinstimmt.

Der Ausschnitt

```
eine einfache Box
\parbox{4.8cm}{Wenn der Text nicht in eine einzige Zeile
passt, ragt er über den rechten Rand hinaus. Eine neue
Zeile wird nicht automatisch begonnen.}
mitten im Text
```

in der Datei *Parbox.tex* erzeugt somit das Dokument

Bild 5.16: Eine mehrzeilige Box

eine einfache Box | Wenn der Text nicht in eine einzige Zeile passt, ragt er über den rechten Rand hinaus. Eine neue Zeile wird nicht automatisch begonnen. | mitten im Text

Die fünfzeilige Box der Breite `4.8cm` steht vertikal zentriert im Text, weil keine Ausrichtung angegeben ist.

Um die Box zu umrahmen, genügt eine Übergabe an den Befehl `\fbox`. Zum Beispiel entsteht das Dokument

Bild 5.17: Eine umrahmte, mehrzeilige Box

eine umrahmte Box | Wenn der Text nicht in eine einzige Zeile passt, ragt er über den rechten Rand hinaus. Eine neue Zeile wird nicht automatisch begonnen. | mitten im Text

bei der Bearbeitung der Zeilen

```
eine umrahmte Box
\fbox{\parbox{4.8cm}{Wenn der Text nicht in eine einzige
Zeile passt, ragt er über den rechten Rand hinaus. Eine
neue Zeile wird nicht automatisch begonnen.}}
mitten im Text.
```

in der Datei *Umrahmung.tex*.

Doppelte Umrahmungen und Maße

Eine doppelt umrahmte Box erzeugen Sie, indem Sie eine einfach umrahmte Box in einen weiteren Befehl `\fbox` einschließen. Das Maß `fboxsep` legt den Abstand zwischen dem Rahmen und dem inliegenden Text fest. Mithilfe von `fboxrule` beeinflussen Sie die Strichstärke des Rahmens.

6 Daten tabellarisch aufarbeiten

In den Kapiteln 4 und 5 haben wir bereits einige einfache Strukturen kennen gelernt, um Daten in übersichtlicher Form zu präsentieren. Eine Auflistung von Themen oder eine Abfolge von Schritten wird durch gepunktete oder nummerierte Aufzählungen erzeugt. Bei der Formatierung von Rechnungen können Tabulatoren zum Einsatz kommen.

Wenn die Zellen mit den Daten durch horizontale und vertikale Linien sichtbar gemacht werden sollen, lohnt es sich, eine Tabelle anzulegen. Die zugehörigen Umgebungen sehen wir uns in diesem Kapitel ausführlich an.

6.1 Einfache Tabellen anlegen

Für Tabellen gibt es die `tabular`-Umgebung, die durch den Befehl

```
\begin{tabular}[Position]{Spaltenformatierung}
```

eingeleitet wird. Die Gesamtbreite einer Tabelle hängt von den Breiten der Einträge in den einzelnen Spalten ab. Sie wird beim Bearbeiten des Dokuments automatisch ermittelt.

Als Position ist anzugeben, wie die Tabelle in der aktuellen Zeile anzuordnen ist. Bei den Parametern `b` oder `t` verläuft die obere oder untere Tabellenzeile auf der Grundlinie der gegenwärtigen Zeile. Beim Fehlen des eckigen Klammerpaares wird die Tabelle vertikal zentriert.

Eine einfache Spaltenformatierung setzt sich aus den Zeichen `l` (linksbündig), `c` (zentriert) und `r` (rechtsbündig) zur Kennzeichnung der Ausrichtung der Einträge in einer Spalte zusammen. Es ist wichtig, dass für jede Spalte eines dieser Zeichen vorhanden ist. Die Anzahl der Spalten legen wir also indirekt durch die Formatierung fest.

Als erstes Beispiel erstellen wir die Tabelle 5.1. Bei der Bearbeitung des Quelltextes

```
\begin{tabular}{ll}\hline
\textbf{Stil}&\textbf{Bedeutung}\\ \hline\hline
\verb§\arabic§&arabische Ziffern (1, 2, 3, 4, ...)\\ \hline
\verb§\roman§&kleine römische Ziffern (i, ii, iii,
  ↳ iv, ...)\\ \hline
\verb§\Roman§&große römische Ziffern (I, II, III,
  ↳ IV, ...)\\ \hline
\verb§\alph§&kleine Buchstaben (a, b, c, d, ...)\\ \hline
\verb§\Alph§&große Buchstaben (A, B, C, D, ...)\\ \hline
\end{tabular}
```

in der Datei *Tabelle1.tex* entsteht das Dokument

Bild 6.1: Eine einfache Tabelle

Stil	**Bedeutung**
`\arabic`	arabische Ziffern (1, 2, 3, 4, ...)
`\roman`	kleine römische Ziffern (i, ii, iii, iv, ...)
`\Roman`	große römische Ziffern (I, II, III, IV, ...)
`\alph`	kleine Buchstaben (a, b, c, d, ...)
`\Alph`	große Buchstaben (A, B, C, D, ...)

Als Formatierung ist `ll` angegeben, sodass die Tabelle aus zwei Spalten besteht. Die Einträge in beiden Spalten werden linksbündig angeordnet.

Die Tabellenreihen entstehen durch Hinzufügen einzelner Zeilen, an deren Ende die Zeichenkombination `\\` für einen Zeilenumbruch steht. Das Zeichen `&` kennzeichnet den Übergang von einer Spalte zur nächsten.

Der `hline`-Befehl sorgt für eine horizontale Linie. Die Linie am Kopf der Tabelle wird direkt nach dem Beginn der Umgebung erzeugt.

```
\begin{tabular}{ll}\hline
```

Um die Kopfzeile mit den Spaltenüberschriften vom Rest der Tabelle optisch abzuheben, verwenden wir zwei Befehle `\hline`.

```
\textbf{Stil}&\textbf{Bedeutung}\\ \hline\hline
```

Zeilenumbruch am Ende einer Tabelle

Hinter der letzten Reihe einer Tabelle muss eigentlich kein Zeilenumbruch mehr stattfinden. Dennoch muss der Befehl `\\` vor `\hline` stehen, um eine Fehlermeldung bei der Bearbeitung des Dokuments zu vermeiden.

Vertikale Linien zur Abgrenzung der Spalten entstehen, wenn das Zeichen `|` zwischen den Ausrichtungen `l`, `c` und `r` bei der Formatierung eingestreut wird. In der Datei *Tabelle2.tex* ist die Formatierung `ll` im obigen Quelltext durch `|l|l|` ersetzt. Diese Änderung führt zum Dokument

Stil	Bedeutung
`\arabic`	arabische Ziffern (1, 2, 3, 4, ...)
`\roman`	kleine römische Ziffern (i, ii, iii, iv, ...)
`\Roman`	große römische Ziffern (I, II, III, IV, ...)
`\alph`	kleine Buchstaben (a, b, c, d, ...)
`\Alph`	große Buchstaben (A, B, C, D, ...)

Bild 6.2: Vertikale Linien in Tabellen

Doppelte vertikale Linien

Um zwei Spalten durch eine doppelte Linie voneinander zu trennen, verwenden Sie die Kombination `||` anstelle von `|`.

In den Bildern 3.27, 3.29 und 5.8 sind uns bereits Tabellen mit Zeichensätzen begegnet. Zum Beispiel stehen die Zeilen

```
\begin{tabular}{|l|l|l|l|l|l|l|l|}\hline
\ding{32} {\hfill\tiny 32}&\ding{33} {\hfill\tiny 33}
  ↳&\ding{34} {\hfill\tiny 34}&\ding{35} {\hfill\tiny 35}
  ↳&\ding{36} {\hfill\tiny 36}&\ding{37} {\hfill\tiny 37}
  ↳&\ding{38} {\hfill\tiny 38}&\ding{39} {\hfill\tiny 39}\\
  ↳ \hline
<weitere Reihen>
\ding{248} {\hfill\tiny 248}&\ding{249} {\hfill\tiny 249}
  ↳&\ding{250} {\hfill\tiny 250}&\ding{251}
  ↳{\hfill\tiny 251}&\ding{252} {\hfill\tiny 252}
  ↳&\ding{253} {\hfill\tiny 253}&\ding{254}
  ↳{\hfill\tiny 254}&\ding{255} {\hfill\tiny 255}\\
  ↳ \hline
\end{tabular}
```

in der Datei *ZapfDingbats.tex*, die in Kapitel 5 aufgetaucht ist. Aus der Formatierung `|l|l|l|l|l|l|l|l|` entnehmen wir, dass acht Spalten vorkommen, die durch vertikale Linien voneinander getrennt werden. Jeder Eintrag in einer Zelle besteht aus einem Zeichen, zum Beispiel `\ding{32}`, und der Nummer dieses Zeichens im Zeichensatz, zum Beispiel `32`. Um die Nummern zu verkleinern, nutzen wir die Schriftgröße `\tiny`. Mit `\hfill` wird beliebig viel Zwischenraum zwischen dem Zeichen und seiner Nummer eingefügt. Die zahlreichen Befehle `\hfill` sorgen dafür, dass der Platz in horizontale Richtung gleichmäßig auf alle Zellen verteilt wird.

Um die Breite einer Spalte festzulegen, nutzen wir anstelle der Ausrichtung `l`, `c` oder `r` die Angabe `p{Breite}`. Die Zeile

```
\begin{tabular}{|l|p{5cm}|}\hline
```

legt zum Beispiel fest, dass eine Tabelle aus zwei Spalten besteht, wobei die Breite der ersten Spalte variabel und die zweite Spalte `5cm` breit ist. Der Text in der linken Spalte wird linksbündig gesetzt. In der rechten Spalte wird Blocksatz verwendet, sodass mehrzeilige Einträge entstehen. Nach einer erneuten Bearbeitung entsteht das Dokument

Stil	Bedeutung
\arabic	arabische Ziffern (1, 2, 3, 4, ...)
\roman	kleine römische Ziffern (i, ii, iii, iv, ...)
\Roman	große römische Ziffern (I, II, III, IV, ...)
\alph	kleine Buchstaben (a, b, c, d, ...)
\Alph	große Buchstaben (A, B, C, D, ...)

Bild 6.3:
Die Breite einer Spalte verkürzen

Überfüllte horizontale Boxen vermeiden

Wenn ein Eintrag in einer Tabelle so lang ist, dass die Seitenbreite überschritten wird, empfiehlt es sich, die Ausrichtung `l`, `c` oder `r` in dieser Spalte durch `p{Breite}` zu ersetzen.

In Bild 3.17 ist ein französischer Dialog abgebildet, dessen Quelltext in Bild 3.16 zu sehen ist. Der Eintrag `p{8cm}` sorgt dafür, dass die Texte in der zweiten Spalte maximal 8 cm breit sind. Beim Überschreiten dieser Breite erfolgt ein Zeilenumbruch.

Der Befehl

```
\renewcommand{\arraystretch}{1.5}
```

sorgt dafür, dass der Zeilenabstand in Tabellen um den Faktor 1.5 gestreckt wird. Hierdurch entstehen größere Zeilenabstände.

Den Tabellenstil ändern

Mit dem `arrayrulewidth`-Maß legen Sie die Strichstärke von horizontalen und vertikalen Linien fest. Das `doublerulesep`-Maß beeinflusst den Abstand zwischen den einzelnen Strichen in einer Doppellinie.

6.2 Besonderheiten in Tabellen

Manchmal haben wir in Tabellen das Bedürfnis, einzelne Zellen über mehrere Spalten auszudehnen oder den Inhalt einer Zelle anders auszurichten als in den anderen Zellen einer Spalte.

Als Beispiel kommen wir auf das Bild 4.24 mit der Bestellung einiger Artikel zurück, die mithilfe von Tabulatoren erzeugt wurde. In der Datei *Bestellung1.tex* befindet sich diese Struktur in Form einer Tabelle. Bei der Bearbeitung entsteht das Dokument

Bild 6.4: Zellen auf mehrere Spalten ausdehnen

Stück	Best.-Nr.	Artikel	Preis
100	672399	CD-R	49,99 €
1	877877	Druckerpatrone für HP LaserJet 5L	63,99 €
1	723988	Buch „*HTML für den Hausgebrauch*“	9,99 €
Porto und Verpackung			2,99 €
Gesamtpreis			126,96 €

Zum Beispiel belegt der Artikel `Porto und Verpackung` mehrere Zellen und die Überschrift `Preis` ist zentriert, obwohl alle weiteren Einträge in der Spalte rechtsbündig sind. Ein Blick in den Quelltext verrät den zugehörigen Trick.

```
\begin{tabular}{ccp{3.5cm}r}\hline
Stück&Best.-Nr.&Artikel&\multicolumn{1}{c}{Preis}\\
  ↳ \hline\hline
```

```
100&672399&CD-R&\EUR{\texttt{ 49,99}}\\
1&877877&Druckerpatrone für HP LaserJet 5L&
  ↳\EUR{\texttt{ 63,99}}\\
1&723988&Buch \textit{\glqq{}HTML für den
  ↳ Hausgebrauch\grqq{}}&\EUR{\texttt{{ }{ }9,99}}\\
\multicolumn{3}{l}{Porto und Verpackung}&
  ↳\EUR{\texttt{{ }{ }2,99}}\\ \hline\hline
Gesamtpreis&&&\texttt{\EUR{126,96}}\\ \hline
\end{tabular}
```

Mit dem Befehl

```
\multicolumn{Anzahl}{Ausrichtung}{Text}
```

belegen wir mehrere Zellen entsprechend der Anzahl mit dem Text. Als Ausrichtungen sind `l`, `c` und `r` erlaubt. Zum Beispiel sorgt der Eintrag `\multicolumn{1}{c}{Preis}` für das Belegen einer Zelle, wobei die Überschrift `Preis` zentriert wird. Mit dem Eintrag `\multicolumn{3}{l}{Porto und Verpackung}` belegen wir drei Zellen. Der Artikel `Porto und Verpackung` wird linksbündig in diesem Zellenverbund ausgerichtet.

Die Anzahl der Zellen richtig abschätzen

Wenn ein langer Text in einer Zelle steht, geben Sie beim Befehl `\multicolumn` lieber eine größere Anzahl von Zellen an. Die Länge des Textes wirkt sich auf die Spaltenbreite aus.

In Bild 6.4 sehen wir, dass die Spalte `Stück` etwas zu breit geraten ist. Das liegt daran, dass der Text `Gesamtpreis` nur eine Zelle belegt. Durch Aneinanderhängen mehrerer Zeichen `&` überspringen wir mehrere Zellen, zum Beispiel zwei Zellen bei `Text&&&Text`. Wenn die letzte Reihe der Tabelle durch

```
\multicolumn{2}{l}{Gesamtpreis}&&\texttt{\EUR{126,96}}\\
  ↳ \hline
```

in der Datei *Bestellung2.tex* erzeugt wird, darf der Text `Gesamtpreis` in die zweite Spalte hineinragen. Dadurch erhält die erste Spalte automatisch ihre minimale Breite. Weil nun mehr Platz für die Beschreibung der Artikel zur Verfügung steht, können wir den Formatierungsparameter `p{5cm}` bei der dritten Spalte angeben. Bei der Bearbeitung entsteht das Dokument

Bild 6.5: Eine alternative Formatierung

Stück	Best.-Nr.	Artikel	Preis
100	672399	CD-R	49,99€
1	877877	Druckerpatrone für HP LaserJet 5L	63,99€
1	723988	Buch *„HTML für den Hausgebrauch“*	9,99€
Porto und Verpackung			2,99€
Gesamtpreis			126,96€

Am Ende einer Tabellenreihe darf der Befehl

```
\cline{Start-Ende}
```

anstelle von `\hline` auftauchen. Er erzeugt eine horizontale Linie vom linken Rand der Startspalte bis zum rechten Rand der Endspalte. Die Nummern der zugehörigen Spalten geben wir in den geschweiften Klammern an.

Zum Beispiel erzeugt der Quelltext

```
\begin{tabular}{|c|c|c|c|c|}\hline
&Montag&Dienstag&Mittwoch&Donnerstag\\ \hline\hline
08-09&Numerik&&&\\
&&&&\\ \cline{1-1}\cline{5-5}
09-10&Vorlesung&&&Numerik\\
&Raum 227&&&\\ \cline{1-2}
10-11&&&&Übung\\
&&&&Raum 117\\ \cline{1-1}\cline{3-5}
11-12&&Java&Numerik&\\
&&&&\\ \cline{1-1}
12-13&&Praktikum&Vorlesung&\\
&&CIP-Pool&Raum 314&\\ \cline{1-1}\cline{3-4}
13-14&&&&\\
&&&&\\ \hline
\end{tabular}
```

in der Datei *Stundenplan.tex* das Dokument

	Montag	Dienstag	Mittwoch	Donnerstag
08-09	Numerik			
09-10	Vorlesung Raum 227			Numerik
10-11				Übung Raum 117
11-12		Java	Numerik	
12-13		Praktikum CIP-Pool	Vorlesung Raum 314	
13-14				

Bild 6.6: Horizontale Linien einstreuen

Die Befehle `\cline{1-1}\cline{5-5}` am Ende der dritten Reihe erzeugen die horizontalen Linien über dem Text `09-10` und `Numerik`. Mehrere Linien dürfen zusammengefasst werden. So sorgt der Befehl `\cline{3-5}` am Ende der siebten Reihe für eine horizontale Linie von der dritten bis fünften Spalte.

6.3 Textelemente drehen

Das `rotating`-Paket, das wir im Vorspann eines Dokuments mit dem Befehl

```
\usepackage{rotating}
```

einbinden, enthält Befehle zur Drehung von Textbestandteilen, zum Beispiel Wörter, Tabellen und Abbildungen. Dieses Paket ist in einigen Fällen sehr nützlich. Wenn die Tabelle in Bild 6.6 zum Beispiel noch den Freitag, Samstag und Sonntag enthalten hätte, wäre es schwierig gewesen, sie auf der Seite in originaler Größe abzudrucken. Eine Tabelle im Querformat löst dieses Problem.

Eine einfache Drehung erfolgt mit dem Befehl

```
\begin{rotate}{Winkel}
Textelement
\end{rotate}
```

Das Textelement wird um den angegebenen Winkel gedreht, wobei kein horizontaler Zwischenraum eingefügt wird. Als Winkel sind

Werte von `-180` bis `180` zugelassen. Ein negatives Vorzeichen führt zu einer Drehung im Uhrzeigersinn. Es wird um den linken Punkt der Basislinie des Bestandteils gedreht.

In der Datei *Drehung1.tex* stehen die Zeilen

```
Eine \begin{rotate}{45}kleine\end{rotate} Drehung.
Eine \begin{rotate}{135}kleine\end{rotate} Drehung.
Eine \begin{rotate}{-135}kleine\end{rotate} Drehung.
Eine \begin{rotate}{-45}kleine\end{rotate} Drehung.
```

zur Erzeugung des Dokuments

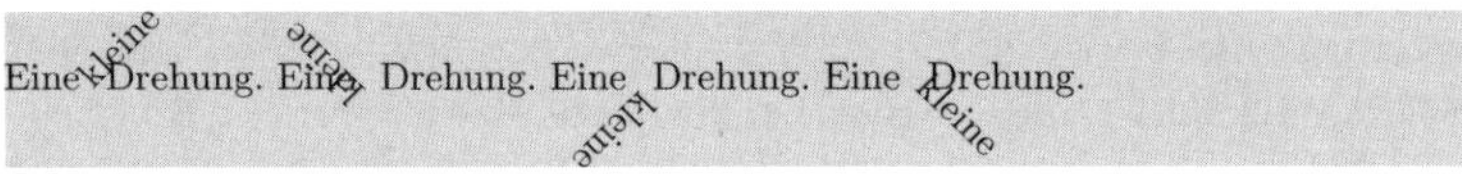

Bild 6.7:
Gedrehte Elemente

Eine Drehung mit horizontalem Zwischenraum entsteht beim Befehl

```
\begin{turn}{Winkel}
Textelement
\end{turn}
```

Wenn wir im obigen Dokument `rotate` durch `turn` ersetzen und den Quelltext in *Drehung2.tex* speichern, entsteht das Dokument

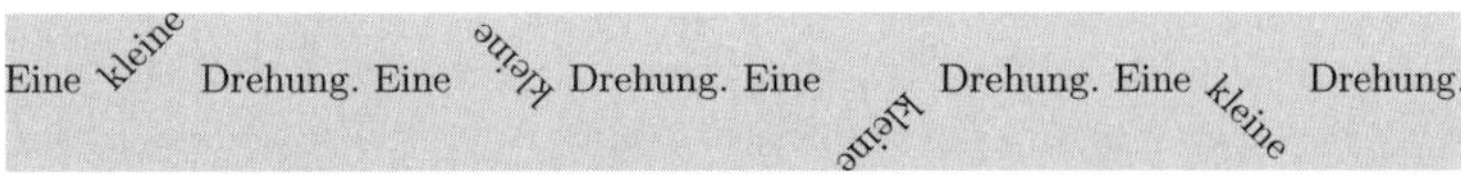

Bild 6.8:
Drehungen mit Zwischenraum

Für eine Drehung ins Querformat sorgt die `sideways`-Umgebung. Der Drehwinkel hat hierbei den Wert `90`.

Ein Beispiel befindet sich in der Datei *Wochenplan.tex*. Bei der Bearbeitung des Dokuments

```
\begin{sideways}
\begin{tabular}{|c|c|c|c|c|c|c|c|}\hline
&Montag&Dienstag&Mittwoch&Donnerstag&Freitag&Samstag&Sonntag
  ↳&\\ \hline\hline
08&\hspace*{2cm}&\hspace*{2cm}&\hspace*{2cm}&\hspace*{2cm}
  ↳&\hspace*{2cm}&\hspace*{2cm}&\hspace*{2cm}&08\\
```

```
09&&&&&&&&09\\ \cline{1-1}\cline{9-9}
09&&&&&&&&09\\
10&&&&&&&&10\\ \cline{1-1}\cline{9-9}
10&&&&&&&&10\\
11&&&&&&&&11\\ \cline{1-1}\cline{9-9}
11&&&&&&&&11\\
12&&&&&&&&12\\ \cline{1-1}\cline{9-9}
12&&&&&&&&12\\
13&&&&&&&&13\\ \cline{1-1}\cline{9-9}
13&&&&&&&&13\\
14&&&&&&&&14\\ \cline{1-1}\cline{9-9}
14&&&&&&&&14\\
15&&&&&&&&15\\ \cline{1-1}\cline{9-9}
15&&&&&&&&15\\
16&&&&&&&&16\\ \cline{1-1}\cline{9-9}
16&&&&&&&&16\\
17&&&&&&&&17\\ \cline{1-1}\cline{9-9}
17&&&&&&&&17\\
18&&&&&&&&18\\ \hline
\end{tabular}
\end{sideways}
```

entsteht eine Tabelle im Querformat.

Bild 6.9:
Ein gedrehter
Wochenplan

	Montag	Dienstag	Mittwoch	Donnerstag	Freitag	Samstag	Sonntag	
08 09								08 09
09 10								09 10
10 11								10 11
11 12								11 12
12 13								12 13
13 14								13 14
14 15								14 15
15 16								15 16
16 17								16 17
17 18								17 18

7 Mathematische Formeln verwenden

In naturwissenschaftlichen Texten tauchen mathematische Formeln auf, die direkt im laufenden Text eingestreut sind oder in einer separaten Zeile stehen. *LaTeX* bietet einige Umgebungen und zahlreiche Befehle an, um alle erdenklichen Formeln zu setzen.

Die Symbole, die standardmäßig in *LaTeX* vorhanden sind, reichen für mathematisch anspruchsvolle Texte häufig nicht aus. Außerdem sind einige zusätzliche Makros, zum Beispiel zur Gestaltung von Matrizen, wünschenswert. Daher hat die American Mathematical Society (AMS) neue Zeichensätze und Makropakete zur Verfügung gestellt.

7.1 Mathematische Symbole aufrufen

Bevor wir komplizierte Formeln setzen, kümmern wir uns zunächst um die Vielzahl von mathematischen Symbolen.

7.1.1 Einfache Textformeln einstreuen

In der Datei *Formel.tex* stehen die Zeilen

```
Für jede reelle Zahl $x$ gilt genau eine der drei
Relationen $x<0$, $x=0$ und $x>0$.
```

zur Erzeugung des Dokuments

Für jede reelle Zahl x gilt genau eine der drei Relationen $x < 0$, $x = 0$ und $x > 0$.

Bild 7.1:
Einige Textformeln

Eine mathematische Formel im laufenden Text entsteht folglich durch den Einschluss in zwei Dollarzeichen, zum Beispiel `$x$`.

7.1.2 Symbole für Mengen

In der Mengenlehre werden kalligrafische Buchstaben genutzt. Hierfür gibt es den Befehl `\mathcal{Text}`, der zu dieser Schriftart umschaltet. Die Zeile

```
$\mathcal{ABCDEFGHIJKLMNOPQRSTUVWXYZ}$
```

in der Datei *Mathcal.tex* erzeugt das Dokument

Bild 7.2: Symbole für allgemeine Mengen

$\mathcal{ABCDEFGHIJKLMNOPQRSTUVWXYZ}$

Geschweifte Klammern entstehen durch die Kombinationen `\{` und `\}`. Zum Beispiel liefert die Bearbeitung der Zeile

```
$\mathcal{M}=\{1, 2, 3\}$
```

in der Datei *Menge1.tex* den Ausschnitt

Bild 7.3: Die Elemente in einer Menge

$\mathcal{M}=\{1,2,3\}$

Wenn es sich bei den Elementen in einer Menge um Textschnipsel handelt, müssen wir aufpassen. Die Zeile

```
$\mathcal{M}=\{rot, gr"un, blau\}$
```

in der Datei *Menge2.tex* liefert

Bild 7.4: Texte sind kursiv gedruckt

$\mathcal{M}=\{rot, grün, blau\}$

Umlaute in mathematischen Formeln

Die Ersetzungen, die vom `inputenc`-Paket zur Erzeugung deutscher Sonderzeichen durchgeführt werden, führen im mathematischen Modus zu Fehlermeldungen, zum Beispiel »LaTeX Warning: Command \" invalid in math mode«. Daher müssen Sie `ä`, `ö`, `ü`, `Ä`, `Ö`, `Ü` und `ß` durch `"a`, `"o`, `"u`, `"A`, `"O`, `"U` und `"s` darstellen.

Wenn das `amsmath`-Paket durch den Befehl

```
\usepackage{amsmath}
```

im Vorspann des Dokuments eingebunden ist, steht in mathematischen Umgebungen der Befehl `\text{Text}` zur Verfügung. Bei der Bearbeitung der Zeile

```
$\mathcal{M}=\{\text{rot}, \text{grün}, \text{blau}\}$
```

in der Datei *Menge3.tex* entsteht das Dokument

$\mathcal{M} = \{\text{rot}, \text{grün}, \text{blau}\}$

Bild 7.5:
Texte in mathematischen Formeln

Nun müssen wir die deutschen Sonderzeichen nicht mehr maskieren, weil zwischendurch in den Textmodus geschaltet wird.

Anstelle des `text`-Befehls dürfen wir auch die Schriftarten `\mathrm`, `\mathsf`, `\mathtt`, `\mathbf` und `\mathit` verwenden. Sie entsprechen den zugehörigen Befehlen im normalen Text, die in Abschnitt 3.3.1 aufgetaucht sind. Zum Beispiel liefert die Zeile

```
$\mathcal{M}=\{\mathrm{rot}, \mathrm{gr"un}, \mathrm{blau}\}$
```

in der Datei *Menge4.tex* dasselbe Ergebnis wie in Bild 7.5. Die deutschen Sonderzeichen müssen hierbei wieder maskiert werden.

Mathematische Pakete einbinden

Am einfachsten ist es, wenn Sie grundsätzlich in alle Texte mit mathematischen Formeln die Pakete `amsmath` und `amssymb` einbinden.

Für Zahlenmengen gibt es den Zeichensatz »Blackboard Bold«, für den der Befehl `\mathbb{Text}` zuständig ist. Die Zeile

```
$\mathbb{ABCDEFGHIJKLMNOPQRSTUVWXYZ}$
```

in der Datei *Mathbb.tex* erzeugt das Dokument

Bild 7.6: Buchstaben für Zahlenmengen

$\mathbb{ABCDEFGHIJKLMNOPQRSTUVWXYZ}$

Zum Beispiel wird der Buchstabe `Q` für die Menge der rationalen Zahlen und `R` für die Menge der reellen Zahlen genommen. Die Zeilen

```
Die Menge $[a,b]=\{x\in\mathbb{R}\mid a\le x\le b\}$ mit
$a,b\in\mathbb{R}$ und $a<b$ bezeichnen wir als
abgeschlossenes Intervall.
```

in der Datei *Intervall.tex* sorgen für den Ausschnitt

Bild 7.7: Die Menge der reellen Zahlen

Die Menge $[a,b]=\{x\in\mathbb{R}\mid a\le x\le b\}$ mit $a,b\in\mathbb{R}$ und $a<b$ bezeichnen wir als abgeschlossenes Intervall.

Für Mengen mit Funktionen kommt die Frakturschrift von Euler zum Einsatz. Der Befehl `\mathfrak{Text}` ist für die Auswahl dieser Schriftart zuständig. Bei der Bearbeitung der Zeilen

```
$\mathfrak{C}^n[a,b]=\{f\in\mathfrak{F}([a,b]\to\mathbb{R})
\mid f\text{ ist }n\text{-mal stetig differenzierbar}\}$
```

in der Datei *Funktionen.tex* entsteht das Dokument

$\mathfrak{C}^n[a,b] = \{f \in \mathfrak{F}([a,b] \to \mathbb{R}) \mid f \text{ ist } n\text{-mal stetig differenzierbar}\}$

Bild 7.8:
Mengen mit Funktionen

Auf Leerzeichen beim Text in Formeln achten

Bei der Verwendung des Befehls `\text` müssen Sie beachten, dass eventuell notwendige Leerzeichen in den geschweiften Klammern und nicht vor oder nach dem Befehl auftauchen.

7.1.3 Griechische Buchstaben

In der Datei *Kgb.tex* stehen die Befehle für kleine griechische Buchstaben.

α	\alpha	β	\beta	γ	\gamma
δ	\delta	ϵ	\epsilon	ε	\varepsilon
ζ	\zeta	η	\eta	θ	\theta
ϑ	\vartheta	ι	\iota	κ	\kappa
λ	\lambda	μ	\mu	ν	\nu
ξ	\xi	o	o	π	\pi
ϖ	\varpi	ρ	\rho	ϱ	\varrho
σ	\sigma	ς	\varsigma	τ	\tau
υ	\upsilon	ϕ	\phi	φ	\varphi
χ	\chi	ψ	\psi	ω	\omega

Bild 7.9:
Befehle für kleine griechische Buchstaben

Bei der Bearbeitung der Datei *Ggb.tex* entstehen die großen griechischen Buchstaben in aufrechter und kursiver Form.

Bild 7.10:
Befehle für große griechische Buchstaben

Γ	\Gamma	Δ	\Delta	Θ	\Theta
Λ	\Lambda	Ξ	\Xi	Π	\Pi
Σ	\Sigma	Υ	\Upsilon	Φ	\Phi
Ψ	\Psi	Ω	\Omega		
$\varGamma$	\varGamma	$\varDelta$	\varDelta	$\varTheta$	\varTheta
$\varLambda$	\varLambda	$\varXi$	\varXi	$\varPi$	\varPi
$\varSigma$	\varSigma	$\varUpsilon$	\varUpsilon	$\varPhi$	\varPhi
$\varPsi$	\varPsi	$\varOmega$	\varOmega		

Zum Beispiel wird das Dokument

Bild 7.11:
Griechische Buchstaben in Textformeln

Bei der Brechung eines Lichtstrahls an der Grenzfläche zweier Medien bezeichnet φ_1 den Einfallswinkel und φ_2 den Brechungswinkel.

in der Datei *Brechung.tex* durch die Zeilen

```
Bei der Brechung eines Lichtstrahls an der Grenzfläche
zweier Medien bezeichnet $\varphi_1$ den Einfallswinkel
und $\varphi_2$ den Brechungswinkel.
```

erzeugt. Der Unterstrich sorgt für tiefgestellte Indizes.

7.1.4 Weitere mathematische Symbole

Zunächst gibt es einige Symbole für verschiedene Zwecke. Zum Beispiel sind die Befehle `\Re` und `\Im` für den Realteil und Imaginärteil einer komplexen Zahl zuständig. Wenn über die Buchstaben `i` und `j` ein Akzent, zum Beispiel ein Vektorpfeil, gesetzt wird, nutzen wir die Symbole `\imath` und `\jmath`, bei denen der Punkt fehlt.

Eine Bearbeitung der Datei *Symbole.tex* liefert das Dokument

✓ \checkmark	® \circledR	Ⓢ \circledS
✠ \maltese	¥ \yen	⌜ \ulcorner
⌝ \urcorner	⌞ \llcorner	⌟ \lrcorner
ℵ \aleph	ϝ \digamma	ϰ \varkappa
ℶ \beth	ℸ \daleth	ℷ \gimel
ℏ \hbar	ℏ \hslash	△ \vartriangle
▽ \triangledown	□ \square	◊ \lozenge
∠ \angle	∡ \measuredangle	∄ \nexists
℧ \mho	∀ \forall	∃ \exists
Ⅎ \Finv	⅁ \Game	𝕜 \Bbbk
′ \prime	‵ \backprime	∅ \varnothing
▲ \blacktriangle	▼ \blacktriangledown	■ \blacksquare
⧫ \blacklozenge	★ \bigstar	∢ \sphericalangle
∅ \emptyset	∁ \complement	ð \eth
╱ \diagup	╲ \diagdown	ı \imath
ȷ \jmath	ℓ \ell	℘ \wp
ℜ \Re	ℑ \Im	∇ \nabla
√ \surd	∂ \partial	⊤ \top
⊥ \bot	⊢ \vdash	⊣ \dashv
¬ \neg	♭ \flat	♮ \natural
♯ \sharp	‖ |	\ \backslash
♣ \clubsuit	♢ \diamondsuit	♡ \heartsuit
♠ \spadesuit	⋈ \Join	∞ \infty
△ \triangle		

Bild 7.12:
Spezielle Symbole

Wenn die Werte von zwei Variablen benutzt werden, um einen neuen Wert zu erhalten, taucht ein binärer Operator auf. Zum Beispiel kennzeichnet der Operator + die Addition.

Beim Bearbeiten der Datei *BinOp.tex* entsteht das Dokument

± \pm	∓ \mp	× \times
÷ \div	· \cdot	∗ \ast
⋆ \star	⨿ \amalg	† \dagger
‡ \ddagger	∩ \cap	∪ \cup
⊎ \uplus	⊓ \sqcap	⊔ \sqcup
∨ \vee	∧ \wedge	∖ \setminus
≀ \wr	∘ \circ	• \bullet
⋄ \diamond	⊲ \lhd	⊳ \rhd
⊴ \unlhd	⊵ \unrhd	⊘ \oslash
⊙ \odot	⊕ \oplus	⊖ \ominus
⊗ \otimes	◯ \bigcirc	△ \bigtriangleup
▽ \bigtriangledown	◃ \triangleleft	▹ \triangleright
∔ \dotplus	∖ \smallsetminus	⋒ \doublecap
⋓ \doublecup	⊼ \barwedge	⊻ \veebar
⩞ \doublebarwedge	⋉ \ltimes	⋊ \rtimes
⋋ \leftthreetimes	⋌ \rightthreetimes	⋏ \curlywedge
⋎ \curlyvee	⊟ \boxminus	⊝ \circleddash
⊠ \boxtimes	⊡ \boxdot	⊞ \boxplus
⋇ \divideontimes	⊛ \circledast	⊚ \circledcirc
· \centerdot	⊺ \intercal	

Bild 7.13:
Binäre Operatoren

Neben den Operatoren <, = und >, die über die Tastatur in den Text gelangen, gibt es noch eine Fülle von Befehlen zur Kennzeichnung von Relationen.

In der Datei *Vergleich.tex* befindet sich das Dokument

Bild 7.14: Operatoren für Relationen

$\le$ \le	$\ge$ \ge	$\ll$ \ll
$\gg$ \gg	$\subset$ \subset	$\supset$ \supset
$\subseteq$ \subseteq	$\supseteq$ \supseteq	$\sqsubset$ \sqsubset
$\sqsupset$ \sqsupset	$\sqsubseteq$ \sqsubseteq	$\sqsupseteq$ \sqsupseteq
$\in$ \in	$\ni$ \ni	$\models$ \models
$\perp$ \perp	$\parallel$ \parallel	$\doteq$ \doteq
$\approx$ \approx	$\cong$ \cong	$\sim$ \sim
$\simeq$ \simeq	$\asymp$ \asymp	$\equiv$ \equiv
$\propto$ \propto	$\smile$ \smile	$\frown$ \frown
$\bowtie$ \bowtie	$\prec$ \prec	$\succ$ \succ
$\preceq$ \preceq	$\succeq$ \succeq	$\mid$ \mid
$\leqq$ \leqq	$\geqq$ \geqq	$\leqslant$ \leqslant
$\geqslant$ \geqslant	$\eqslantless$ \eqslantless	$\eqslantgtr$ \eqslantgtr
$\lesssim$ \lesssim	$\gtrsim$ \gtrsim	$\lessapprox$ \lessapprox
$\gtrapprox$ \gtrapprox	$\approxeq$ \approxeq	$\lessdot$ \lessdot
$\gtrdot$ \gtrdot	$\therefore$ \therefore	$\because$ \because
$\lll$ \lll	$\ggg$ \ggg	$\lessgtr$ \lessgtr
$\gtrless$ \gtrless	$\lesseqgtr$ \lesseqgtr	$\gtreqless$ \gtreqless
$\lesseqqgtr$ \lesseqqgtr	$\gtreqqless$ \gtreqqless	$\doteqdot$ \doteqdot
$\eqcirc$ \eqcirc	$\risingdotseq$ \risingdotseq	$\circeq$ \circeq
$\fallingdotseq$ \fallingdotseq	$\triangleq$ \triangleq	$\backsim$ \backsim
$\thicksim$ \thicksim	$\backsimeq$ \backsimeq	$\thickapprox$ \thickapprox
$\subseteqq$ \subseteqq	$\supseteqq$ \supseteqq	$\Subset$ \Subset
$\Supset$ \Supset	$\preccurlyeq$ \preccurlyeq	$\succcurlyeq$ \succcurlyeq
$\curlyeqprec$ \curlyeqprec	$\curlyeqsucc$ \curlyeqsucc	$\precsim$ \precsim
$\succsim$ \succsim	$\precapprox$ \precapprox	$\succapprox$ \succapprox
$\vartriangleleft$ \vartriangleleft	$\vartriangleright$ \vartriangleright	$\trianglelefteq$ \trianglelefteq
$\trianglerighteq$ \trianglerighteq	$\vDash$ \vDash	$\Vdash$ \Vdash
$\Vvdash$ \Vvdash	$\smallsmile$ \smallsmile	$\shortmid$ \shortmid
$\smallfrown$ \smallfrown	$\shortparallel$ \shortparallel	$\bumpeq$ \bumpeq
$\between$ \between	$\Bumpeq$ \Bumpeq	$\pitchfork$ \pitchfork
$\varpropto$ \varpropto	$\backepsilon$ \backepsilon	$\blacktriangleleft$ \blacktriangleleft
$\blacktriangleright$ \blacktriangleright		

Um ein Relationssymbol durchzustreichen, schreiben wir den Befehl `\not` davor, zum Beispiel `\not>`. Weil die verneinten Symbole nicht immer schön aussehen, sollten die folgenden Befehle vorgezogen werden, die in der Datei *VVergleich.tex* stehen.

$\neq$	\neq	$\notin$	\notin	$\nless$	\nless
$\ngtr$	\ngtr	$\nleq$	\nleq	$\ngeq$	\ngeq
$\nleqslant$	\nleqslant	$\ngeqslant$	\ngeqslant	$\nleqq$	\nleqq
$\ngeqq$	\ngeqq	$\lneq$	\lneq	$\gneq$	\gneq
$\lneqq$	\lneqq	$\gneqq$	\gneqq	$\lvertneqq$	\lvertneqq
$\gvertneqq$	\gvertneqq	$\lnsim$	\lnsim	$\gnsim$	\gnsim
$\lnapprox$	\lnapprox	$\gnapprox$	\gnapprox	$\nprec$	\nprec
$\nsucc$	\nsucc	$\npreceq$	\npreceq	$\nsucceq$	\nsucceq
$\precneqq$	\precneqq	$\succneqq$	\succneqq	$\precnsim$	\precnsim
$\succnsim$	\succnsim	$\precnapprox$	\precnapprox	$\succnapprox$	\succnapprox
$\nsim$	\nsim	$\ncong$	\ncong	$\nshortmid$	\nshortmid
$\nshortparallel$	\nshortparallel	$\nmid$	\nmid	$\nparallel$	\nparallel
$\nvdash$	\nvdash	$\nvDash$	\nvDash	$\nVdash$	\nVdash
$\nVDash$	\nVDash	$\ntriangleleft$	\ntriangleleft	$\ntriangleright$	\ntriangleright
$\ntrianglelefteq$	\ntrianglelefteq	$\ntrianglerighteq$	\ntrianglerighteq	$\nsubseteq$	\nsubseteq
$\nsupseteq$	\nsupseteq	$\nsubseteqq$	\nsubseteqq	$\nsupseteqq$	\nsupseteqq
$\subsetneq$	\subsetneq	$\supsetneq$	\supsetneq	$\varsubsetneq$	\varsubsetneq
$\varsupsetneq$	\varsupsetneq	$\subsetneqq$	\subsetneqq	$\supsetneqq$	\supsetneqq
$\varsubsetneqq$	\varsubsetneqq	$\varsupsetneqq$	\varsupsetneqq		

Bild 7.15:
Verneinte Operatoren
für Relationen

Es stehen noch einige Befehle für Pfeile zur Verfügung. Die Bearbeitung der Datei *Pfeile.tex* liefert das Dokument

$\leftarrow$	\leftarrow	$\rightarrow$	\rightarrow	$\longleftarrow$	\longleftarrow
$\longrightarrow$	\longrightarrow	$\Leftarrow$	\Leftarrow	$\Rightarrow$	\Rightarrow
$\Longleftarrow$	\Longleftarrow	$\Longrightarrow$	\Longrightarrow	$\leftrightarrow$	\leftrightarrow
$\longleftrightarrow$	\longleftrightarrow	$\Leftrightarrow$	\Leftrightarrow	$\Longleftrightarrow$	\Longleftrightarrow
$\mapsto$	\mapsto	$\longmapsto$	\longmapsto	$\hookleftarrow$	\hookleftarrow
$\hookrightarrow$	\hookrightarrow	$\leftharpoonup$	\leftharpoonup	$\leftharpoondown$	\leftharpoondown
$\rightharpoonup$	\rightharpoonup	$\rightharpoondown$	\rightharpoondown	$\rightleftharpoons$	\rightleftharpoons
$\leadsto$	\leadsto	$\nearrow$	\nearrow	$\searrow$	\searrow
$\swarrow$	\swarrow	$\nwarrow$	\nwarrow	$\uparrow$	\uparrow
$\Uparrow$	\Uparrow	$\downarrow$	\downarrow	$\Downarrow$	\Downarrow
$\updownarrow$	\updownarrow	$\Updownarrow$	\Updownarrow	$\leftleftarrows$	\leftleftarrows
$\rightrightarrows$	\rightrightarrows	$\leftrightarrows$	\leftrightarrows	$\rightleftarrows$	\rightleftarrows
$\Lleftarrow$	\Lleftarrow	$\Rrightarrow$	\Rrightarrow	$\twoheadleftarrow$	\twoheadleftarrow
$\twoheadrightarrow$	\twoheadrightarrow	$\leftarrowtail$	\leftarrowtail	$\rightarrowtail$	\rightarrowtail
$\looparrowleft$	\looparrowleft	$\looparrowright$	\looparrowright	$\leftrightharpoons$	\leftrightharpoons
$\rightleftharpoons$	\rightleftharpoons	$\curvearrowleft$	\curvearrowleft	$\curvearrowright$	\curvearrowright
$\circlearrowleft$	\circlearrowleft	$\circlearrowright$	\circlearrowright	$\Lsh$	\Lsh
$\Rsh$	\Rsh	$\upuparrows$	\upuparrows	$\downdownarrows$	\downdownarrows
$\upharpoonleft$	\upharpoonleft	$\upharpoonright$	\upharpoonright	$\downharpoonleft$	\downharpoonleft
$\downharpoonright$	\downharpoonright	$\multimap$	\multimap	$\leftrightsquigarrow$	\leftrightsquigarrow
$\rightsquigarrow$	\rightsquigarrow	$\dashleftarrow$	\dashleftarrow	$\dashrightarrow$	\dashrightarrow

Bild 7.16:
Befehle für Pfeile

Die Befehle für die verneinten Pfeile tauchen in der Datei *VPfeile.tex* auf.

Bild 7.17: Befehle für verneinte Pfeile

$\nleftarrow$	\nleftarrow	$\nrightarrow$	\nrightarrow	$\nLeftarrow$	\nLeftarrow
$\nRightarrow$	\nRightarrow	$\nleftrightarrow$	\nleftrightarrow	$\nLeftrightarrow$	\nLeftrightarrow

7.2 Mathematische Formeln konstruieren

Wir haben bisher eine Vielzahl von Befehlen für mathematische Symbole kennen gelernt. Die Zeichen +, -, /, :, !, ', =, <, >, |, [,], (und) dürfen direkt über die Tastatur eingetippt werden. Für geschweifte Klammern gibt es die Kombinationen `\{` und `\}`.

7.2.1 Formelzeilen einfügen

Um eine Formel im gewöhnlichen Text auszugeben, schließen wir sie in zwei Dollarzeichen ein. Für abgesetzte Formeln in einer separaten Zeile sind die Umgebungen `equation` und `displaymath` zuständig.

In der Datei *Equation1.tex* tauchen zwei mathematische Formeln in einer separaten Zeile auf. Der Quelltext ist uns bereits bei unserem ersten *LaTeX*-Dokument in Kapitel 2 begegnet.

```
Die quadratische Gleichung
\begin{equation}
x^2+px+q=0
\end{equation}
hat die Lösungen
\begin{equation}
x=-\frac{p}{2}\pm\sqrt{\left(\frac{p}{2}\right)^2-q}
\end{equation}
Wenn der Term unter der Wurzel verschwindet, ist
die Lösung eindeutig definiert.
```

Die Bearbeitung mit *pdflatex* liefert das Dokument

Die quadratische Gleichung

$$x^2 + px + q = 0 \qquad (1)$$

hat die Lösungen

$$x = -\frac{p}{2} \pm \sqrt{\left(\frac{p}{2}\right)^2 - q} \qquad (2)$$

Wenn der Term unter der Wurzel verschwindet, ist die Lösung eindeutig definiert.

Bild 7.18: Abgesetzte Formeln im Text

Bei der `displaymath`-Umgebung erscheint keine Nummer neben der Formel. Wenn wir `equation` im obigen Quelltext durch `displaymath` ersetzen, entsteht die Datei *Equation2.tex*.

Die quadratische Gleichung

$$x^2 + px + q = 0$$

hat die Lösungen

$$x = -\frac{p}{2} \pm \sqrt{\left(\frac{p}{2}\right)^2 - q}$$

Wenn der Term unter der Wurzel verschwindet, ist die Lösung eindeutig definiert.

Bild 7.19: Abgesetzte Formeln ohne Nummerierung

Eine gesternte Umgebung verwenden

Anstelle von `displaymath` können Sie auch die gesternte Umgebung `equation*` zur Unterdrückung der Formelnummer verwenden. Als Voraussetzung müssen Sie das `amsmath`-Paket einbinden.

Standardmäßig stehen die Formelnummern auf der rechten Seite. Dies ändert die `leqno`-Option im `documentclass`-Befehl. Wenn wir *Equation1.tex* mit dem Befehl `\documentclass[a4paper, 10pt, leqno]{scrartcl}` beginnen und in *Equation3.tex* speichern, ergibt sich der Ausschnitt

Die quadratische Gleichung

$$(1) \qquad x^2 + px + q = 0$$

hat die Lösungen

$$(2) \qquad x = -\frac{p}{2} \pm \sqrt{\left(\frac{p}{2}\right)^2 - q}$$

Wenn der Term unter der Wurzel verschwindet, ist die Lösung eindeutig definiert.

Bild 7.20: Formelnummern auf der linken Seite

Wenn wir die Pakete `amsmath` und `amssymb` in *Equation4.tex* einbinden, werden die Zeilenabstände automatisch korrigiert.

Bild 7.21: Leicht vergrößerte Abstände zwischen den Zeilen

Die quadratische Gleichung

(1) $$x^2 + px + q = 0$$

hat die Lösungen

(2) $$x = -\frac{p}{2} \pm \sqrt{\left(\frac{p}{2}\right)^2 - q}$$

Wenn der Term unter der Wurzel verschwindet, ist die Lösung eindeutig definiert.

7.2.2 Symbole tiefstellen und hochstellen

Mathematische Formeln enthalten häufig Indexe und Exponenten. Zum Tiefstellen und Hochstellen gibt es die Einzeichenbefehle `_` und `^`, die nur im mathematischen Modus erlaubt sind.

Wenn mehr als ein Symbol als Index oder als Exponent dienen soll, schließen wir den gesamten Block in geschweifte Klammern ein. Innerhalb dieses Blocks sind weitere Tiefstellungen und Hochstellungen möglich.

Keine Verwirrung stiften

Achten Sie darauf, dass in *LaTeX* nicht beliebig viele Schriftverkleinerungen möglich sind. Daher sollten Sie nicht mehr als zwei Indexstufen verwenden, um die Lesbarkeit einer Formel nicht herabzusetzen.

In der Datei *Stellung.tex* steht die Zeile

```
$x^2\quad x_1^2\quad {x_1}^2\quad {x^2}^3$
```

zur Erzeugung des Dokuments

x^2 x_1^2 ${x_1}^2$ ${x^2}^3$

Bild 7.22:
Indexe und Exponenten

Bei der Formel x_1^2 haben der Index und der Exponent den gleichen Rang und werden daher übereinander gesetzt. Bei der Formel {x_1}^2 wird der Index 2 auf das komplette Symbol x_1 bezogen und daher etwas nach rechts gerückt. Dieses Verfahren gilt entsprechend auch für die Formel {x^2}^3, wo ein zweiter Exponent hinzukommt.

7.2.3 Mit Brüchen und Wurzeln arbeiten

Zum Setzen von Brüchen ist der Befehl \frac{Zähler}{Nenner} zuständig. Die Schriftgröße des Zählers und des Nenners hängt davon ab, ob der Bruch in einer Textformel oder in einer abgesetzten Formel auftaucht. Die Zeilen

```
Der Bruch $\frac{x}{y}$ in einer Textzeile.

\begin{displaymath}
\frac{x}{y}
\end{displaymath}
```

in der Datei *Bruch1.tex* erzeugen zum Beispiel das Dokument

Der Bruch $\frac{x}{y}$ in einer Textzeile.

$$\frac{x}{y}$$

Bild 7.23:
Verschiedene Größen bei Brüchen

Wenn im Zähler oder im Nenner eines Bruches weitere Brüche auftauchen, wird für diese automatisch eine kleinere Schriftart gewählt. Das Dokument

Der Bruch $\frac{\frac{x^2}{x^2+y^2}}{x+2xy+4y+3z}$ in einer Textzeile.

$$\frac{\frac{x^2}{x^2+y^2}}{x+2xy+4y+3z}$$

Bild 7.24:
Automatische Auswahl einer Schriftgröße

entsteht zum Beispiel bei der Bearbeitung von

```
Der Bruch $\frac{\frac{x^2}{x^2+y^2}}{x+2xy+4y+3z}$ in
einer Textzeile.

\begin{displaymath}
\frac{\frac{x^2}{x^2+y^2}}{x+2xy+4y+3z}
\end{displaymath}
```

in der Datei *Bruch2.tex*.

LaTeX unterscheidet zwei Stile bei mathematischen Formeln. Um zu erzwingen, dass nicht der standardmäßige Stil verwendet wird, umgeben wir den gewünschten Formelteil durch geschweifte Klammern und schreiben zu Beginn den Befehl `\textstyle` (Größe wie bei einer Textformel) oder `\displaystyle` (Größe wie bei einer abgesetzten Formel). Die Zeilen

```
Der Bruch
$\displaystyle\frac{\frac{x^2}{x^2+y^2}}{x+2xy+4y+3z}$
in einer Textzeile.

\begin{displaymath}
\frac{\displaystyle\frac{x^2}{x^2+y^2}}{x+2xy+4y+3z}
\end{displaymath}
```

in der Datei *Bruch3.tex* erzeugen das Dokument

Bild 7.25: Eine andere Größe erzwingen

Der Bruch $\displaystyle\frac{\frac{x^2}{x^2+y^2}}{x+2xy+4y+3z}$ in einer Textzeile.

$$\frac{\displaystyle\frac{x^2}{x^2+y^2}}{x+2xy+4y+3z}$$

Es ist zu erkennen, dass die Textformel nun genauso wie eine abgesetzte Formel aussieht und dass der Bruch im Zähler bei der abgesetzten Formel nicht verkleinert dargestellt wird.

In beiden Fällen ist es nicht notwendig, mit geschweiften Klammern zu arbeiten. Der Befehl `\displaystyle` verliert beim ersten Bruch seine Wirkung, sobald das Ende der mathematischen Umgebung durch das abschließende Dollarzeichen erreicht ist und beim zweiten Bruch am Ende des Zählers. Bei der Formel

```
\begin{displaymath}
\frac{{\displaystyle\frac{x^2}{x^2+y^2}}
+\frac{x}{y}}{x+2xy+4y+3z}
\end{displaymath}
```

in der Datei *Bruch4.tex* ist der erste Bruch zusammen mit `\displaystyle` eingeklammert, sodass die verkleinerte Form beim zweiten Bruch erscheint.

$$\frac{\frac{x^2}{x^2+y^2}+\frac{x}{y}}{x+2xy+4y+3z}$$

Bild 7.26: Formelteile einklammern

Den Stil bequemer festlegen

Um einen Bruch im Stil `\textstyle` oder `\displaystyle` einzufügen, gibt es die abgekürzten Befehle `\tfrac{Zähler}{Nenner}` und `\dfrac{Zähler}{Nenner}`.

Kettenbrüche erzeugen wir mit dem Befehl `\cfrac`. Zum Beispiel entsteht das Dokument

$$\frac{1}{2+\frac{1}{2+\frac{1}{2+\dotsb}}}\quad\cfrac{1}{2+\cfrac{1}{2+\cfrac{1}{2+\dotsb}}}$$

Bild 7.27: Ein Kettenbruch

bei der Bearbeitung der Zeilen

```
\begin{displaymath}
\frac{1}{2+\frac{1}{2+\frac{1}{2+\dotsb}}}\quad
\cfrac{1}{2+\cfrac{1}{2+\cfrac{1}{2+\dotsb}}}
\end{displaymath}
```

in der Datei *Bruch5.tex*.

Beim Hinzufügen der Option `[l]` oder `[r]` direkt hinter dem Befehl `\cfrac` ändert sich die Position der Zähler. Die Kettenbrüche

Bild 7.28: Linksbündige oder rechtsbündige Anordnung der Zähler

$$\cfrac[l]{1}{2+\cfrac[l]{1}{2+\cfrac[l]{1}{2+\dotsb}}}\quad \cfrac[r]{1}{2+\cfrac[r]{1}{2+\cfrac[r]{1}{2+\dotsb}}}$$

mit linksbündigem und rechtsbündigem Zähler werden durch den Quelltext

```
\begin{displaymath}
\cfrac[l]{1}{2+\cfrac[l]{1}{2+\cfrac[l]{1}{2+\dotsb}}}\quad
\cfrac[r]{1}{2+\cfrac[r]{1}{2+\cfrac[r]{1}{2+\dotsb}}}
\end{displaymath}
```

in der Datei *Bruch6.tex* erzeugt.

Für Wurzeln gibt es den Befehl `\sqrt[Exponent]{Term}`. Die eckigen Klammern mit dem Exponenten fallen bei einer Quadratwurzel weg.

Die Bearbeitung der Zeilen

```
\begin{displaymath}
\sqrt[3]{x^2+y^2}\quad\sqrt{3}
\end{displaymath}
```

in der Datei *Wurzel1.tex* liefert das Dokument

Bild 7.29: Zwei Wurzeln

$$\sqrt[3]{x^2+y^2}\quad\sqrt{3}$$

Manchmal ist die Platzierung des Exponenten bei der Wurzel nicht sehr schön. Zum Beispiel verschmilzt die Variable `p` in der Wurzel

```
\sqrt[p]{x^2+y^2}
```

in der Datei *Wurzel2.tex* mit dem Wurzelsymbol.

Bild 7.30: Keine vernünftige Platzierung des Exponenten

$$\sqrt[p]{x^2+y^2}$$

Die Befehle `\leftroot{Zahl}` und `\uproot{Zahl}` erlauben eine Feinjustierung. Der Exponent verschiebt sich etwas nach links und nach oben. Negative Zahlen sorgen für einen entgegengesetzten Effekt.

Zum Beispiel wird die Formel

$\sqrt[\leftroot{-2}\uproot{2}p]{x^2+y^2}$

Bild 7.31: Ein verschobener Exponent

durch den Quelltext

```
\sqrt[\leftroot{-2}\uproot{2}p]{x^2+y^2}
```

in der Datei *Wurzel3.tex* erzeugt.

7.2.4 Binomialkoeffizienten einbauen

Der Befehl `\binom{oberer Term}{unterer Term}` liefert einen Binomialkoeffizienten. Bei der Bearbeitung der Zeilen

```
$\binom{n}{k}$ ist ein Binomialkoeffizient. Er spielt in
der Binomialentwicklung eine wichtige Rolle.

\begin{displaymath}
(1+x)^n=1+\binom{n}{1}x+\binom{n}{2}x^2+\ldots
+\binom{n}{n-1}x^{n-1}+x^n
\end{displaymath}
```

in der Datei *Binomial.tex* entsteht das Dokument

$\binom{n}{k}$ ist ein Binomialkoeffizient. Er spielt in der Binomialentwicklung eine wichtige Rolle.

$$(1+x)^n = 1 + \binom{n}{1}x + \binom{n}{2}x^2 + \ldots + \binom{n}{n-1}x^{n-1} + x^n$$

Bild 7.32: Binomialkoeffizienten im Text und in abgesetzten Formeln

Wie bei Brüchen gibt es für Binomialkoeffizienten noch die Befehle `\dbinom` und `\tbinom`, um eine Größenstufe zu erzwingen.

7.2.5 Mit Operatorsymbolen arbeiten

Die folgenden Symbole setzen wir als Operatoren ein. Ihre Größe hängt davon ab, ob sie in einer Textformel oder in einer abgesetzten Formel vorkommen. Die Datei *Operatoren.tex* enthält die Zeilen

```
\begin{tabular}{||c|c||c|c||}\hline
Symbol&Befehl&Symbol&Befehl\\ \hline\hline
$\sum$&$\backslash$sum&$\int$&$\backslash$int\\ \hline
$\oint$&$\backslash$oint&$\prod$&$\backslash$prod\\ \hline
<weitere Zeilen>
$\bigoplus$&$\backslash$bigoplus&$\biguplus$&
  ↳$\backslash$biguplus\\ \hline
\end{tabular}
```

zur Erzeugung einer Tabelle mit den Operatorsymbolen beim Auftauchen in Textformeln.

Bild 7.33: Operatorsymbole

Symbol	Befehl	Symbol	Befehl
$\sum$	\sum	$\int$	\int
$\oint$	\oint	$\prod$	\prod
$\coprod$	\coprod	$\bigcap$	\bigcap
$\bigcup$	\bigcup	$\bigsqcup$	\bigsqcup
$\bigvee$	\bigvee	$\bigwedge$	\bigwedge
$\bigodot$	\bigodot	$\bigotimes$	\bigotimes
$\bigoplus$	\bigoplus	$\biguplus$	\biguplus

Durch Tiefstellung und Hochstellung versehen wir diese Operatoren mit Grenzen. Das Druckbild unterscheidet zwei Möglichkeiten für die Lage der Grenzen. Entweder stehen sie auf der rechten Seite des Operators oder unter und über dem Operator. Wenn vor der Angabe der Grenzen der Befehl `\nolimits` auftaucht, wird die erste Art ausgewählt. Der Befehl `\limits` ist für die zweite Art zuständig. Welche der beiden Möglichkeiten standardmäßig eingestellt ist, hängt vom jeweiligen Operatorsymbol ab.

Zum Beispiel erzeugen die Zeilen

```
\begin{displaymath}
\int_1^2 f(x)\,dx\quad\int\limits_1^2 f(x)\,dx
\quad\bigotimes_{n=1}^2\mathcal{X}_n\quad
\bigotimes\nolimits_{n=1}^2\mathcal{X}_n
\end{displaymath}
```

in der Datei *Grenzen.tex* das Dokument

$$\int_1^2 f(x)\,dx \quad \int\limits_1^2 f(x)\,dx \quad \bigotimes_{n=1}^2 \mathcal{X}_n \quad \bigotimes\nolimits_{n=1}^2 \mathcal{X}_n$$

Bild 7.34:
Grenzen bei Operatoren

Es ist zu erkennen, dass die Grenzen bei `\int` standardmäßig auf der rechten Seite des Symbols und bei `\bigotimes` unter und über dem Symbol stehen.

Um Mehrfachintegrale zu erzeugen, dienen die Befehle `\iint` (zwei Integralzeichen), `\iiint` (drei Integralzeichen) und `\iiiint` (vier Integralzeichen). Zum Beispiel liefert die Zeile

```
\iiint f(x,y,z)\,dx\,dy\,dz
```

in der Datei *Integral1.tex* die Formel

$$\iiint f(x,y,z)\,dx\,dy\,dz$$

Bild 7.35:
Ein Mehrfachintegral

Die Zeichenkombination `\,` sorgt für einen kleinen horizontalen Abstand, damit im Beispiel `dx` und `dy` optisch voneinander getrennt werden.

Für zwei Integralzeichen mit Punkten dazwischen gibt es den Befehl `\idotsint`. Zum Beispiel erzeugt die Zeile

```
\idotsint f(x_1,\ldots,x_n)\,dx_1\,\cdots\,dx_n
```

in der Datei *Integral2.tex* das Dokument

$$\int \cdots \int f(x_1,\ldots,x_n)\,dx_1\,\cdots\,dx_n$$

Bild 7.36:
Punkte zwischen
Integralzeichen

Manchmal steht unter einem Operator nicht nur ein Ausdruck, sondern mehrere übereinander. Eine mehrzeilige Ausgabe erfolgt mit dem Befehl `\substack{mehrere Zeilen}`. Die einzelnen Zeilen werden hierbei zentriert. Zum Beispiel entsteht bei der Bearbeitung von

```
\sum_{\substack{0\le n\le N\\0\le m\le M}} F(n, m)
```

in der Datei *Substack.tex* die Formel

Bild 7.37: Mehrere Zeilen unter einem Symbol

$$\sum_{\substack{0\le n\le N\\ 0\le m\le M}} F(n,m)$$

Um die Ausrichtung der Zeilen zu beeinflussen, arbeiten wir mit der subarray-Umgebung.

```
\begin{subarray}{Ausrichtung}
<einzelne Zeilen>
\end{subarray}
```

Als Ausrichtung kommen die Buchstaben l (left), c (center) und r (right) infrage. Zum Beispiel entsteht die Formel

Bild 7.38: Ausgerichtete Zeilen unter einem Symbol

$$\prod_{\begin{subarray}{l}x\in \mathcal{X}\\ 0\le x \le n\end{subarray}} F_n(x)$$

beim Bearbeiten des Quelltextes

```
\prod_{\begin{subarray}{l}x\in \mathcal{X}\\
  ↳0\le x \le n\end{subarray}} F_n(x)
```

in der Datei *Subarray.tex*.

Mit dem Befehl \sideset{_?^?}{_?^?} ist es möglich, Symbole an den vier Ecken eines Operators zu platzieren, die anstelle der Fragezeichen eingetragen werden. Zum Beispiel erzeugt die Zeile

```
\sideset{_1^2}{_3^4}\sum
```

in der Datei *Sideset.tex* die Ausgabe

Bild 7.39: Beschriftungen an den Ecken eines Operators

$$\sideset{_1^2}{_3^4}\sum$$

7.2.6 Fortsetzungspunkte verwenden

In einigen Formeln sind bereits drei Fortsetzungspunkte aufgetaucht. Die Namen der Befehle hängen von der Richtung dieser Punkte ab.

Es gibt \ldots für drei tiefgestellte Punkte in horizontale Richtung, \cdots für drei vertikal zentrierte Punkte in horizontale Richtung, \vdots für drei horizontal zentrierte Punkte in vertikale Richtung und \ddots für drei horizontal und vertikal zentrierte Punkte in absteigende Richtung. Zum Beispiel entsteht die Formel

$$f(x_1,\ldots,x_n)=x_1\cdots x_n$$

Bild 7.40: Fortsetzungspunkte für verschiedene Zwecke

bei der Bearbeitung der Zeile

```
f(x_1,\ldots,x_n)=x_1\cdots x_n
```

in der Datei *Punkte.tex*. Die Punkte \ldots stehen also zwischen Kommas und die Punkte \cdots zwischen Operatoren, zum Beispiel bei der Multiplikation.

7.2.7 Matrizen zusammenstellen

Eine Matrix wird durch die Umgebungen matrix (keine Klammern), pmatrix (runde Klammern), bmatrix (eckige Klammern), Bmatrix (geschweifte Klammern), vmatrix (gerade Klammern) oder Vmatrix (doppelte gerade Klammern) erzeugt. Die einzelnen Elemente tragen wir zeilenweise ein, wobei der Einzeichenbefehl & als Trennzeichen zum Einsatz kommt. Der Übergang von einer Zeile zur nächsten entsteht durch den Zeilensprung \\.

Zum Beispiel erzeugt die Zeile

```
\begin{vmatrix}a&b\\c&d\end{vmatrix}
```

in der Datei *Vmatrix.tex* eine Determinante.

$$\begin{vmatrix}a&b\\c&d\end{vmatrix}$$

Bild 7.41: Eine Determinante

Wenn wir in Matrizen nicht alle Einträge aufführen können, arbeien wir mit Fortsetzungspunkten. Zum Beispiel entsteht die Matrix

Bild 7.42:
Fortsetzungspunkte
in Matrizen

$$\begin{pmatrix} 1 & 0 & \cdots & 0 \\ 0 & 1 & \ddots & \vdots \\ \vdots & \ddots & \ddots & 0 \\ 0 & \cdots & 0 & 1 \end{pmatrix}$$

bei der Bearbeitung der Zeilen

```
\begin{pmatrix}
1       & 0       & \cdots & 0 \\
0       & 1       & \ddots & \vdots \\
\vdots & \ddots & \ddots & 0 \\
0       & \cdots & 0       & 1
\end{pmatrix}
```

in der Datei *Pmatrix.tex*. Die zusätzlichen Leerzeichen zur Verdeutlichung der Matrixstruktur sind zwar nicht notwendig, aber zur Wahrung der Übersichtlichkeit förderlich.

7.2.8 Funktionen einfügen

Einige Befehle für Funktionen sind bereits vordefiniert: `\arccos`, `\arcsin`, `\arctan`, `\arg`, `\cos`, `\cosh`, `\cot`, `\coth`, `\csc`, `\deg`, `\det`, `\dim`, `\exp`, `\gcd`, `\hom`, `\inf`, `\injlim`, `\ker`, `\lg`, `\lim`, `\liminf`, `\limsup`, `\ln`, `\log`, `\max`, `\min`, `\Pr`, `\projlim`, `\sec`, `\sin`, `\sinh`, `\sup`, `\tan`, `\tanh`, `\varlimsup`, `\varliminf`, `\varinjlim`, `\varprojlim`.

Bei einigen Funktionen dürfen Grenzen angegeben werden. Sie stehen bei einer Textformel rechts neben dem Namen und in einer abgesetzten Formel unter dem Namen. So entsteht das Dokument

Bild 7.43:
Formeln mit Funktionen

Die Formeln $\sin(x+y)$ und $\lim_{x\to\infty}\frac{1}{x}$ stehen im Text.

$$\arctan(x+y) \qquad \min_{x\in\mathbb{R}^+}\sqrt{x}$$

bei der Bearbeitung der Zeilen

```
Die Formeln $\sin(x+y)$ und $\lim_{x\to\infty}\frac{1}{x}$
stehen im Text.
```

```
\begin{displaymath}
\arctan(x+y)\quad\min_{x\in\mathbb{R}^+}\sqrt{x}
\end{displaymath}
```

in der Datei *Funktionen1.tex.*

Um eigene Funktionen einzuführen, stehen die Befehle

```
\DeclareMathOperator{\Name}{Funktion}
```

und

```
\DeclareMathOperator*{\Name}{Funktion}
```

zur Verfügung. Die gesternte Form ist für Funktionen mit Grenzen gedacht.

Auf die Position der Befehle achten

Die Befehle zur Einführung neuer Operatoren müssen Sie im Vorspann des Dokuments einfügen.

In der Datei *Funktionen2.tex* wird zunächst eine neue Funktion eingerichtet.

```
\DeclareMathOperator{\sn}{sn}
```

Die Bearbeitung des Textes

```
Die Funktion \textit{sinus amplitudinis} wird durch
$\sn_k(x)$ gekennzeichnet.
```

liefert den Ausschnitt

Die Funktion *sinus amplitudinis* wird durch $\operatorname{sn}_k(x)$ gekennzeichnet.

Bild 7.44:
Eine neue Funktion

mit der neu eingeführten Funktion.

7.2.9 Akzente über Variablen setzen

In einigen Formeln benötigen wir Akzente, zum Beispiel einen Vektorpfeil. Die Bearbeitung des Textes

```
$\hat{a}$ (hat), $\check{a}$ (check), $\breve{a}$ (breve),
$\acute{a}$ (acute), $\grave{a}$ (grave), $\tilde{a}$
(tilde), $\bar{a}$ (bar), $\vec{a}$ (vec), $\dot{a}$ (dot),
$\ddot{a}$ (ddot), $\dddot{a}$ (dddot), $\ddddot{a}$ (ddddot)
```

in der Datei *Akzente.tex* liefert das Dokument

$\hat{a}$ (hat), $\check{a}$ (check), $\breve{a}$ (breve), $\acute{a}$ (acute), $\grave{a}$ (grave), $\tilde{a}$ (tilde), $\bar{a}$ (bar), $\vec{a}$ (vec), $\dot{a}$ (dot), $\ddot{a}$ (ddot), $\dddot{a}$ (dddot), $\ddddot{a}$ (ddddot)

Bild 7.45: Wichtige Akzente

7.2.10 Horizontale Abstände regulieren

Die Abstandsbefehle `\quad` (Größe des gegenwärtigen Zeichensatzes) und `\qquad` (doppeltes quad) haben wir bereits in Abschnitt 4.4 kennen gelernt. Für horizontale Abstände in der Länge von 3/18, 4/18 und 5/18 eines quad sorgen die Befehle `\thinspace`, `\medspace` und `\thickspace`. Als Abkürzungen sind die Kombinationen `\,`, `\:` und `\;` erlaubt. Für die negativen Abstände sorgen `\negthinspace`, `\negmedspace` und `\negthickspace`. Nur für den ersten Befehl steht die Abkürzung `\!` zur Verfügung.

Sinnvoll ist ein Abstandsbefehl zum Beispiel zur Trennung der Differenziale in Integralen. Die Zeile

```
\iint f(x,y)dxdy\quad\iint f(x,y)\,dx\,dy
```

in der Datei *Abstand.tex* liefert die Formeln

$$\iint f(x,y)dxdy \quad \iint f(x,y)\,dx\,dy$$

Bild 7.46: Zusätzliche Abstände einfügen

Durch den Befehl `\,` sind die einzelnen Teile gut zu erkennen.

7.2.11 Klammern automatisch anpassen

Es gibt 22 Klammersymbole in verschiedenen Größen. Die Datei *Klammern.tex* enthält eine Tabelle mit ihren Namen.

```
\begin{tabular}{||c|c||c|c||}\hline
Symbol&Befehl&Symbol&Befehl\\ \hline\hline
$($&($)$&)\\ \hline
$[$&[&$]$&]\\ \hline
<weitere Zeilen>
$\updownarrow$&$\backslash$updownarrow&$\Updownarrow$
  ↳&$\backslash$Updownarrow\\ \hline
\end{tabular}
```

Die einfachen Klammern erhalten wir mit den üblichen Einzeichenbefehlen.

Symbol	Befehl	Symbol	Befehl
(	(	)	)
[	[	]	]
{	{	}	}
$\vert$	$\vert$	$\Vert$	$\Vert$
/	/	\	\backslash
$\lfloor$	\lfloor	$\rfloor$	\rfloor
$\lceil$	\lceil	$\rceil$	\rceil
$\langle$	\langle	$\rangle$	\rangle
$\uparrow$	\uparrow	$\Uparrow$	\Uparrow
$\downarrow$	\downarrow	$\Downarrow$	\Downarrow
$\updownarrow$	\updownarrow	$\Updownarrow$	\Updownarrow

Bild 7.47: Klammersymbole

Wenn eine Formel von einem Klammerpaar umgeben wird, passt *pdflatex* die Klammergröße automatisch an, wenn sich die Befehle `\left` und `\right` direkt vor den Klammern befinden. Es ist zu beachten, dass es gleich viele Befehle `\left` und `\right` gibt, unabhängig davon, vor welcher Klammerart sie stehen.

Auf eine Klammer verzichten

Wenn Sie eine Klammer weglassen wollen, tragen Sie einen Punkt anstelle des Klammersymbols ein.

Beispiele für geklammerte Terme sind in der Datei *Klammerung1.tex* zusammengestellt. Die Zeilen

```
2z\left[\frac{1}{x}+y\right]\quad
\left.\frac{d}{dx}f(x)\right|_{x=0}\quad
\left\langle\left.\frac{1}{2}x\right|y\right\rangle
```

liefern die Formeln

Bild 7.48: Formeln mit Klammern

$$2z\left[\frac{1}{x}+y\right]\quad \left.\frac{d}{dx}f(x)\right|_{x=0}\quad \left\langle\left.\frac{1}{2}x\right|y\right\rangle$$

Die fehlende Klammer auf der linken Seite des zweiten Terms wird durch `\left.` simuliert.

Es gibt einige Situationen, in denen es günstiger ist, die Größe der Klammern direkt festzulegen, weil die automatische Berechnung nicht zu einem guten Ergebnis führt. Hierzu nutzen wir anstelle der Befehlspaare `\left` / `\right` die Befehlspaare `\bigl` / `\bigr`, `\Bigl` / `\Bigr`, `\biggl` / `\biggr` und `\Biggl` / `\Biggr`. Zum Beispiel erzeugen die Zeilen

```
\lcft[\sum_{i=1}^5 x_i\left|\sum_{j=1}^5 y_{i,j}
  ↪\right|^p\right]^q\quad
\biggl[\sum_{i=1}^5 x_i\Bigl|\sum_{j=1}^5 y_{i,j}
  ↪\Bigr|^p\biggr]^q
```

in der Datei *Klammerung2.tex* den Ausschnitt

Bild 7.49: Eigene Einstellungen bei der Größe der Klammern

$$\left[\sum_{i=1}^5 x_i\left|\sum_{j=1}^5 y_{i,j}\right|^p\right]^q\quad \biggl[\sum_{i=1}^5 x_i\Bigl|\sum_{j=1}^5 y_{i,j}\Bigr|^p\biggr]^q$$

Die Anzahl der Spalten ist bei den Matrizenumgebungen auf zehn beschränkt. Außerdem ist es nicht möglich, die Ausrichtung der Einträge zu beeinflussen. Hier hilft die `array`-Umgebung weiter, die ähnlich wie die `tabular`-Umgebung funktioniert. Zum Beispiel entsteht bei der Bearbeitung der Zeilen

```
\left(\begin{array}{cccc}
1&0&0&0\\
0&2&0&0\\
```

```
0&0&3&0\\
0&0&0&4
\end{array}\right)
```

in der Datei *Klammerung3.tex* das Dokument

$$\left(\begin{array}{cccc}1&0&0&0\\0&2&0&0\\0&0&3&0\\0&0&0&4\end{array}\right)$$

Bild 7.50:
Eine Matrix in Form einer mathematischen Tabelle

Wenn wir auf der Hauptdiagonalen Brüche mit dem Befehl `\dfrac` in der Datei *Klammerung4.tex* platzieren, geraten die Zellen etwas zu klein.

$$\left(\begin{array}{cccc}\dfrac{1}{7}&0&0&0\\0&\dfrac{2}{7}&0&0\\0&0&\dfrac{3}{7}&0\\0&0&0&\dfrac{4}{7}\end{array}\right)$$

Bild 7.51:
Brüche in einer Matrix

Mit dem Befehl

```
\renewcommand{\arraystretch}{Faktor}
```

lässt sich dies leicht ändern. Zum Beispiel sorgt der Quelltext

```
\renewcommand{\arraystretch}{2}
\left(\begin{array}{cccc}
\dfrac{1}{7}&0&0&0\\
0&\dfrac{2}{7}&0&0\\
0&0&\dfrac{3}{7}&0\\
0&0&0&\dfrac{4}{7}
\end{array}\right)
```

in der Datei *Klammerung5.tex* für die Matrix

$$\begin{pmatrix} \frac{1}{7} & 0 & 0 & 0 \\ 0 & \frac{2}{7} & 0 & 0 \\ 0 & 0 & \frac{3}{7} & 0 \\ 0 & 0 & 0 & \frac{4}{7} \end{pmatrix}$$

Bild 7.52: Vergrößerte Zellen

Der Faktor `2` verdoppelt den üblichen Zeilenabstand.

7.2.12 Formelteile unter- und überstreichen

Ein Strich oder eine Klammer über oder unter einer Formel entsteht mit den Befehlen `\underline{Formel}`, `\overline{Formel}`, `\underbrace{Formel}` und `\overbrace{Formel}`. Zum Unterstreichen eines Wortes darf der Befehl `\underline` auch im normalen Text auftauchen. Zum Beispiel erzeugen die Zeilen

```
\underline{Lösung zur Rechenaufgabe:}

\begin{displaymath}
\underbrace{\overbrace{1+2}^{=3}+3}_{=6}+4=10
\end{displaymath}
```

in der Datei *Unterstreichung.tex* das Dokument

Lösung zur Rechenaufgabe:

$$\underbrace{\overbrace{1+2}^{=3}+3}_{=6}+4=10$$

Bild 7.53: Klammern und Striche bei Formelteilen

7.2.13 Symbole über andere Symbole setzen

Manchmal ist es sinnvoll, zum Beispiel eine Formelnummer über ein Gleichheitszeichen zu schreiben. Hierzu dienen die Befehle `\underset{Zusatz}{Symbol}` und `\overset{Zusatz}{Symbol}`.

Die Zeilen

```
Für alle $x,y\in\mathbb{R}$ gilt
\begin{equation}
```

```
(a^x)^y=a^{xy}
\end{equation}
Als einfaches Beispiel berechnen wir $(2^2)^2$.
\begin{equation}
(2^2)^2\overset{(1)}{=}2^{2\cdot 2}=2^4
\end{equation}
```

in der Datei *Formelnummer.tex* liefern den Ausschnitt

Für alle $x, y \in \mathbb{R}$ gilt

$$(a^x)^y = a^{xy} \tag{1}$$

Als einfaches Beispiel berechnen wir $(2^2)^2$.

$$(2^2)^2 \overset{(1)}{=} 2^{2\cdot 2} = 2^4 \tag{2}$$

Bild 7.54: Übereinander gesetzte Symbole

Durch den Hinweis über dem Gleichheitszeichen weiß jeder Leser genau, welche Formel zum Einsatz kommt.

Keine festen Nummern vergeben

Es sollte unbedingt vermieden werden, mit festen Formelnummern zu arbeiten. Wenn Sie zum Beispiel vor der Formel (1) in Bild 7.54 im Nachhinein noch eine Regel einfügen, sorgt die automatische Nummerierung für eine falsche Referenz in der Formel (2). Wie Sie mit Referenzen umgehen, steht in Abschnitt 7.4.

7.2.14 Formeln einrahmen

Um einen Rahmen um eine Formel zu legen, verwenden wir den Befehl `\boxed{Formel}`. Zum Beispiel erzeugen die Zeilen

```
Es sei $a\in\mathbb{R}^{>0}$. Mit einem Startwert
$x_0\in\mathbb{R}^{>0}$ und der Formel
\begin{displaymath}
\boxed{x_{n+1}=\frac{1}{2}\left(x_n+\frac{a}{x_n}\right)}
```

```
\quad\text{für }n\in\mathbb{N}_0
\end{displaymath}
erhalten wir eine rekursive Vorschrift zur Berechnung von
$\sqrt{a}$.
```

in der Datei *Box.tex* das Dokument

Bild 7.55: Eine umrahmte Formel

Es sei $a \in \mathbb{R}^{>0}$. Mit einem Startwert $x_0 \in \mathbb{R}^{>0}$ und der Formel

$$\boxed{x_{n+1} = \frac{1}{2}\left(x_n + \frac{a}{x_n}\right)} \quad \text{für } n \in \mathbb{N}_0$$

erhalten wir eine rekursive Vorschrift zur Berechnung von $\sqrt{a}$.

7.2.15 Eigene Symbole definieren

Trotz der Vielzahl der verfügbaren mathematischen Symbole ist es manchmal notwendig, ein eigenes Symbol zu erschaffen. Zum Beispiel wird in der Physik anstelle des Symbols `d` eines mit einem Querstrich verwendet, um die Wegabhängigkeit eines Differenzials auszudrücken. Dieses Symbol steht in *LaTeX* nicht zur Verfügung. Es gibt aber ein `h` mit einem Querstrich, für das der Befehl `\hbar` zuständig ist. Im Folgenden sehen wir nach, wie dieses Symbol entsteht und übertragen diese Prozedur auf das `d`.

Im Ordner *C:\Programme\TeXMF\tex\latex\base* unter *Windows* liegt die Datei *fontmath.ltx* mit den Definitionen der mathematischen Symbole, die *LaTeX* standardmäßig bereitstellt. Nach einer Suche im Text mit dem Editor stoßen wir auf die Zeile

```
\def\hbar{{\mathchar'26\mkern-9muh}}
```

Das Symbol `\hbar` entsteht folglich durch eine Überlagerung des Zeichens `\mathchar'26` (der horizontale Strich) und des Buchstabens `h`. Der Befehl `\mkern-9mu` sorgt dafür, dass sich diese Zeichen annähern und miteinander verschmelzen. Wir versuchen nun auf ähnliche Weise, das Zeichen `\dbar` zu erzeugen.

In der Datei *Dbar.tex* stehen die Zeilen

```
\def\dbar{{\mathchar'26\mkern-13mud}}$\dbar$
\def\dbar{{\mathchar'26\mkern-12mud}}$\dbar$
\def\dbar{{\mathchar'26\mkern-11mud}}$\dbar$
\def\dbar{{\mathchar'26\mkern-10mud}}$\dbar$
\def\dbar{{\mathchar'26\mkern-9mud}}$\dbar$
\def\dbar{{\mathchar'26\mkern-8mud}}$\dbar$
\def\dbar{{\mathchar'26\mkern-7mud}}$\dbar$
\def\dbar{{\mathchar'26\mkern-6mud}}$\dbar$
\def\dbar{{\mathchar'26\mkern-5mud}}$\dbar$
```

zur Erzeugung des Dokuments

Bild 7.56: Verschiedene Buchstaben d mit Balken

Das zweite Zeichen von links ist zufriedenstellend. Also kann die Zeile

```
\def\dbar{{\mathchar'26\mkern-12mud}}
```

zu Beginn eines Dokuments eingefügt werden. Nun ist der Befehl `\dbar` in mathematischen Formeln bekannt.

7.3 Formeln anordnen

Wir haben in 7.1.1 das Dollarzeichen `$` zur Kennzeichnung einer Textformel und in 7.2.1 die Umgebungen `equation` und `displaymath` für abgesetzte Formeln mit und ohne Nummer kennen gelernt. Es gibt noch drei weitere Umgebungen, die wir uns im Folgenden ansehen.

Die `split`-Umgebung erlaubt die Durchführung einer mehrzeiligen Rechnung. Um die Gleichheitszeichen alle übereinander zu haben, wird das Zeichen `&` vorangestellt. In einer Zeile ohne Gleichheitszeichen erzeugen wir eine Einrückung mit dem Abstandsbefehl `\quad`. Zum Beispiel entsteht bei der Bearbeitung des Textes

```
\begin{equation}
\begin{split}
f(x,y,z)&=x^2+y^2\\
&\quad +\frac{x+y}{z}\\
```

```
&=\frac{(x^2+y^2)z}{z}+\frac{x+y}{z}\\
&=\frac{x+y+(x^2+y^2)z}{z}
\end{split}
\end{equation}
```

in der Datei *Split.tex* das Dokument

Bild 7.57: Eine gesplittete Formel

$$
\begin{split}
f(x,y,z) &= x^2+y^2\\
&\quad+\frac{x+y}{z}\\
&=\frac{(x^2+y^2)z}{z}+\frac{x+y}{z}\\
&=\frac{x+y+(x^2+y^2)z}{z}
\end{split} \tag{1}
$$

Die gather-Umgebung erzeugt einzeln nummerierte Zeilen, die zentriert werden. Zum Beispiel entsteht bei der Bearbeitung von

```
\begin{gather}
3x+2y+z=0\\
x+y+2z=2\\
y+4z=4
\end{gather}
```

in der Datei *Gather.tex* der Ausschnitt

Bild 7.58: Zentrierte Formelzeilen

$$3x+2y+z=0 \tag{1}$$
$$x+y+2z=2 \tag{2}$$
$$y+4z=4 \tag{3}$$

Um die einzelnen Formelzeilen bezüglich des Gleichheitszeichens auszurichten, nutzen wir die align-Umgebung. Der Text

```
\begin{align}
3x+2y+z&=0\\
x+y+2z&=2\\
y+4z&=4
\end{align}
```

liefert das Formelsystem

Bild 7.59: Ausgerichtete Formelzeilen

$$
\begin{align}
3x+2y+z&=0 \tag{1}\\
x+y+2z&=2 \tag{2}\\
y+4z&=4 \tag{3}
\end{align}
$$

Zu gather und align gibt es die gesternten Umgebungen gather* und align*, bei denen die Formelnummern wegfallen.

Umgebungen verschachteln

Die Umgebungen gather und align dürfen im Gegensatz zu split nicht in die equation-Umgebung eingeschlossen werden.

Bei Fallunterscheidungen kommt die cases-Umgebung zum Einsatz. Zum Beispiel entsteht das Dokument

$$f(x,y) = \begin{cases} 1+\cos(xy) & \text{, falls } y \neq 0 \\ 0 & \text{, falls } x = 0 \text{ und } y = 0 \\ \sin(x+y) & \text{, falls } x \neq 0 \text{ und } y = 0 \end{cases}$$

Bild 7.60:
Eine Fallunterscheidung

in der Datei *Cases.tex* bei der Bearbeitung der Zeilen

```
f(x,y)=\begin{cases}
1+\cos(xy)&\text{, falls $y\neq 0$}\\
0&\text{, falls $x=0$ und $y=0$}\\
\sin(x+y)&\text{, falls $x\neq 0$ und $y=0$}
\end{cases}
```

Tabellenartige Strukturen verwenden

In einigen Fällen lohnt es sich, mit tabellenartigen Strukturen in Formeln zu arbeiten. Hierzu ist die array-Umgebung hilfreich, die Sie bereits bei Matrizen kennen gelernt haben. Zum Beispiel können die einzelnen Terme in linearen Gleichungssystemen tabellenartig angeordnet werden.

7.4 Referenzen setzen

Um sich auf eine bestimmte Formel zu beziehen, gibt es die Möglichkeit, eine Referenz in den Text einzubauen. Zunächst kennzeichnen wir die Stelle, auf die wir uns beziehen wollen, mit dem Befehl `\label{Marke}`. Als Marke kommt eine beliebige Kombination aus Buchstaben, Zeichen und Zahlen in Frage. Die reservierten Einzeichenbefehle dürfen hierin aber nicht auftauchen. An die Stelle der Referenz kommt der Befehl `\ref{Marke}` oder `\eqref{Marke}`. Beim letzten Befehl wird die Nummer eingeklammert.

In *Referenz.tex* setzen wir bei der ersten Formel innerhalb der `equation`-Umgebung die Marke `Rechenregel`. Über dem Gleichheitszeichen in der zweiten Formel steht eine Referenz zu dieser Marke, sodass die richtige Nummer automatisch eingefügt wird.

```
Für alle $x,y\in\mathbb{R}$ gilt
\begin{equation}\label{Rechenregel}
(a^x)^y=a^{xy}
\end{equation}
Als einfaches Beispiel berechnen wir $(2^2)^2$.
\begin{equation}
(2^2)^2\overset{\eqref{Rechenregel}}{=}2^{2\cdot 2}=2^4
\end{equation}
```

Bei der Bearbeitung entsteht dasselbe Dokument wie in Bild 7.54 mit dem Unterschied, dass wir später vor die erste Gleichung noch eine weitere Gleichung schreiben können, ohne dass die Referenz ihren Sinn verliert.

Keine doppelten Marken verteilen

Achten Sie darauf, dass Sie keine Marke zweimal definieren, weil *pdflatex* sonst eine Fehlermeldung ausgibt. Es ist nicht einfach, sich eine Fülle von vernünftigen Markennamen auszudenken, die einem später noch bekannt sind, sodass meistens Nummern als Marken gewählt werden.

Beim ersten Durchlauf sammelt *pdflatex* die Informationen zu allen Referenzen in einer Datei mit der Erweiterung **.aux*. Daher erscheinen anstelle der Formelnummer zunächst zwei Fragezeichen.

Für alle $x, y \in \mathbb{R}$ gilt

$$(a^x)^y = a^{xy} \tag{1}$$

Als einfaches Beispiel berechnen wir $(2^2)^2$.

$$(2^2)^2 \stackrel{(??)}{=} 2^{2\cdot 2} = 2^4 \tag{2}$$

Bild 7.61:
Eine unbekannte Referenz

Erst bei der zweiten Bearbeitung entstehen die gewünschten Referenznummern.

Für alle $x, y \in \mathbb{R}$ gilt

$$(a^x)^y = a^{xy} \tag{1}$$

Als einfaches Beispiel berechnen wir $(2^2)^2$.

$$(2^2)^2 \stackrel{(1)}{=} 2^{2\cdot 2} = 2^4 \tag{2}$$

Bild 7.62:
Eine bekannte Referenz

Manchmal ist es erwünscht, vor die Formelnummern noch die Nummer des gegenwärtigen Kapitels zu schreiben. Dies funktioniert mit dem Befehl `\numberwithin`. Das Dokument

Kapitel 1

Potenzen

1.1 Eine wichtige Rechenregel

Für alle $x, y \in \mathbb{R}$ gilt

$$(a^x)^y = a^{xy} \tag{1.1}$$

Als einfaches Beispiel berechnen wir $(2^2)^2$.

$$(2^2)^2 \stackrel{(1.1)}{=} 2^{2\cdot 2} = 2^4 \tag{1.2}$$

Bild 7.63:
Die Abschnittsnummer mit einbeziehen

entsteht bei der Bearbeitung des Textes

```
\chapter{Potenzen}
```

```
\section{Eine wichtige Rechenregel}

\numberwithin{equation}{chapter}

Für alle $x,y\in\mathbb{R}$ gilt
\begin{equation}\label{Rechenregel}
(a^x)^y=a^{xy}
\end{equation}
Als einfaches Beispiel berechnen wir $(2^2)^2$.
\begin{equation}
(2^2)^2\overset{\eqref{Rechenregel}}{=}2^{2\cdot 2}=2^4
\end{equation}
```

in der Datei *Numberwithin.tex*. Der Befehl `\numberwithin` steht am besten direkt im Vorspann.

Referenzen auf Kapitel, Abbildungen, ... setzen

Sie können den Befehl `\label` nicht nur innerhalb einer Gleichung, sondern praktisch überall im Dokument verwenden. Wenn Sie zum Beispiel direkt nach der Eröffnung eines neuen Kapitels eine Marke setzen, steht die Kapitelnummer an beliebigen Stellen im Dokument zur Verfügung. Mit dem Befehl `\pageref{Marke}` erscheint die Nummer der Seite, auf der sich die Marke befindet, im Dokument.

7.5 Definitionen und Sätze nummerieren

Die wichtigsten Begriffsbestimmungen und Rechenregeln formuliert die Mathematik in Definitionen und Sätzen, die automatisch Nummern erhalten. Zur Einrichtung einer solchen Umgebung dient der Befehl

```
\newtheorem{Name}{ausgedruckter Name}[Zähler]
```

Vor die Nummer eines Lehrsatzes kommt beim Vorhandensein der eckigen Klammern die Nummer des angegebenen Zählers. Die Bezeichner der verfügbaren Zähler sind in Tabelle 10.2 zusammengestellt. Wenn wir zum Beispiel die Kapitelnummer mitführen wollen, tragen wir `chapter` als Zähler ein.

Eine neu eingerichtete Umgebung wird wie üblich aufgerufen.

```
\begin{Name}[Zusatz]
Text
\end{Name}
```

Wenn das eckige Klammerpaar vorhanden ist, gelangt eine Bemerkung in runden Klammern hinter den Namen der Umgebung.

Bei der Bearbeitung der Zeilen

```
\chapter{Potenzen}

\thispagestyle{empty}

\section{Eine wichtige Rechenregel}

\numberwithin{equation}{chapter}
\newtheorem{Satz}{Satz}[chapter]

\begin{Satz}[Doppelte Potenzierung]\label{DopPot}
Für alle $x,y\in\mathbb{R}$ gilt
\begin{equation}\label{Rechenregel}
\boxed{(a^x)^y=a^{xy}}
\end{equation}
\end{Satz}
Als einfache Anwendung des Satzes \ref{DopPot} berechnen wir
$(2^2)^2$.
\begin{equation}
(2^2)^2\overset{\eqref{Rechenregel}}{=}2^{2\cdot 2}=2^4
\end{equation}
```

in der Datei *Satz.tex* entsteht das Dokument

Bild 7.64: Eine Umgebung für Sätze

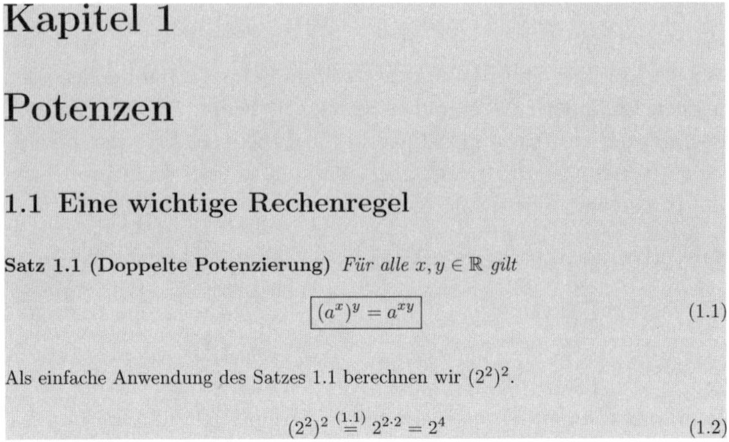

Kapitel 1

Potenzen

1.1 Eine wichtige Rechenregel

Satz 1.1 (Doppelte Potenzierung) *Für alle $x, y \in \mathbb{R}$ gilt*

$$\boxed{(a^x)^y = a^{xy}} \tag{1.1}$$

Als einfache Anwendung des Satzes 1.1 berechnen wir $(2^2)^2$.

$$(2^2)^2 \overset{(1.1)}{=} 2^{2 \cdot 2} = 2^4 \tag{1.2}$$

Es gibt noch den Befehl

```
\newtheorem{Name}[Orientierung]{ausgedruckter Name}
```

wobei sich die Nummerierung an einer anderen Umgebung orientiert. Um kein Suchspiel zu veranstalten, sollten zum Beispiel alle Strukturen in der Mathematik gemeinsam nummeriert werden. Dies geschieht durch die Befehle

```
\newtheorem{definition}{Definition}[chapter]
\newtheorem{lemma}[definition]{Hilfssatz}
\newtheorem{proposition}[definition]{Satz}
\newtheorem{theorem}[definition]{Theorem}
\newtheorem{corollary}[definition]{Folgerung}
```

Gleichzeitig haben wir den Vorteil, die ausgedruckten Namen im zweiten geschweiften Klammerpaar jederzeit ersetzen zu können, zum Beispiel `Satz` durch `Proposition`. Die Umbenennung der Umgebungen erfolgt bei einer erneuten Bearbeitung automatisch.

8 Eigene Grafiken einfügen

Es gibt drei Möglichkeiten, Grafiken für ein Dokument zu erzeugen. Wenn ein Bild mit einem vektoriellen Malprogramm gezeichnet wurde, wandeln wir es zum Beispiel ins Format EPS oder PNG um. Ein Schnappschuss von einem Programm auf dem Bildschirm liegt bereits als Bitmap vor und gelangt nach einer Anpassung der Druckdichte problemlos in ein Dokument. Innerhalb der Bildumgebung von *LaTeX* stehen Befehle zum Setzen einfacher Bilder zur Verfügung. Kompliziert aufgebaute Bilder lassen sich mit den angebotenen Elementen aber nicht herstellen.

8.1 Ein vorhandenes Bild einbetten

Die Datei *Katze.cdr* ist mit *CorelDRAW* entstanden und hat die Größe 24 KB. Es handelt sich um eine Vektorgrafik, sodass wir die einzelnen Bildelemente anklicken und verändern können.

Bild 8.1:
Eine Vektorgrafik von einer Katze mit ihren Eigenschaften

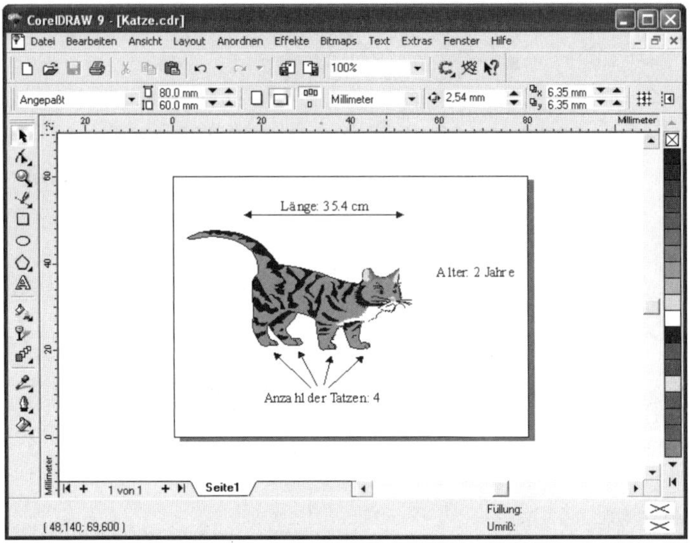

8.1.1 Eine Bitmap von einer Grafik erzeugen

Corel PHOTO-PAINT erlaubt die Herstellung einer Bitmap von einer Vektorgrafik, die im Format von *CorelDRAW* vorliegt. Am einfachsten ist es, diese Datei per Drag & Drop aus dem *Windows-Explorer* in jenes Programm zu befördern. Auf dem Bildschirm erscheint zunächst ein Dialog.

Bild 8.2:
Optionen bei der Erzeugung der Bitmap einstellen

- Für Bilder in einem Dokument, das in Schwarz-Weiß ausgedruckt wird, bietet sich die Farbeinstellung GRAUSTUFEN (8 BIT)

an. Zur Erzeugung eines farbigen Bildes verwenden wir RGB-FARBE (24 BIT).

- Als Auflösung empfiehlt es sich, 600 dpi einzustellen. Die Bitmap erhält hierdurch eine gestochen scharfe Qualität.
- Beim aktivierten Kontrollkästchen ANTI-ALIAS werden die einzelnen Bildelemente an den Kanten geglättet, sodass Farbabstufungen entstehen.

Nach einem Klick auf OK stellt *Corel PHOTO-PAINT* eine Bitmap von der Vektorgrafik her.

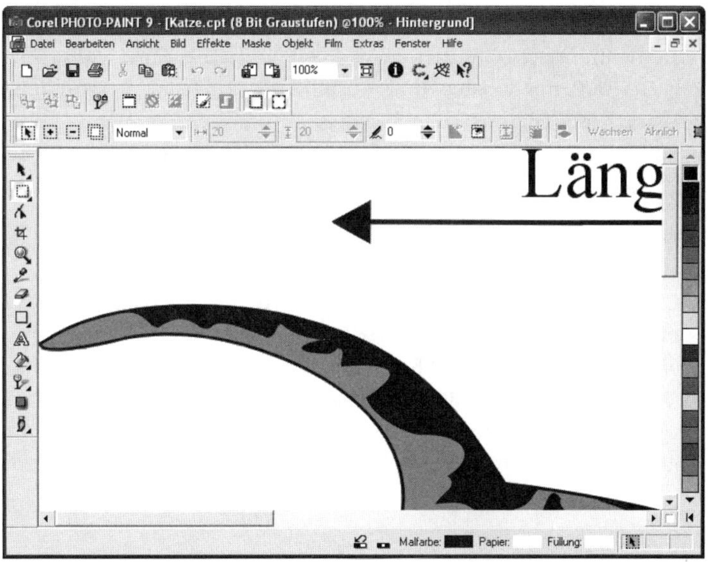

Bild 8.3:
Die erzeugte Bitmap von der Katze der Vektorgrafik

Augrund der hohen Druckdichte sehen wir nur den Schwanz der Katze in der linken oberen Ecke der Grafik in Bild 8.1. Überflüssige Randbereiche schneidet *Corel PHOTO-PAINT* automatisch ab.

Über das Menü DATEI ➧ SPEICHERN lässt sich das Bild in der Datei *Katze1.bmp* mit der Größe 1870 KB speichern und zum Beispiel in dieses Buch einbinden.

Bild 8.4:
Die eingebundene
Bitmap in einem Buch

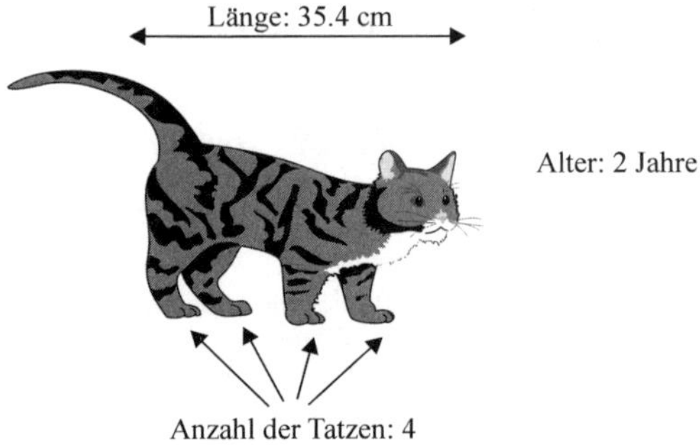

Weil die Größe der einzelnen Bildelemente der Katze bereits im Vektorformat in Bild 8.1 festgelegt ist, hat die Bitmap in Bild 8.4 automatisch eine Breite von 1744 Pixel und eine Höhe von 1097 Pixel. Bei 600 dpi werden 600 Punkte pro 2,54 cm ausgegeben, sodass sich die Dimension 7,38 cm x 4,64 cm ergibt. Wir können um das Bild 8.4 probeweise einen Kasten legen und diese Maße überprüfen.

Die Datei *Katze2.bmp* ist mit der Farbeinstellung RGB-FARBE (24 BIT) und der Druckdichte 600 dpi entstanden. Sie hat eine Größe von 5.606 KB. Beim Speichern können wir in beiden Fällen auch das PNG-Format wählen (Portable Network Graphics). Es sorgt für eine Komprimierung ohne Farbverluste. Die Dateien *Katze1.png* und *Katze2.png* haben die Größen 80 KB und 133 KB. Aufgrund der kleinen Dateigrößen ist das PNG-Format bei der Arbeit mit Bitmaps sehr zu empfehlen.

8.1.2 Mit einem Postscript-Bild umgehen

Einige Programme sind in der Lage, die einzelnen Bildelemente mithilfe von Postscript-Befehlen im EPS-Format (Encapsulated Postscript) zu speichern. Zum Beispiel enthält die Datei *Tiger.eps* einen Tigerkopf, den wir uns mit *GSview* ansehen.

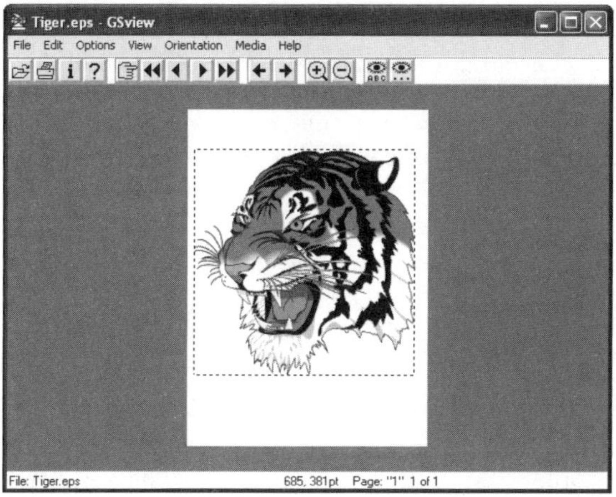

Bild 8.5:
Eine EPS-Grafik
in *GSview*

Postscript-Befehle bestehen wie *LaTeX* aus reinem Text, sodass wir die Datei *Tiger.eps* mit einem Texteditor öffnen können. Weil alle Bildelemente des Tigerkopfes durch Textbefehle entstehen, hat die Datei eine erstaunlich kleine Größe von 80 KB.

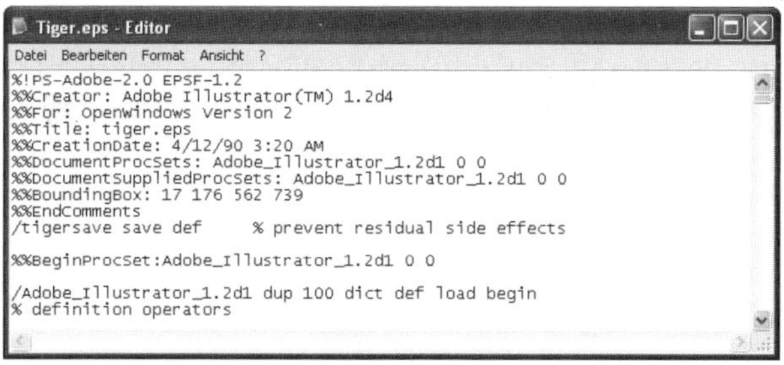


```
%!PS-Adobe-2.0 EPSF-1.2
%%Creator: Adobe Illustrator(TM) 1.2d4
%%For: OpenWindows Version 2
%%Title: tiger.eps
%%CreationDate: 4/12/90 3:20 AM
%%DocumentProcSets: Adobe_Illustrator_1.2d1 0 0
%%DocumentSuppliedProcSets: Adobe_Illustrator_1.2d1 0 0
%%BoundingBox: 17 176 562 739
%%EndComments
/tigersave save def     % prevent residual side effects

%%BeginProcSet:Adobe_Illustrator_1.2d1 0 0

/Adobe_Illustrator_1.2d1 dup 100 dict def load begin
% definition operators
```

Bild 8.6:
Der Text in
einer EPS-Datei

Von großer Bedeutung im EPS-Format ist die Zeile

```
%%BoundingBox: 17 176 562 739
```

mit dem allgemeinen Aufbau

```
%%BoundingBox: <x1> <y1> <x2> <y2>
```

Sie legt die Maße für eine Box um die eigentliche Grafik fest. Eine BoundingBox stellt *GSview* durch einen gestrichelten Kasten dar, der beim Tigerkopf in Bild 8.5 gut zu sehen ist.

Bei der Angabe der BoundingBox spielen die Koordinaten der linken unteren und der rechten oberen Ecke des Bildausschnitts eine wichtige Rolle.

Bild 8.7:
Die BoundingBox
bei einem Bild

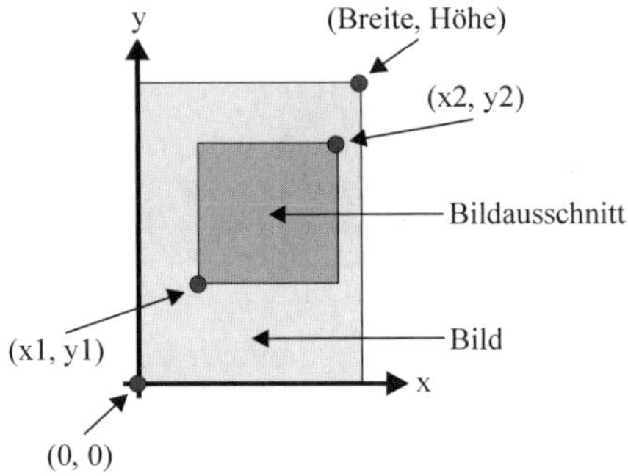

Die Koordinatenachsen sind in Big-Points (bp) eingeteilt. 72 große Punkte ergeben 1 Zoll. Wenn das gesamte Bild gemeint ist, haben die Koordinaten `x1` und `y1` den Wert 0 und die Koordinaten `x2` und `y2` entsprechen der Breite und der Höhe des Bildes. Beim Tigerkopf lesen wir aus den vier Koordinaten 17, 176, 562 und 739 ab, dass er (562 - 17) / 72 * 2,54 cm = 19,23 cm breit und (739 - 176) / 72 * 2,54 cm = 19,86 cm hoch ist.

Nach der Installation von *ImageMagick* in Kapitel 11 sorgt der Befehl

```
mogrify -density 600x600 -format png Tiger.eps
```

in der Eingabeaufforderung für eine Umwandlung der Datei *Tiger.eps* ins PNG-Format mit 600 dpi. Bei *Tiger1.png* und *Tiger2.png* mit den Größen 908 KB und 1384 KB handelt es sich um die PNG-Versionen des Tigerkopfes in Graustufen und in Farbe. Diese Dateien sind erheblich größer als das ursprüngliche EPS-Format.

ImageMagick erst später begutachten

Der Hinweis auf *ImageMagick* erfolgt an dieser Stelle lediglich, damit Sie eine Möglichkeit kennen, das EPS-Format in andere Formate umzuwandeln. Aufgrund der schlanken Dateigrößen bei EPS-Bildern ist eine solche Umwandlung keinesfalls zu empfehlen.

Weil das Bild *Tiger1.png* die Seitenbreite überschreitet, erhöhen wir seine DPI-Zahl von 600 auf 2400, um es in diesem Buch abdrucken zu können. Hierzu öffnen wir das Bild in *Corel PHOTO-PAINT*, rufen das Menü BILD ♦ BITMAP NEU ERSTELLEN auf, geben bei der Auflösung in horizontale und vertikale Richtung jeweils den Wert `2400` ein und markieren das Kontrollkästchen URSPRÜNGLICHE GRÖSSE BEIBEHALTEN, damit die Anzahl der Bildpixel erhalten bleibt.

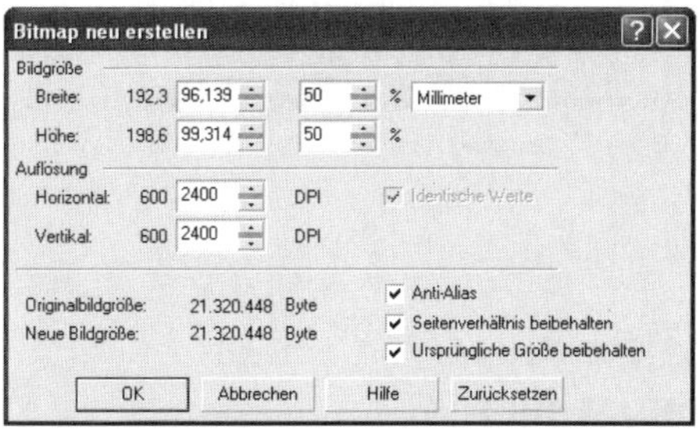

Bild 8.8:
Die DPI-Zahl einer Bitmap ändern

Nach einem Klick auf OK und einer Speicherung der Bitmap in *Tiger1.bmp* viertelt sich die Größe des Bildes, sodass der Tigerkopf in diesem Buch 4,81 cm breit und 4,97 cm hoch ist.

Bild 8.9:
Der Tigerkopf mit
vierfacher Druckdichte

Die Datei *Tiger1.bmp* enthält 20.822 KB, sodass das BMP-Format zur Einbindung von Bildern vollkommen ungeeignet ist.

Auf kleine Dateigrößen bei Bildern achten

Kleine Größen bei Bilddateien sind sehr wichtig, weil bei der Einbettung in ein *LaTeX*-Dokument keine Komprimierung mehr stattfindet. Wählen Sie daher sehr sorgfältig ein geeignetes Format aus.

8.1.3 Einen Schnappschuss von einem Programm herstellen

Corel CAPTURE macht Schnappschüsse von Programmen, die auf dem Bildschirm angezeigt werden. Die Option AKTUELLES FENSTER dient dazu, komplette Programmfenster als Bild in die Zwischenablage zu kopieren.

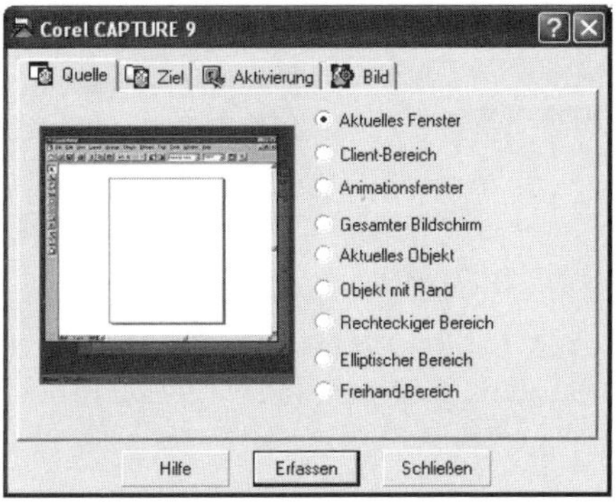

Bild 8.10: Optionen für die Erzeugung von Screenshots angeben

Die Anfertigung des Screenshots erfolgt nach Betätigung einer bestimmten Taste, zum Beispiel F7, die beim Register AKTIVIERUNG eingestellt ist.

Die Drucktaste verwenden

Standardmäßig können Sie unter *Windows* nach Betätigen der Druck-Taste rechts neben F12 einen Screenshot vom gesamten Bildschirm herstellen. Die Tastenkombination alt + Druck fertigt einen Schnappschuss von dem Programmfenster an, das zurzeit aktiviert ist. Die Bitmaps stehen anschließend über die Zwischenablage in anderen Programmen zur Verfügung.

Bei der Erzeugung von Bitmaps aus Vektorgrafiken geben wir die Dichte 600 dpi an, um eine optimale Druckqualität zu erhalten, und speichern die Bilder im PNG-Format ab. Bei Schnappschüssen von Bereichen des Bildschirms empfiehlt es sich, 200 dpi (kleinere Programmfenster) oder 300 dpi (kompletter Desktop) einzustellen. Screenshots setzen sich bei einer Bildschirmauflösung von 1280 x 1024 Pixeln aus weniger Pixeln zusammen als hochauflösende Grafiken, sodass die erforderliche Druckdichte kleiner ist. Die gewählte Zahl sollte ein ganzzahliger Teiler von 600 sein, um zu vermeiden, dass der Druckertreiber einzelne Pixelfarben mit benachbarten vermischen muss. Hierdurch können unbeliebte Moiré-Effekte entstehen.

8.1.4 Eine Bilddatei einbinden

Das `graphicx`-Paket ist in *LaTeX* für die Einbettung von Grafiken in verschiedenen Formaten zuständig und wird mit dem Befehl

```
\usepackage{graphicx}
```

im Vorspann des Dokuments eingebunden.

Für Bilder steht die `figure`-Umgebung zur Verfügung, die wir mit der Zeile

```
\begin{figure}[Position]
```

einleiten. Als Positionsangabe dient eine Buchstabenkombination aus `h` (here = an der gegenwärtigen Stelle im Text), `t` (top = am oberen Rand der gegenwärtigen Seite), `b` (bottom = am unteren Rand der gegenwärtigen Seite) und `p` (page = auf einer eigenen Seite). Die angegebenen Buchstaben werden von links nach rechts durchlaufen. Sobald eine Möglichkeit umgesetzt werden kann, ist die Entscheidung zur Platzierung des Bildes gefallen.

Wenn das eckige Klammerpaar fehlt, ist die standardmäßige Kombination `tbp` aktiv. Hierdurch landet ein Bild zunächst am oberen Rand. Wenn das nicht möglich ist, weil sich zum Beispiel bereits ein anderes Bild dort befindet, verlagert es sich an den unteren Rand. Bei einem erneuten Scheitern der Platzierung kommt das Bild auf eine eigene Seite.

Der `includegraphics`-Befehl mit dem Aufbau

```
\includegraphics[Optionen]{Datei}
```

bettet eine Bilddatei in den Text ein. Das Dokument *Katze1.tex* enthält zum Beispiel die Zeilen

```
\documentclass[a4paper, 10pt]{scrartcl}
```

```
\usepackage[T1]{fontenc}
\usepackage{graphicx}
\usepackage[latin1]{inputenc}
\usepackage{ngerman}

\setlength{\parindent}{0em}
\setlength{\parskip}{2.0ex plus 1.0ex minus 0.5ex}

\begin{document}

Zum Zustand einer Katze gehören zunächst reine
Äußerlichkeiten, zum Beispiel die Anzahl der
Tatzen.

\begin{figure}[h]
\includegraphics{Katze2.png}
\end{figure}

Es gibt aber auch Dinge, die wir nicht so einfach
von außen sehen können, zum Beispiel das Alter.
Es kann zwar geschätzt werden, aber nur die Katze
selbst weiß, wie alt sie ist.

\end{document}
```

Nach der Bearbeitung mit *pdflatex* landet das Bild *Katze2.png* im Dokument *Katze1.pdf*. Der Bildbereich ist im Schnappschuss mit grauer Papierfarbe gut zu erkennen.

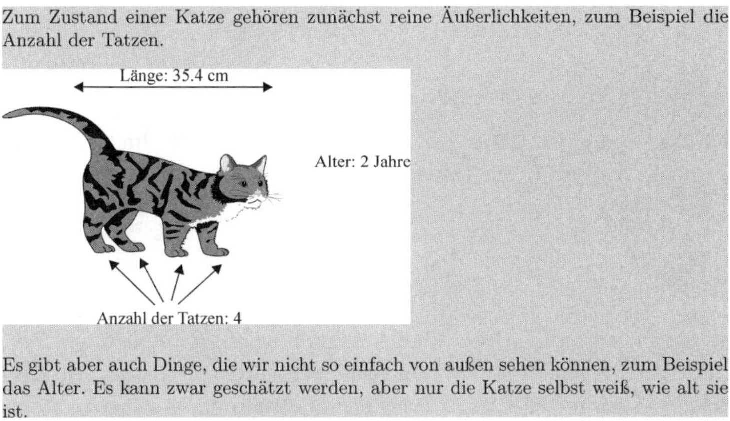
Zum Zustand einer Katze gehören zunächst reine Äußerlichkeiten, zum Beispiel die Anzahl der Tatzen.

Es gibt aber auch Dinge, die wir nicht so einfach von außen sehen können, zum Beispiel das Alter. Es kann zwar geschätzt werden, aber nur die Katze selbst weiß, wie alt sie ist.

Bild 8.11:
Die Katze im fertigen Dokument

Um ein Bild zu zentrieren, schließen wir den `includegraphics`-Befehl in den `centerline`-Befehl ein. Dies geschieht ist in *Katze2.tex* durch die Zeile

```
\centerline{\includegraphics{Katze2.png}}
```

Bild 8.12: Ein zentriertes Bild

Zum Zustand einer Katze gehören zunächst reine Äußerlichkeiten, zum Beispiel die Anzahl der Tatzen.

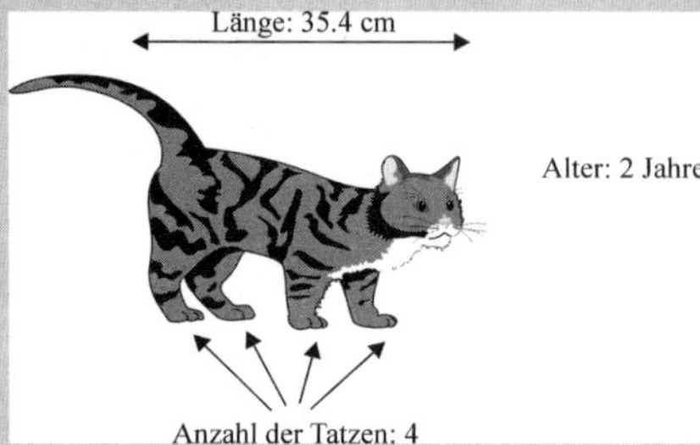

Es gibt aber auch Dinge, die wir nicht so einfach von außen sehen können, zum Beispiel das Alter. Es kann zwar geschätzt werden, aber nur die Katze selbst weiß, wie alt sie ist.

Die Größe einer PNG-Grafik im Dokument liegt bereits durch die voreingestellte dpi-Zahl fest. Dennoch kennt der `includegraphics`-Befehl die Optionen `width` und `height`, die bei der Verkleinerung von EPS-Bildern nützlich sind.

Das Programm *pdflatex* kann treiberbedingt nur die Bildformate PDF und PNG verarbeiten. Der Befehl

```
ps2pdf Tiger.eps Tiger.pdf
```

wandelt die Datei *Tiger.eps* ins PDF-Format um. Im `includegraphics`-Befehl in der Datei *Tiger1.tex* geben wir nun den Dateinamen `Tiger.pdf` an.

```
\includegraphics[width=5cm,viewport=17 176 562 739,clip]
  ↳{Tiger.pdf}
```

Beim Betrachten des Tigerkopfes im *Adobe Reader* stellen wir fest, dass überflüssige Ränder wie in Bild 8.5 vorhanden sind. Die Option `clip` sorgt dafür, dass Ränder außerhalb des Anzeigebereichs der Grafik wegfallen. Den Anzeigebereich stellen wir mithilfe der

Option `viewport` ein. Sie erhält die bereits bekannten Koordinaten der BoundingBox in der Datei *Tiger.eps*.

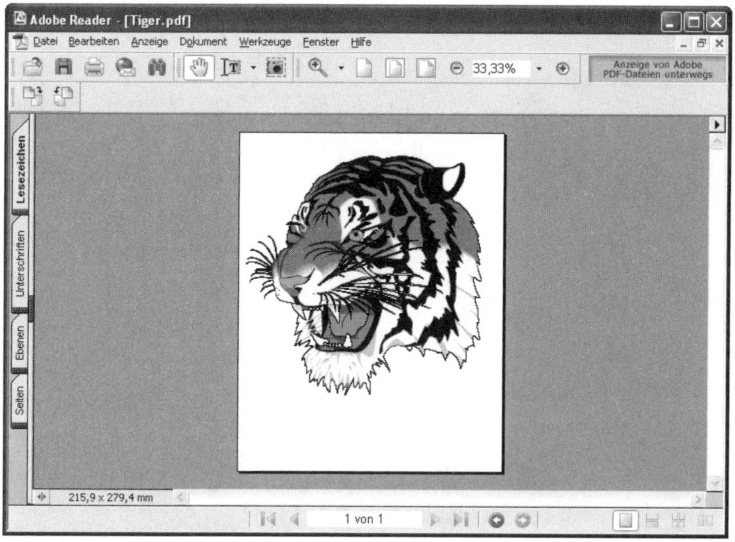

Bild 8.13:
Eine PDF-Grafik
im *Adobe Reader*

Um den Tigerkopf zu verkleinern, geben wir noch die Option `width` an und weisen ihr den Wert `5cm` zu. Hierdurch erhält das Bild die Breite 5 cm. Die Höhe wird automatisch an die Breite angepasst.

Zum Zustand einer Katze gehören zunächst reine Äußerlichkeiten, zum Beispiel die Anzahl der Tatzen.

Es gibt aber auch Dinge, die wir nicht so einfach von außen sehen können, zum Beispiel das Alter. Es kann zwar geschätzt werden, aber nur die Katze selbst weiß, wie alt sie ist.

Bild 8.14:
Der Tigerkopf im
fertigen Dokument

Keinen Anzeigebereich angeben

Wenn Sie ein Bild im EPS-Format haben, dessen Elemente exakt an den Rändern liegen, entfallen die Optionen `viewport` und `clip`.

In der Datei *Tiger2.tex* sind die Optionen `width=9cm` und `height=3cm` beim `includegraphics`-Befehl angegeben.

Bild 8.15: Ein verzerrter Tigerkopf

Zum Zustand einer Katze gehören zunächst reine Äußerlichkeiten, zum Beispiel die Anzahl der Tatzen.

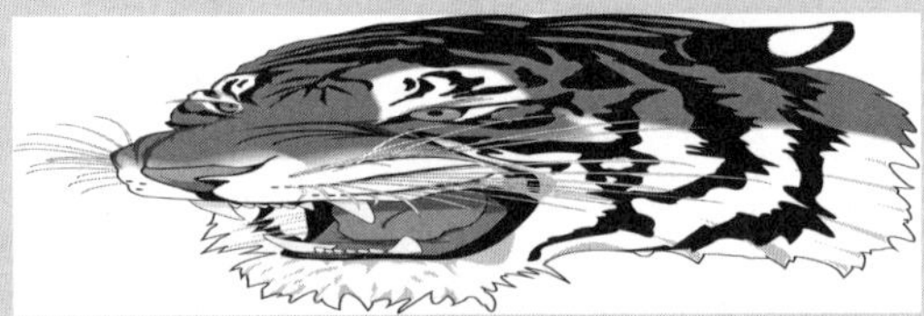

Es gibt aber auch Dinge, die wir nicht so einfach von außen sehen können, zum Beispiel das Alter. Es kann zwar geschätzt werden, aber nur die Katze selbst weiß, wie alt sie ist.

Durch die Einstellung von Werten für die Breite und die Höhe eines Bildes, die nicht aufeinander abgestimmt sind, lässt sich ein Bild in eine Richtung stauchen oder strecken.

8.2 Bilder mit Befehlen zusammensetzen

LaTeX bietet die `picture`-Umgebung für Bilder an, die aus einfachen grafischen Elementen zusammengesetzt sind. Zum Beispiel entsteht ein schwarz gefüllter Kreis mit dem Durchmesser 1 mm durch den Befehl `\circle*{1}`. Mithilfe des `put`-Befehls platzieren wir diesen Kreis bei einem bestimmten Punkt, zum Beispiel durch

`\put(0,0){\circle*{1}}` beim Ursprung des Koordinatensystems des Bildes.

Für viele Grafiken genügen die einfachen Elemente der `picture`-Umgebung nicht. Die Ergänzungspakete `bezier`, `epic` und `eepic` bieten Befehle zum Setzen von Ellipsen und Bezier-Kurven an. Nun sind wir bereits in der Lage, die elliptische Röhre zum Franck-Hertz-Versuch in der Datei *Hertz.tex* zu malen.

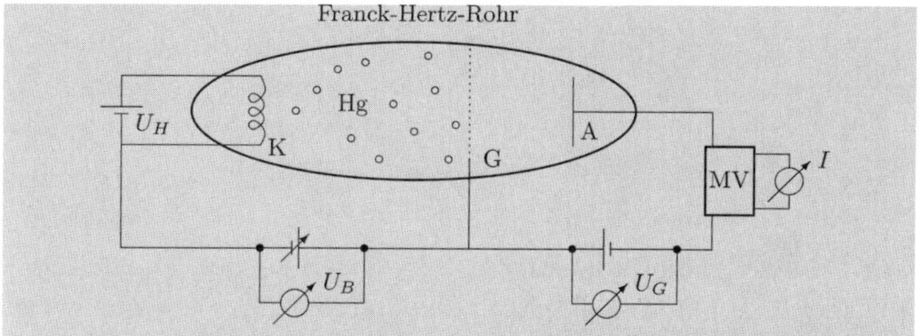

A	Auffangelektrode	U_H	Heizspannung
G	Gitterelektrode	U_B	Beschleunigungsspannung
K	Kathode	U_G	Gegenspannung
Hg	Quecksilberatome	I	Stärke des Stromes im Kreis AG

Bild 8.16:
Eine Schaltung zum Franck-Hertz-Versuch

PiCTeX bietet erweiterte Möglichkeiten zur Gestaltung von Bildern an. Hierzu dienen die Dateien *prepictex.tex*, *pictex.tex* und *postpictex.tex*. In der Datei *C:\Programme\TeXMF\tex\generic\pictex.tex* unter *Windows* müssen wir zunächst die veralteten Zeilen

```
\setplotsymbol({\fiverm .})
\setshadesymbol ({\fiverm .})
```

durch

```
\setplotsymbol({\tiny .})
\setshadesymbol({\tiny .})
```

ersetzen. Die drei Zeilen

```
\input{prepictex}
\input{pictex}
\input{postpictex}
```

im Vorspann eines Dokuments dienen zur Aktivierung der Befehle von *PiCTeX*.

Nun können wir zum Beispiel mit Schattierungen in der Datei *Schattierung.tex* arbeiten.

Bild 8.17: Schattierungen für verschiedene Flüssigkeiten

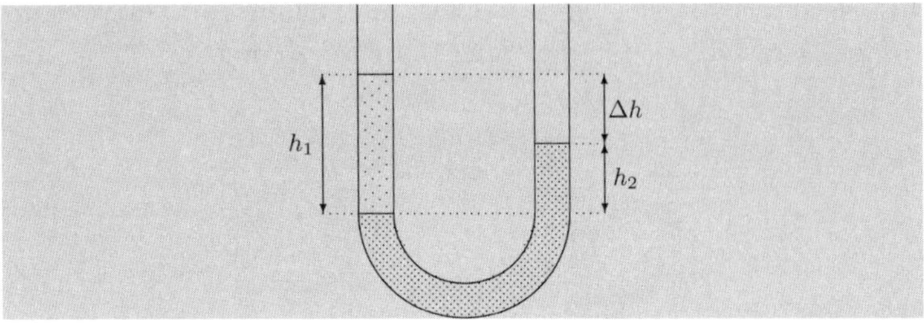

Auch Plots von Funktionen mit den Daten in den Dateien *Daten1.tex*, *Daten2.tex* und *Daten3.tex* sind kein Problem mehr. Bei der Bearbeitung von *Schwingung.tex* entsteht das Dokument

Bild 8.18: Eine gedämpfte Schwingung

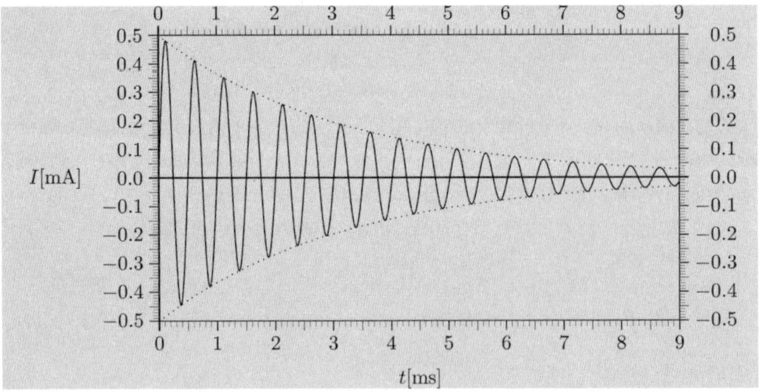

Die Vielzahl von Befehlen zur Gestaltung von Bildern zu erklären, ist im Rahmen dieses Buches nicht möglich.

9 Texte farbig gestalten

Ursprünglich ist *LaTeX* nicht auf Farbdruck vorbereitet worden. Mittlerweile gibt es einige Ergänzungspakete, sodass wir zum Beispiel die einzelnen Zellen in Tabellen mit einer Hintergrundfarbe hinterlegen und somit die Rahmenlinien weglassen können. Es gibt auch die Möglichkeit, farbig gefüllte Textboxen zu erzeugen und farbige Textschnipsel in den Text einzustreuen.

9.1 Verschiedene Modelle für Farben

Das `color`-Paket wird durch die Zeile

```
\usepackage{color}
```

in ein Dokument eingebunden. Anschließend stehen einige Befehle zur Verfügung, um Textbestandteile farblich zu gestalten.

Bevor wir uns mit den Befehlen zur farblichen Gestaltung eines Textes befassen, sehen wir uns die verschiedenen Farbmodelle an, um eine bestimmte Farbe anzusprechen. Das RGB-Modell legt eine Farbe durch ihren roten, grünen und blauen Anteil fest. Diese Anteile nehmen Werte zwischen 0 und 255 an.

1. Starten Sie das Malprogramm *Paint* unter *Windows* über die Einträge START • ALLE PROGRAMME • ZUBEHÖR • PAINT. Links unten befindet sich eine Farbpalette.

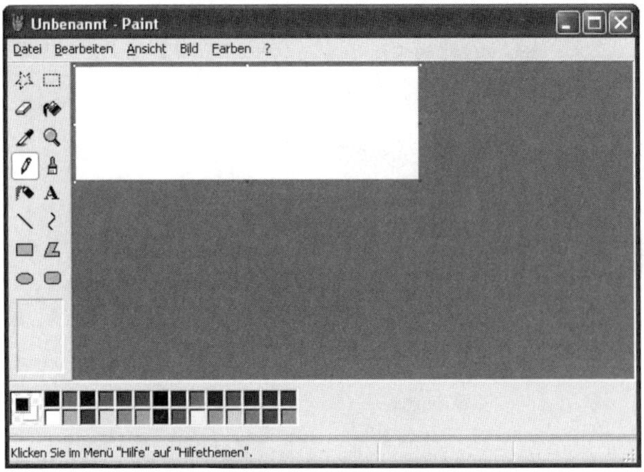

Bild 9.1: Ein einfaches Malprogramm

2. Klicken Sie doppelt auf eine Schaltfläche in der Farbpalette, sodass der Dialog FARBEN BEARBEITEN erscheint.

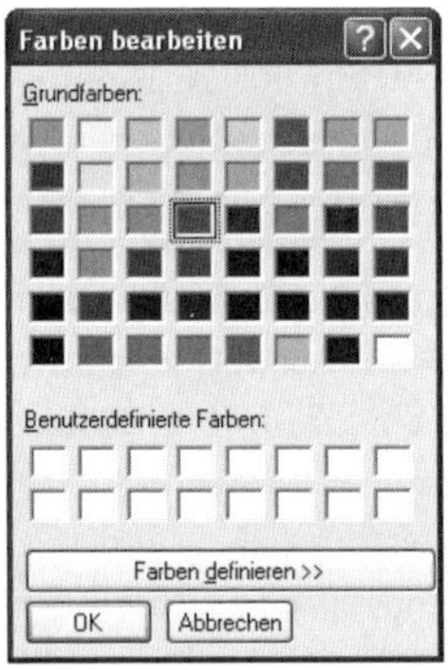

Bild 9.2: Eine Farbe in der Palette bearbeiten

3. Nach einem Klick auf die Schaltfläche FARBEN DEFINIEREN erweitert sich dieser Dialog.

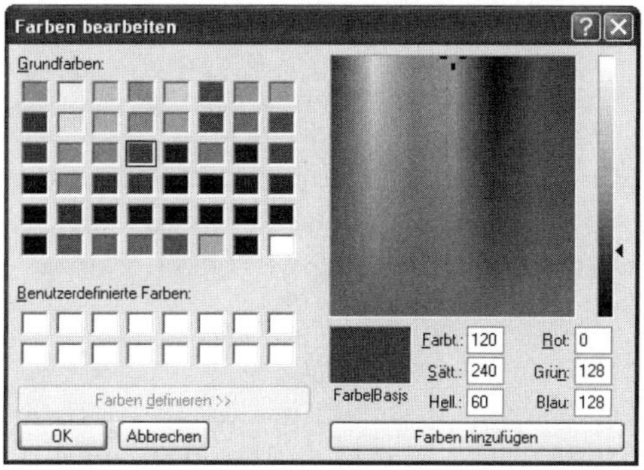

Bild 9.3:
Der erweiterte Dialog

4. Im rechten Farbfeld können Sie nun einen Farbton anklicken und durch Ziehen am Schieber heller oder dunkler einstellen. In den Feldern ROT, GRÜN und BLAU erscheinen die einzelnen Farbwerte.

Die Farbwerte (0, 0, 0) und (255, 255, 255) gehören zu den Farben Schwarz und Weiß. Wenn ein Anteil den maximalen Wert 255 annimmt, ist die zugehörige Farbe komplett vorhanden. Zum Beispiel kennzeichnet (0, 255, 0) die Farbe Grün. Durch Überlagerung entstehen maximal 256 * 256 * 256 = 16777216 verschiedene Farben.

Um eine Farbe in *LaTeX* zu erzeugen, müssen die Anteile noch durch 255 geteilt werden, sodass sich Dezimalzahlen zwischen 0.0 und 1.0 ergeben. Die drei Werte sind durch ein Komma voneinander zu trennen. Die Werteliste `0,1,0` sorgt zum Beispiel für die Farbe Grün. Weil 1 / 255 ungefähr gleich 0.004 ist, müssen wir nur mit drei Stellen hinter dem Komma arbeiten.

Neben dem Modell `rgb` gibt es noch `cmyk`, `gray` und `named`.

- `cmyk` (Cyan, Magenta, Yellow, Black): Die Werteliste besteht aus vier Dezimalzahlen zwischen 0 und 1, die durch ein Komma voneinander getrennt werden. Dieses Modell bezieht sich auf die Mischung von Farben im Drucker.
- `gray` (Graustufen): Eine Dezimalzahl zwischen 0 (Schwarz) und 1 (Weiß) sorgt für einen Grauton.

- `named` (spezielle Farbnamen): Bei einigen Druckertreibern sind Farben voreingestellt, die unter festgelegten Namen zur Verfügung stehen.

Die Datei *Farbnamen.tex* enthält eine Tabelle mit den Namen der Farben, die beim Druckertreiber *dvips* voreingestellt sind. Um sie bekannt zu machen, geben wir den Namen dieses Treibers durch

```
\usepackage[dvips]{color}
```

beim Einbinden des `color`-Pakets als Option an. Nach der Bearbeitung über den Weg `latex`, `dvips` und `ps2pdf` sind die Farben im *Adobe Reader* gut zu erkennen.

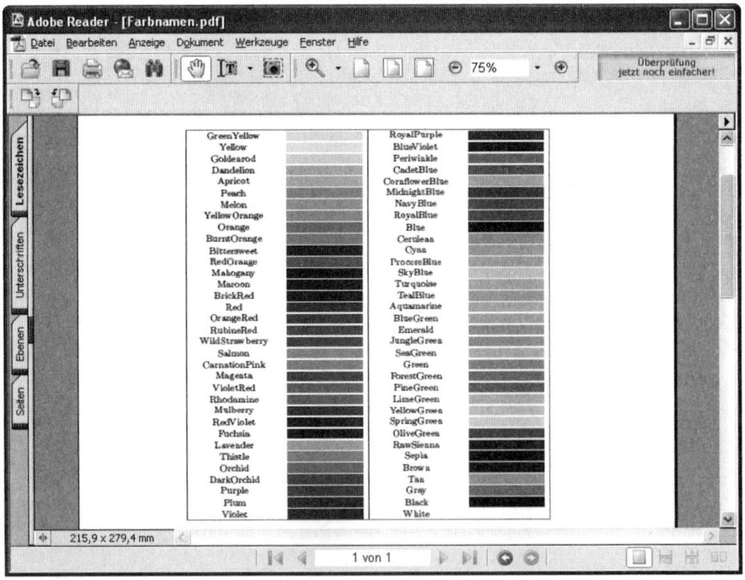

Bild 9.4: Spezielle Farbnamen bei *dvips*

Die Bearbeitung mit *pdflatex* scheitert, weil die Farbnamen nur vom Druckertreiber *dvips* verstanden werden. Daher sehen wir mehrere Meldungen »Non-PDF special ignored!« und die Rechtecke sind nicht farbig, sondern nur schwarz gefüllt.

Den Bearbeitungsweg beachten

Um ein PDF-Dokument zu erzeugen, können Sie den Weg über *latex*, *dvips* und *ps2pdf* oder direkt über *pdflatex* beschreiten. Bei der Einbettung von Bildern und bei der Verwendung von Farbdruck spielen Druckertreiber eine wichtige Rolle. So können wir zum Beispiel bei *dvips* zusätzlich mit dem Farbmodell `named` und Grafiken im Format EPS arbeiten. Bei *pdflatex* hingegen arbeiten wir mit Grafiken in den Formaten PNG und PDF.

9.2 Papierfarbe und Textfarbe festlegen

Der Befehl

```
\pagecolor[Modell]{Farbe}
```

legt die Papierfarbe eines Dokuments fest. Der Befehl

```
\color[Modell]{Farbe}
```

stellt die Textfarbe ein. Beide Befehle wirken ab dem Zeitpunkt ihres Auftretens. Das bedeutet, dass sowohl die Papierfarbe als auch die Textfarbe im Dokument mehrmals geändert werden dürfen.

Das Dokument *Plakat.tex* enthält die Zeilen

```
\documentclass[a4paper, 12pt]{scrartcl}

\usepackage{color}
\usepackage[T1]{fontenc}
\usepackage[latin1]{inputenc}
\usepackage{ngerman}
```

```
\pagecolor[cmyk]{0.15,0,0.69,0}
\color[cmyk]{0.64,0,0.95,0.40}

\setlength{\parindent}{0em}
\setlength{\parskip}{2.0ex plus 1.0ex minus 0.5ex}

\begin{document}

\thispagestyle{empty}

\centerline{\Huge EINLADUNG}

\end{document}
```

Bei der Bearbeitung mit *pdflatex* ist beim `color`-Paket keine Angabe für den Druckertreiber notwendig. Die CMYK-Werte für die Farbnamen in Bild 9.4 entnehmen wir unter *Windows* der Datei *C:\TeXMF\tex\latex\graphics\dvipsnam.def*. Als Papierfarbe ist GreenYellow mit den Werten `0.15, 0, 0.69, 0` und als Textfarbe OliveGreen mit den Werten `0.64, 0, 0.95, 0.40` bezüglich des Farbmodells `cmyk` eingestellt.

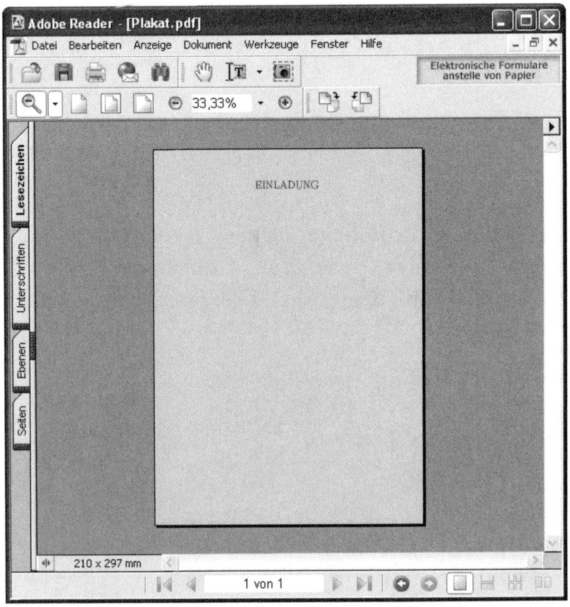

Bild 9.5: Eingestellte Farben für Papier und Text

9.3 Text in farbige Boxen einschließen

Eine farbig gefüllte Box mit Text entsteht durch

```
\colorbox[Modell]{Hintergrundfarbe}{Text}
```

Für eine umrahmte Box ist der Befehl

```
\fcolorbox[Modell]{Rahmenfarbe}{Hintergrundfarbe}{Text}
```

zuständig. Die Rahmenfarbe und die Hintergrundfarbe müssen zum gleichen Modell gehören.

In der Datei *Farbboxen.tex* stehen die Zeilen

```
\colorbox[cmyk]{0.15,0,0.69,0}{\parbox{9cm}{
\textbf{Definition:} \textit{Die Gleichung
\begin{equation}y'+g(x)y+h(x)y^\alpha =0,\quad
\alpha\neq 1\end{equation}
wird als \textsc{Bernoulli}-Differentialgleichung
bezeichnet.}}}

\setlength{\fboxrule}{1pt}

\fcolorbox[cmyk]{0.64,0,0.95,0.40}{0.15,0,0.69,0}{
\parbox{9cm}{\textbf{Definition:} \textit{Die Gleichung
\begin{equation}y'+g(x)y+h(x)y^\alpha =0,\quad
\alpha\neq 1\end{equation}
wird als \textsc{Bernoulli}-Differentialgleichung
bezeichnet.}}}
```

Bei mehrzeiligen Farbboxen achten wir darauf, dass der eigentliche Text in eine `parbox` kommt.

Bild 9.6: Farbige Boxen mit und ohne Rahmen

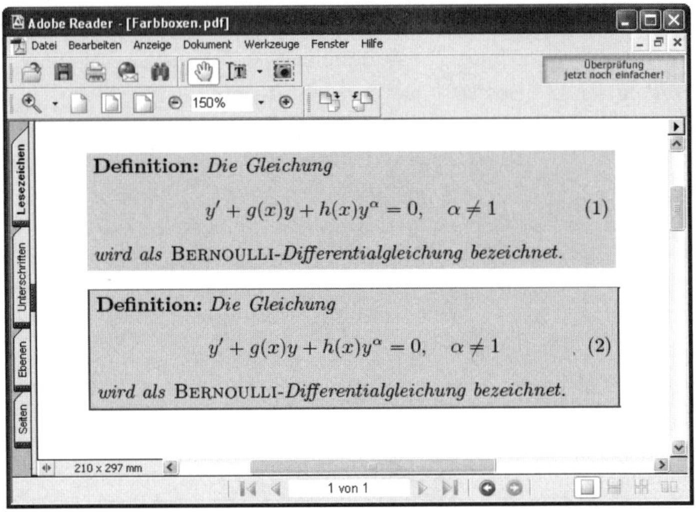

Sowohl der Leerraum zwischen dem Text und dem Rahmen als auch die Linienstärke des Rahmens lassen sich bei Boxen beeinflussen. Hierfür sind die Maße `\fboxsep` und `\fboxrule` zuständig, die standardmäßig die Werte `4pt` und `0.4pt` haben. Zum Beispiel ändert die Zeile

```
\setlength{\fboxrule}{1pt}
```

die Rahmenstärke in obigem Dokument auf `1pt`.

Die globale Wirkung von Einstellungen beachten

Die Befehle zur Einstellung von Längen wirken global. Daher müssen Sie zum Beispiel die Linienstärke von Umrahmungen zurücksetzen, um zum ursprünglichen Wert zurückzukehren. Am besten erfolgt dies direkt an der Stelle, ab der die eigene Einstellung keine Rolle mehr spielt.

Um zu verstehen, wie die farbigen Balken in Bild 9.4 zustande kommen, werfen wir einen Blick in die Datei *Farbnamen.tex*.

```
\begin{center}
\begin{tabular}{|cc|cc|}\hline
\parbox{30mm}{\centerline{GreenYellow}}&\colorbox[named]{
  ↳GreenYellow}{\rule{0mm}{1.5mm}\rule{25mm}{0mm}}&
\parbox{30mm}{\centerline{RoyalPurple}}&\colorbox[named]{
  ↳RoyalPurple}{\rule{0mm}{1.5mm}\rule{25mm}{0mm}}\\
... weitere Reihen ...
\end{tabular}
\end{center}
```

Der Name jeder Farbe steht zentriert in einer `parbox` mit der Breite 3 cm. Solche Einträge befinden sich in der ersten und dritten Spalte der Farbtabelle. In der zweiten und vierten Spalte liegen farbige Boxen, deren Dimensionen zwei unsichtbare `rule`-Boxen festlegen.

9.4 Einzelne Textschnipsel einfärben

Der Befehl

```
\definecolor{Name}{Modell}{Farbe}
```

führt eine Farbe unter dem angegebenen Namen dauerhaft im Dokument ein.

Zum Beispiel finden Sie am Anfang der Datei *Code.tex* die Zeilen

```
\definecolor{shadecolor}{gray}{0.85}
\definecolor{black}{rgb}{0, 0, 0}
\definecolor{blue}{rgb}{0.251, 0, 1}
\definecolor{gray}{rgb}{0.627, 0.627, 0.627}
\definecolor{green}{rgb}{0.584, 0.584, 0}
\definecolor{orange}{rgb}{1, 0.384, 0.082}
\definecolor{red}{rgb}{0.949, 0, 0.475}
```

Sie richten die Farbnamen `shadecolor`, `black`, `blue`, `gray`, `green`, `orange` und `red` ein und legen ihre Farbwerte fest. Bei `shadecolor` kommt das Modell `gray` für Graustufen und bei den anderen Farben das Modell `rgb` für Farben zum Einsatz.

Der Befehl

```
\textcolor{Name}{Text}
```

erzeugt einen farbigen Textschnipsel. Diese Möglichkeit ist insbesondere bei der Veranschaulichung der Syntax einer Programmsprache interessant.

Die Bearbeitung des Dokuments *Code.tex* liefert einen grau hinterlegten Block mit farbigem Quellcode eines *C#*-Programms.

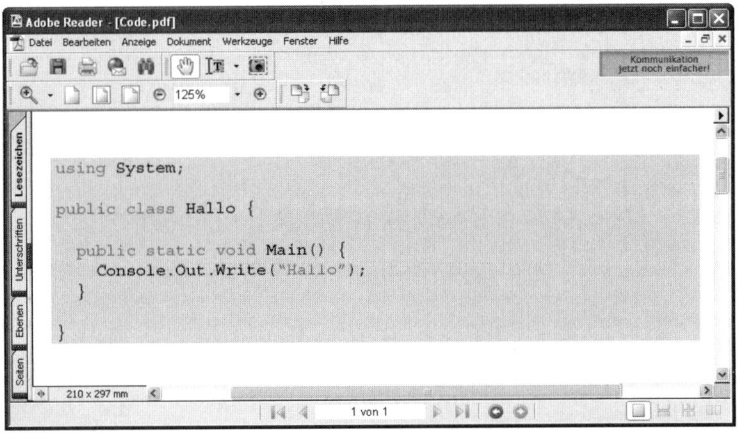

Bild 9.7: Ein grau hinterlegter Block mit farbigem Quellcode

Der graue Block entsteht mit dem `framed`-Paket, das wir mit der Zeile

```
\usepackage{framed}
```

im Vorspann des Dokuments einbinden. Der Name der Hintergrundfarbe für den Block ist durch `shadecolor` vorgegeben. Der Befehl

```
\definecolor{shadecolor}{gray}{0.85}
```

legt eine graue Hintergrundfarbe fest. Zur Abgrenzung des grau hinterlegten Blocks dient die `shaded`-Umgebung.

```
\begin{shaded}
\texttt{\textcolor{green}{using}\textcolor{shadecolor}{x}
  ↳System\textcolor{blue}{\symbol{59}}}\\
... weitere Zeilen ...
\end{shaded}
```

Jede einzelne Zeile des Quellcodes steht in einem `texttt`-Befehl. Der Befehl

```
\usepackage{courier}
```

im Vorspann des Dokuments sorgt für die Einbindung der Schriftart Courier anstelle von Typewriter der CM-Zeichensätze.

Die Sonderzeichen, zum Beispiel die einleitenden und abschließenden Anführungszeichen in der Zeichenfolge `"Hallo"`, erzeugen wir mithilfe ihrer Positionen im Zeichensatz. Bei der Bearbeitung von *Courier.tex* entsteht eine Tabelle mit allen verfügbaren Zeichen.

Bild 9.8:
Der Zeichensatz Courier

` 0	´ 1	ˆ 2	˜ 3	¨ 4	˝ 5	˚ 6	ˇ 7
˘ 8	¯ 9	˙ 10	¸ 11	˛ 12	‚ 13	‹ 14	› 15
“ 16	” 17	„ 18	« 19	» 20	– 21	— 22	23
■ 24	ı 25	■ 26	ff 27	fi 28	fl 29	ffi 30	ffl 31
␣ 32	! 33	" 34	# 35	$ 36	% 37	& 38	' 39
(40	) 41	* 42	+ 43	, 44	- 45	. 46	/ 47
0 48	1 49	2 50	3 51	4 52	5 53	6 54	7 55
8 56	9 57	: 58	; 59	< 60	= 61	> 62	? 63
@ 64	A 65	B 66	C 67	D 68	E 69	F 70	G 71
H 72	I 73	J 74	K 75	L 76	M 77	N 78	O 79
P 80	Q 81	R 82	S 83	T 84	U 85	V 86	W 87
X 88	Y 89	Z 90	[91	\ 92	] 93	^ 94	_ 95
` 96	a 97	b 98	c 99	d 100	e 101	f 102	g 103
h 104	i 105	j 106	k 107	l 108	m 109	n 110	o 111
p 112	q 113	r 114	s 115	t 116	u 117	v 118	w 119
x 120	y 121	z 122	{ 123	| 124	} 125	~ 126	- 127
Ă 128	Ą 129	Ć 130	Č 131	Ď 132	Ě 133	Ę 134	Ğ 135
Ĺ 136	Ľ 137	Ł 138	Ń 139	Ň 140	■ 141	Ő 142	Ŕ 143
Ř 144	Ś 145	Š 146	Ş 147	Ť 148	Ţ 149	Ű 150	Ů 151
Ÿ 152	Ź 153	Ž 154	Ż 155	IJ 156	İ 157	đ 158	§ 159
ă 160	ą 161	ć 162	č 163	ď 164	ě 165	ę 166	ğ 167
ĺ 160	ľ 169	ł 170	ń 171	ň 172	■ 173	ő 174	ŕ 175
ř 176	ś 177	š 178	ş 179	ť 180	ţ 181	ű 182	ů 183
ÿ 184	ź 185	ž 186	ż 187	ij 188	¡ 189	¿ 190	£ 191
À 192	Á 193	Â 194	Ã 195	Ä 196	Å 197	Æ 198	Ç 199
È 200	É 201	Ê 202	Ë 203	Ì 204	Í 205	Î 206	Ï 207
Đ 208	Ñ 209	Ò 210	Ó 211	Ô 212	Õ 213	Ö 214	Œ 215
Ø 216	Ù 217	Ú 218	Û 219	Ü 220	Ý 221	Þ 222	SS 223
à 224	á 225	â 226	ã 227	ä 228	å 229	æ 230	ç 231
è 232	é 233	ê 234	ë 235	ì 236	í 237	î 238	ï 239
ð 240	ñ 241	ò 242	ó 243	ô 244	õ 245	ö 246	œ 247
ø 248	ù 249	ú 250	û 251	ü 252	ý 253	þ 254	ß 255

Ein Leerzeichen entsteht durch den Befehl

```
\textcolor{shadecolor}{x}
```

Es handelt sich um ein `x` in der Hintergrundfarbe des Blocks, sodass das Zeichen nicht sichtbar ist.

10 Verzeichnisse anlegen

In den Kapiteln 3 bis 9 haben wir die grundlegenden Elemente von Dokumenten besprochen. Somit ist bekannt, wie Aufzählungen, Tabellen, mathematische Formeln und Grafiken in einen Text gelangen. In diesem Kapitel sehen wir uns die einzelnen Schritte zur Herstellung von Büchern an. Eine wichtige Rolle spielt hierbei das Anlegen von Verzeichnissen für Inhalt, Abbildungen, Tabellen und Stichwörter. Vor dem Index tauchen manchmal noch ein Glossar und eine Literaturliste auf. Am Ende sind wir bestens für eigene Werke gerüstet.

10.1 Ein Buch zusammenstellen

Bevor es um Details geht, sehen wir uns den groben Aufbau eines Dokuments an, dessen Bearbeitung ein Buch liefert. Als praktisches Beispiel dienen einige Textauszüge aus dem *Java Programmierung Praxisbuch*, das im Franzis' Verlag erschienen ist.

Ein Beispieldokument ausdrucken

Am einfachsten ist es, wenn Sie sich einen doppelseitigen Ausdruck vom Buch *JPP.pdf* herstellen. Sein Aufbau lässt sich in gedruckter Form besser als im *Adobe Reader* auf dem Bildschirm nachvollziehen, weil Sie die einzelnen Blöcke nebeneinander legen und betrachten können.

10.1.1 Den grundlegenden Aufbau verstehen

Die Datei *JPP.tex* enthält den grundlegenden Aufbau des Buches. Zunächst werden die üblichen Pakete eingebunden, um zum Beispiel farbigen Text erzeugen oder Grafiken einbinden zu können.

```
\documentclass[a4paper, 10pt, chapterprefix]{scrbook}

\usepackage{amsmath}
\usepackage{amssymb}
\usepackage{color}
\usepackage{courier}
\usepackage[T1]{fontenc}
\usepackage{framed}
\usepackage{graphicx}
\usepackage[latin1]{inputenc}
\usepackage{makeidx}
\makeindex
\usepackage{ngerman}
\usepackage{pifont}

\setlength{\parindent}{0em}
\setlength{\parskip}{2.0ex plus 1.0ex minus 0.5ex}

\setkomafont{sectioning}{\normalfont\normalcolor\bfseries}

\definecolor{shadecolor}{gray}{0.85}
\definecolor{black}{rgb}{0, 0, 0}
\definecolor{blue}{rgb}{0.251, 0, 1}
\definecolor{gray}{rgb}{0.627, 0.627, 0.627}
\definecolor{green}{rgb}{0.584, 0.584, 0}
\definecolor{orange}{rgb}{1, 0.384, 0.082}
\definecolor{red}{rgb}{0.949, 0, 0.475}

\begin{document}

... einzelne Seiten ...

\end{document}
```

Unbekannt ist das `makeidx`-Paket mit dem darauf folgenden Befehl `\makeindex`. Hierauf kommen wir beim Erstellen eines Stichwortverzeichnisses zurück.

Nun besprechen wir die einzelnen Seiten des Buches in der `document`-Umgebung. Zunächst taucht der Befehl

```
\pagestyle{empty}
```

auf. Er bewirkt, dass alle folgenden Seiten keine Angaben in den Kopf- und Fußzeilen haben. Dies ist auf der Vorder- und Rückseite des Titelblattes erwünscht. Sein Quelltext liegt in der Datei *Titel.tex* und wird mit dem Befehl

```
\input{Titel}
```

ins Buch eingebunden. Um das Dokument auf eine gerade Seitenzahl zu bringen, folgt die Zeile

```
\cleardoublepage
```

Das Titelblatt hat nur eine Vorderseite. Somit würde das Vorwort beim Weglassen dieses Befehls direkt auf der Rückseite des Titelblattes beginnen. Nun entsteht jedoch eine leere Seite. Der Befehl

```
\pagestyle{myheadings}
```

bewirkt, dass die Kopf- und Fußzeilen fortan nicht mehr leer bleiben. In den Kopfzeilen sollen individuelle Einträge aufgenommen werden, die wir später festlegen. Der Befehl

```
\pagenumbering{Roman}
```

sorgt für die Nummerierung aller folgenden Seiten mit großen römischen Ziffern in der Fußzeile. Der Text des Vorworts liegt in der Datei *00.tex*, die durch die Zeile

```
\input{00}
```

eingebettet wird. Wiederum wird das Dokument auf eine gerade Seitenzahl aufgefüllt.

```
\cleardoublepage
```

Wenn das Vorwort zufällig auf einer Seite mit einer geraden Nummer endet, bleibt dieser Befehl automatisch wirkungslos. Die einzelnen Zeilen im Inhaltsverzeichnis werden als separate Absätze behandelt, sodass wir den Absatzabstand auf 0 zurücksetzen.

```
\setlength{\parskip}{0.0ex}
```

Während der Bearbeitung mit *pdflatex* entsteht automatisch die Datei *JPP.toc* (table of contents) mit dem Inhaltsverzeichnis des Buches. Mit dem Befehl `\addtocontents` fügen wir eine Zeile am Anfang dieser Datei hinzu.

```
\addtocontents{toc}{\protect\markboth{INHALTSVERZEICHNIS}
  ↪{INHALTSVERZEICHNIS}}
```

Sie bewirkt, dass *INHALTSVERZEICHNIS* in den Kopfzeilen der Seiten steht. Das Inhaltsverzeichnis entsteht durch den Befehl

```
\tableofcontents
```

Dokumente mehrmals bearbeiten

Die Einträge des Inhaltsverzeichnisses sind erst bekannt, wenn *pdflatex* ein Dokument komplett bearbeitet hat. Daher müssen Sie die Bearbeitung stets zweimal durchführen. Weil das Inhaltsverzeichnis erst bei der zweiten Bearbeitung vollständig integriert ist, können Seitenverschiebungen im darauf folgenden Teil entstehen, die Auswirkungen auf Referenzen haben. Daher sollten Sie ein Dokument so oft mit *pdflatex* bearbeiten, bis sich das Ergebnis nicht mehr ändert.

Nach dem Setzen des Inhaltsverzeichnisses bringen wir das Dokument wieder auf eine gerade Seitenanzahl.

```
\cleardoublepage
```

Dieselbe Prozedur wird nun für die Verzeichnisse mit den Abbildungen (lof = list of figures) und Tabellen (lot = list of tables) wiederholt. Die Dateien *JPP.lof* und *JPP.lot* erzeugt *pdflatex* automatisch. Die Einbettung der beiden Verzeichnisse erfolgt mit den Befehlen \listoffigures und \listoftables. Die Einträge in den Kopfzeilen fügen wir selbst hinzu.

```
\addtocontents{lof}{\protect\markboth{ABBILDUNGSVERZEICHNIS}
  ↳{ABBILDUNGSVERZEICHNIS}}
\listoffigures
\cleardoublepage

\addtocontents{lot}{\protect\markboth{TABELLENVERZEICHNIS}
  ↳{TABELLENVERZEICHNIS}}
\listoftables
\cleardoublepage
```

Nachdem die Verzeichnisse erstellt sind, schalten wir den Absatzabstand wieder hoch.

```
\setlength{\parskip}{2.0ex plus 1.0ex minus 0.5ex}
```

Bisher befinden sich in den Fußzeilen große römische Seitennummern. Die Nummer der aktuellen Seite wird an den neu eingerichteten Zähler exterior übergeben, um sie für die Verzeichnisse am Ende des Buches aufzubewahren.

```
\newcounter{exterior}
\setcounter{exterior}{\value{page}}
```

Ab jetzt erfolgt die Nummerierung mit arabischen Ziffern.

```
\pagenumbering{arabic}
```

Die Kapitel 1, 2 und 3 liegen in den Dateien *01.tex*, *02.tex* und *03.tex*. Zum Einbinden nutzen wir die Zeilen

```
\input{01}
\input{02}
\input{03}
```

Anhänge werden wie normale Kapitel erzeugt. Die appendix-Umgebung sorgt für eine Nummerierung mit Großbuchstaben.

```
\begin{appendix}
\input{A}
```

```
\cleardoublepage
\end{appendix}
```

Nach der Integration des Anhangs A in der Datei *A.tex* bringen wir das Dokument wieder auf eine gerade Seitenzahl. Anschließend erfolgt die Nummerierung erneut mit großen römischen Ziffern. Als Seitenzahl übernehmen wir den Wert im Zähler `exterior`.

```
\pagenumbering{Roman}
\setcounter{page}{\value{exterior}}
```

Zum Beispiel hat die Rückseite des Tabellenverzeichnisses vor den Kapiteln die Nummer VIII, sodass es beim Glossar hinter den Anhängen mit der Nummer IX weitergeht.

Die Texte des Glossars und des Literaturverzeichnisses liegen in den Dateien *Glossar.tex* und *Literatur.tex*.

```
\input{Glossar}
\cleardoublepage

\input{Literatur}
\cleardoublepage
```

Zuletzt legen wir `Stichwortverzeichnis` als Namen für den Index fest und fügen die Stichworte mit dem Befehl `\printindex` hinzu.

```
\def\indexname{Stichwortverzeichnis}
\printindex
\cleardoublepage
```

Nun ist der Aufbau des Buches abgeschlossen. In den nächsten Abschnitten sehen wir uns im Detail an, wie wir zum Beispiel die Einträge in den Kopfzeilen gestalten, Verzeichnisse für Inhalt, Abbildungen und Tabellen anlegen, mit eigenen Zählern arbeiten, Anhänge hinzufügen und ein Stichwortverzeichnis erzeugen.

10.1.2 Mit Fußnoten umgehen

In der Datei *Titel.tex* ist das Titelblatt zusammengestellt.

Bild 10.1:
Das Titelblatt

Am unteren Rand des Blattes befinden sich zwei Fußnoten mit näheren Informationen zu den Einträgen `Java Programmierung Praxisbuch` und `Roland Willms` im Buchtitel zwischen den beiden horizontalen Balken. Ein Blick in den Quelltext verrät uns, wie Fußnoten in *LaTeX* erzeugt werden. Sie dürfen nicht nur auf der Titelseite, sondern auch überall im Text auftauchen.

```
\begin{center}
\rule{12cm}{1mm}\\[0.5cm]
\textbf{\LARGE Textauszüge}\\[0.3cm]
\textbf{\large aus dem}\\[0.3cm]
\textbf{\LARGE Java Programmierung
Praxisbuch\footnote{erschienen im Franzis' Verlag;
weitere Informationen zu ISBN, Seitenumfang und
Preis finden Sie auf der Homepage
\texttt{http://www.jlauncher.de/}}}\\[0.3cm]
\textbf{\large von}\\[0.3cm]
\textbf{\LARGE Roland Willms\footnote{Homepage:
```

```
\texttt{http://www.roland-willms.de/},
E-Mail: \texttt{webmaster@roland-willms.de}}}\\[0.15cm]
\rule{12cm}{1mm}
\end{center}\vspace{2cm}

\begin{figure}[h]\begin{center}
\includegraphics{Cover.png}
\end{center}\end{figure}
```

Hinter dem Wort, das durch eine Fußnote näher erläutert werden soll, steht der Befehl `\footnote{Text}`. Der horizontale Strich über den Fußnoten entsteht automatisch. Auch um die Nummerierung müssen wir uns nicht kümmern.

Das Abschalten der Zentrierung verhindern

Die `figure`-Umgebung für Bilder schaltet bis zu ihrem Ende auf eine rechtsbündige Ausgabe zurück. Daher muss die `center`-Umgebung zur Zentrierung von Textbestandteilen innerhalb der `figure`-Umgebung auftauchen, um ihre Wirkung nicht zu verlieren.

10.1.3 Die Kopf- und Fußzeilen gestalten

Auf jeder Seite in einem Buch gibt es eine Kopfzeile mit der Überschrift des Kapitels (gerade Seitennummer) oder des Abschnitts (ungerade Seitennummer). Eine Ausnahme bildet die Startseite eines Kapitels, wo die Kopfzeile entfällt.

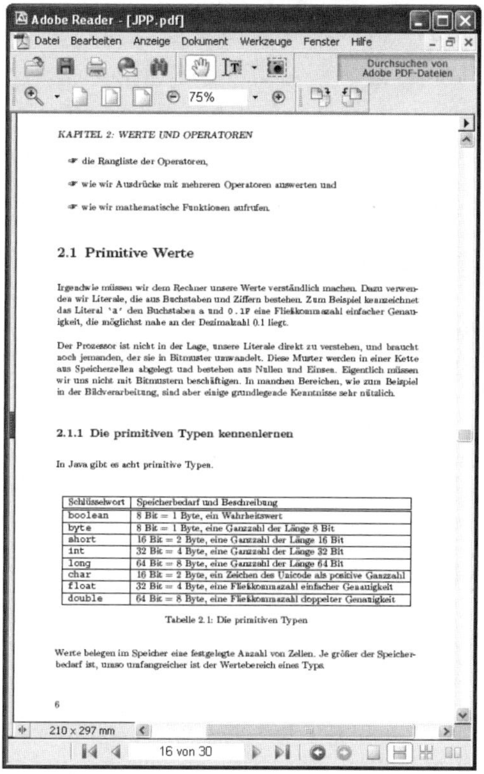

KAPITEL 2: WERTE UND OPERATOREN

- die Rangliste der Operatoren,
- wie wir Ausdrücke mit mehreren Operatoren auswerten und
- wie wir mathematische Funktionen aufrufen.

2.1 Primitive Werte

Irgendwie müssen wir dem Rechner unsere Werte verständlich machen. Dazu verwenden wir Literale, die aus Buchstaben und Ziffern bestehen. Zum Beispiel kennzeichnet das Literal `'a'` den Buchstaben a und `0.1F` eine Fließkommazahl einfacher Genauigkeit, die möglichst nahe an der Dezimalzahl 0.1 liegt.

Der Prozessor ist nicht in der Lage, unsere Literale direkt zu verstehen, und braucht noch jemanden, der sie in Bitmuster umwandelt. Diese Muster werden in einer Kette aus Speicherzellen abgelegt und bestehen aus Nullen und Einsen. Eigentlich müssen wir uns nicht mit Bitmustern beschäftigen. In manchen Bereichen, wie zum Beispiel in der Bildverarbeitung, sind aber einige grundlegende Kenntnisse sehr nützlich.

2.1.1 Die primitiven Typen kennenlernen

In Java gibt es acht primitive Typen.

Schlüsselwort	Speicherbedarf und Beschreibung
`boolean`	8 Bit = 1 Byte, ein Wahrheitswert
`byte`	8 Bit = 1 Byte, eine Ganzzahl der Länge 8 Bit
`short`	16 Bit = 2 Byte, eine Ganzzahl der Länge 16 Bit
`int`	32 Bit = 4 Byte, eine Ganzzahl der Länge 32 Bit
`long`	64 Bit = 8 Byte, eine Ganzzahl der Länge 64 Bit
`char`	16 Bit = 2 Byte, ein Zeichen des Unicode als positive Ganzzahl
`float`	32 Bit = 4 Byte, eine Fließkommazahl einfacher Genauigkeit
`double`	64 Bit = 8 Byte, eine Fließkommazahl doppelter Genauigkeit

Tabelle 2.1: Die primitiven Typen

Werte belegen im Speicher eine festgelegte Anzahl von Zellen. Je größer der Speicherbedarf ist, umso umfangreicher ist der Wertebereich eines Typs.

6

Bild 10.2: Informationen zur Kapitelüberschrift in der Kopfzeile und zur Seitennummer in der Fußzeile

Zur Festlegung des Seitenstils steht der Befehl

```
\pagestyle{Stil}
```

zur Verfügung. Als Stile kommen `plain`, `empty`, `headings` und `myheadings` infrage.

Tabelle 10.1: Verschiedene Stile für die Kopf- und Fußzeilen

Stil	Bedeutung
`plain`	Die Kopfzeile bleibt leer; in der Fußzeile steht zentriert die Seitennummer; `plain` ist standardmäßig voreingestellt.
`empty`	Die Kopf- und die Fußzeile bleiben leer.

Tabelle 10.1 (Forts.): Verschiedene Stile für die Kopf- und Fußzeilen

Stil	Bedeutung
`headings`	In der Kopfzeile steht eine Überschrift, die vom gewählten Dokumentstil abhängt; bei Büchern handelt es sich um die Überschrift des Kapitels (gerade Seite) und des Abschnitts (ungerade Seite); die Kopfzeile auf der ersten Seite eines Kapitels bleibt leer; Seitenzahlen erscheinen links- oder rechtsbündig in der Fußzeile.
`myheadings`	Es werden eigene Eintragungen in der Kopfzeile vorgenommen.

Der Befehl

```
\thispagestyle{Stil}
```

ändert den Stil der gegenwärtigen Seite. Zum Beispiel sorgt

```
\thispagestyle{empty}
```

dafür, dass Kopf- und Fußzeile der gegenwärtigen Seite leer bleibt.

Mit dem Befehl

```
\markboth{linke Kopfzeile}{rechte Kopfzeile}
```

legen wir die Einträge in den Kopfzeilen fest. Bei einseitigen Dokumentstilen entfällt das geschweifte Klammerpaar mit der linken Kopfzeile.

Wenn die Vorbemerkungen mehrseitig sind …

Der Befehl `\markboth` sollte direkt hinter der Eröffnung eines Kapitels mit `\chapter` auftauchen, wenn die Einleitung bis zum ersten Abschnitt mehr als zwei Seiten in Anspruch nimmt. Weil es noch keine Überschrift für einen Abschnitt gibt, tragen Sie im zweiten geschweiften Klammerpaar am besten `EINLEITUNG` ein.

Zum Beispiel beginnt die Datei *00.tex* mit der Zeile

```
\markboth{VORWORT}{VORWORT}
```

In Kapitel 1 erfolgt diese Angabe hinter dem Beginn eines jeden Abschnitts.

```
\section{Objekte und ihre Eigenschaften}
\markboth{KAPITEL \thechapter: GRAFISCHE PROGRAMMIERUNG}
  ↳{\thesection: OBJEKTE UND IHRE EIGENSCHAFTEN}
```

Die Befehle `\thechapter` und `\thesection` fügen die gegenwärtige Kapitel- und Abschnittsnummer ein. Das Bild 10.2 zeigt die Wirkung dieses Befehls auf einer geraden Seite.

In welchem Stil die Seitennummer erscheint, legt der Befehl

```
\pagenumbering{Stil}
```

fest. Mögliche Stile haben wir bereits in der Tabelle 5.1 bei nummerierten Aufzählungen kennen gelernt.

10.1.4 Eigene Zähler einrichten

In Kapitel 3 des Dokuments *JPP.pdf* ist eine Besonderheit zu beobachten. Die Nummerierung von Abschnitten und Unterabschnitten erfolgt während der Bearbeitung durch *pdflatex* automatisch.

Der erste Abschnitt hat aber die Nummer 3.2 und der erste Unterabschnitt die Nummer 3.2.5. Dies ist möglich, weil bestimmte Zählerstände beeinflussbar sind.

Den Stand eines Zählers ändern wir mit dem Befehl

```
\setcounter{Zähler}{Nummer}
```

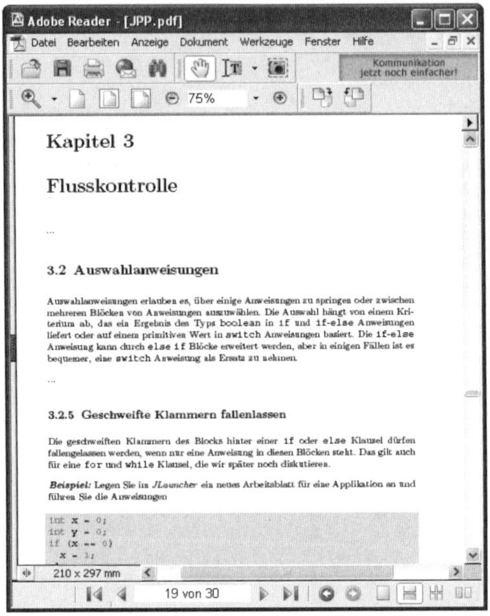

Bild 10.3: Einige Abschnitte und Unterabschnitte auslassen

Während der Bearbeitung eines Dokuments stehen verschiedene Zähler zur Verfügung.

Tabelle 10.2: Verschiedene Zähler

Zähler	Bedeutung
`page`	Seitennummer
`chapter`	Kapitelnummer
`section`	Abschnittsnummer
`subsection`	Unterabschnittsnummer
`equation`	Gleichungsnummer
`figure`	Abbildungsnummer
`table`	Tabellennummer
`footnote`	Fußnotennummer

In der Datei *03.tex* steht die Zeile

```
\setcounter{section}{1}
```

vor dem Abschnitt und die Zeile

```
\setcounter{subsection}{4}
```

vor dem Unterabschnitt. Weil die Zählerstände beim Beginn eines neuen Abschnitts oder Unterabschnitts automatisch erhöht werden und wir uns gegenwärtig im dritten Kapitel befinden, erscheinen die Nummern 3.2 und 3.2.5.

Es ist auch möglich, eigene Zähler einzurichten.

```
\newcounter{Zähler}
```

Um den Zählerstand beim Eintreten eines Ereignisses automatisch auf `0` zurückzusetzen, geben wir bei Bedarf einen weiteren Zähler in einem eckigen Klammerpaar an.

```
\newcounter{Zähler}[Rücksetzer]
```

Wenn zum Beispiel `chapter` als Rücksetzer eingetragen wird, fängt der Zählerstand beim Beginn eines neuen Kapitels von vorne an.

Der Befehl

```
\value{Zähler}
```

liefert den aktuellen Stand eines Zählers. Mit

```
\stepcounter{Zähler}
```

und

```
\addtocounter{Zähler}{Anzahl}
```

erhöhen sich die Zähler um eine oder mehrere Stufen.

Zum Beispiel sind die Kapitel 1, 2, 3 und der Anhang A von Verzeichnissen umgeben. Die Seiten der Kapitel und Verzeichnisse sind unabhängig voneinander nummeriert.

Um die Seitennummer der letzten Seite des vorderen Teils der Verzeichnisse für den hinteren Teil zu retten, wird der Zähler `exterior` eingerichtet und mit dem Wert des Zählers `page` belegt.

```
\newcounter{exterior}
\setcounter{exterior}{\value{page}}
```

Vor dem Beginn des Glossars taucht der Befehl

```
\setcounter{page}{\value{exterior}}
```

auf, um die gespeicherte Seitennummer zu aktivieren.

Der Befehl `\pagenumbering` setzt den Zählerstand von `page` stets auf `0` zurück, sodass wir uns seine Position beim Wechsel des Nummerierungsstils gut überlegen müssen.

10.1.5 Anhänge hinzufügen

Anhänge werden wie normale Kapitel behandelt. Um sie automatisch mit großen Buchstaben anstelle von arabischen Ziffern zu nummerieren, stehen sie in der `appendix`-Umgebung.

Bild 10.4:
Ein Kapitel im Anhang

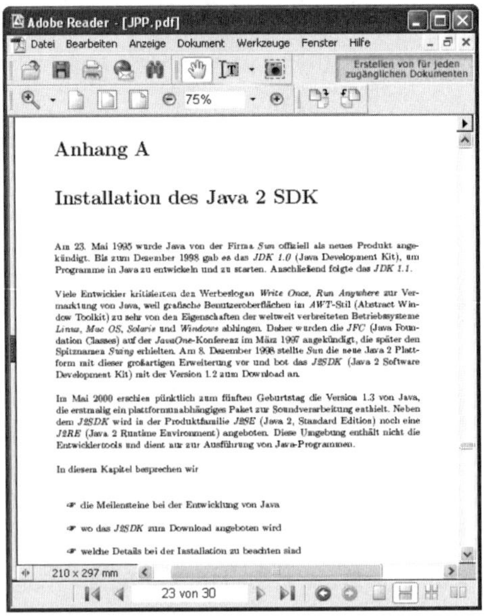

Das Dokument *JPP.tex* enthält die Zeilen

```
\begin{appendix}
\input{A}
\cleardoublepage
\end{appendix}
```

hinter dem dritten Kapitel. Der Anhang besteht nur aus dem Text in der Datei *A.tex*. Dieser beginnt mit den Zeilen

```
\chapter{Installation des Java 2 SDK}
```

10.1.6 Ein Glossar einfügen

Das Glossar befindet sich in der Datei *Glossar.tex* und enthält Erläuterungen zu wichtigen Begriffen. Die `description`-Umgebung ist für diesen Zweck ideal geeignet.

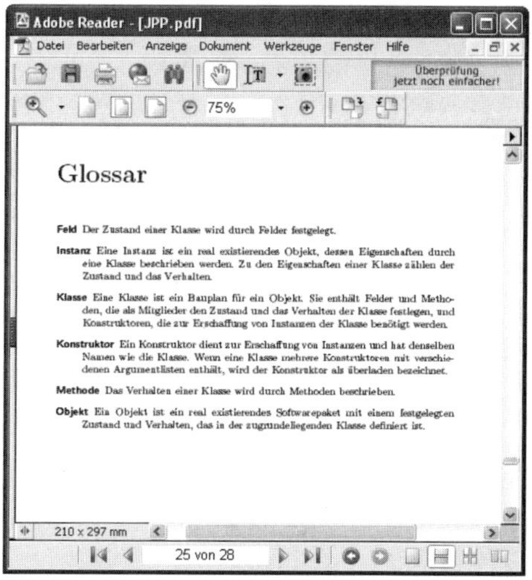

Bild 10.5: Begriffserläuterungen im Glossar

```
\markboth{GLOSSAR}{GLOSSAR}
\vspace*{2.4cm}
\textbf{\Huge Glossar}
\vspace*{0.7cm}
\begin{description}
\item[Feld] Der Zustand einer Klasse wird durch Felder
festgelegt.
```

```
<weitere Einträge>
\end{description}
```

Die Erläuterungen führen wir hinter dem Befehl `\item[Begriff]` auf.

10.1.7 Literatur angeben

Das Literaturverzeichnis befindet sich in der Datei *Literatur.tex*. Zuständig ist die `thebibliography`-Umgebung. Ins zweite geschweifte Klammerpaar schreiben wir eine Mustermarke. Der Eintrag `00` bedeutet, dass die Nummern vor den Einträgen maximal zweistellig sind.

```
\begin{thebibliography}{00}

\markboth{LITERATURVERZEICHNIS}{LITERATURVERZEICHNIS}

\bibitem{RW1} Roland Willms: Java echt einfach,
\textit{Franzis' Verlag, Poing, 2001}
\bibitem{RW2} Roland Willms: Java Programmierung Praxisbuch,
\textit{Franzis' Verlag, Poing, 2000}
\bibitem{RW3} Roland Willms: \LaTeX\ echt einfach,
\textit{Franzis' Verlag, Poing, 2001}

\end{thebibliography}
```

Der Befehl für einen Eintrag lautet

```
\bibitem[Markierung]{Referenz}
```

Wenn das eckige Klammerpaar fehlt, werden die Einträge automatisch nummeriert. Der Befehl

```
\cite{Referenz}
```

stellt einen Bezug zu einem Buch im Literaturverzeichnis her und darf sich irgendwo im Text befinden. Im Dokument *JPP.tex* wurde hiervon nicht Gebrauch gemacht.

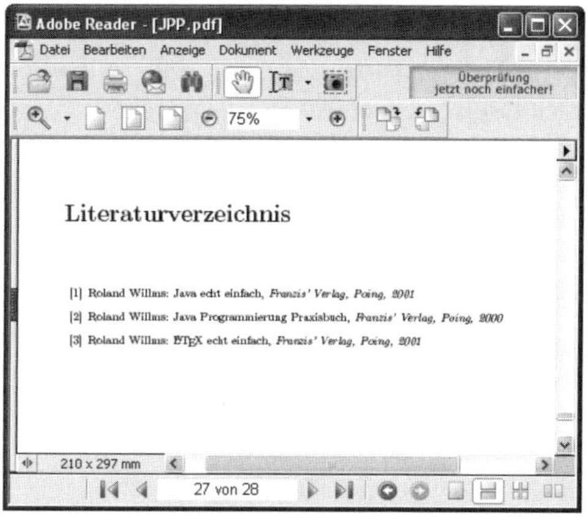

Bild 10.6:
Ein Verzeichnis mit Literaturangaben

10.2 Verschiedene Verzeichnisse anlegen

LaTeX ist in der Lage, auf Wunsch ein Verzeichnis mit Inhalten, Abbildungen, Tabellen und Stichwörtern zu erzeugen.

10.2.1 Verzeichnisse für Inhalt, Abbildungen und Tabellen zusammenstellen

Es gibt drei wichtige Verzeichnisse, die von *pdflatex* automatisch angelegt und auf Wunsch ins Dokument eingefügt werden.

Tabelle 10.3:
Wichtige Verzeichnisse

Verzeichnis	**Bemerkungen**
Inhaltsverzeichnis	Verzeichnis mit den Überschriften der Kapitel, Abschnitte und Unterabschnitte einschließlich der Anhänge; es wird mit dem Befehl `\tableofcontents` eingefügt
Abbildungsverzeichnis	Verzeichnis der Abbildungen; es wird mit dem Befehl `\listoffigures` eingefügt
Tabellenverzeichnis	Verzeichnis der Tabellen; es wird mit dem Befehl `\listoftables` eingefügt

Das Inhaltsverzeichnis ist erst nach einem Durchlauf mit *pdflatex* bekannt, sodass eine zweite Bearbeitung nötig ist. Dies gilt entsprechend für die anderen beiden Verzeichnisse.

Alle notwendigen Informationen gelangen während der Bearbeitung in spezielle Dateien. So entstehen beim Dokument *JPP.tex* die Dateien *JPP.toc* (table of contents), *JPP.lof* (list of figures) und *JPP.lot* (list of tables).

Der Befehl

```
\addtocontents{Dateierweiterung}{Eintrag}
```

fügt ans Ende der Datei mit der angegebenen Erweiterung eine separate Zeile mit dem Eintrag hinzu. Zum Beispiel sorgt der Befehl

```
\addtocontents{toc}{\protect\markboth{INHALTSVERZEICHNIS}
  ↳{INHALTSVERZEICHNIS}}
```

dafür, dass in den Kopfzeilen des Inhaltsverzeichnisses die Angabe *INHALTSVERZEICHNIS* erscheint. Vor `\markboth` taucht der Befehl `\protect` auf, um zu verhindern, dass der Befehl seine Wirkung verliert.

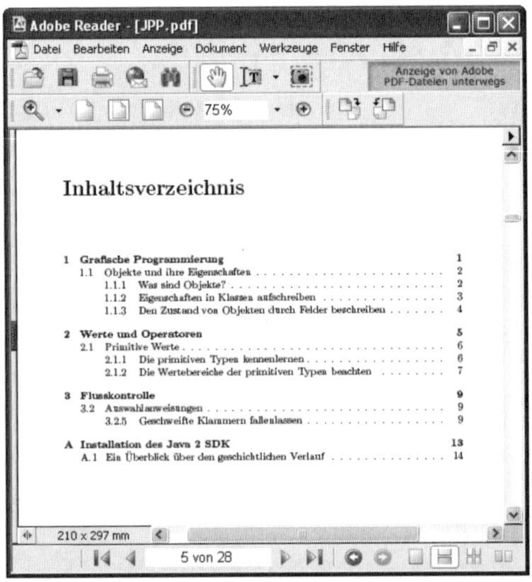

Bild 10.7: Das Inhaltsverzeichnis mit den Startseiten der Kapitel, Abschnitte und Unterabschnitte

Um Verzeichnisse für die Abbildungen und Tabellen zu erzeugen, müssen sie zunächst eine Beschriftung erhalten, wofür der Befehl

```
\caption{Beschriftung}
```

zuständig ist. In der Datei *01.tex* steht zum Beispiel die Abbildung

```
\begin{figure}[h]\begin{center}
\includegraphics{01_001.png}
\caption{Ein niedlicher Teddy}
\end{center}\end{figure}
```

und in der Datei *02.tex* die Tabelle

```
\begin{table}[h]\begin{center}
\begin{tabular}{|l|l|}\hline
Typ&Wertebereich\\ \hline\hline
\texttt{float}&von 1,40239846E-45 bis 3,40282347E+38\\ \hline
\texttt{double}&von 4,94065645841246544E-324 bis
  ↳ 1,79769313486231570E+308\\ \hline
\end{tabular}
\caption{Wertebereiche für positive Fließkommazahlen}
\end{center}\end{table}
```

Eine Tabelle schließen wir zur Beschriftung in die `table`-Umgebung ein, die denselben Aufbau wie die `figure`-Umgebung hat.

Die Beschriftung richtig platzieren

Ob die Beschriftung einer Abbildung oder einer Tabelle über ihr oder unter ihr steht, hängt davon ab, ob Sie den Befehl `\captionabove` oder `\captionbelow` verwenden. Der Befehl `\caption` verhält sich wie `\captionbelow`.

Bild 10.8:
Eine Abbildung mit
einer Beschriftung

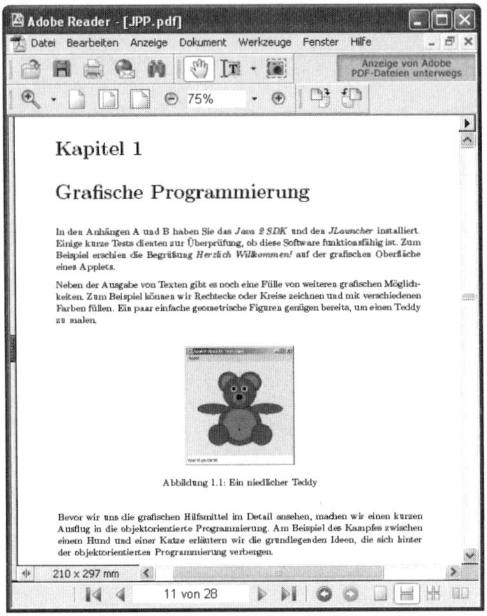

10.2.2 Ein Stichwortverzeichnis erzeugen

Für einen Eintrag im Stichwortverzeichnis dient der Befehl

```
\index{Eintrag}
```

Er wird ohne Leerzeichen an das betreffende Wort im Text gehängt. Zum Beispiel steht der Indexeintrag

```
Objekte\index{Objekt} sind dadurch gekennzeichnet,
dass diese drei Fragen ...
```

in der Datei *01.tex* bei der Erklärung des Objektbegriffs. Im Stichwortverzeichnis finden wir einen Eintrag mit der zugehörigen Seitennummer.

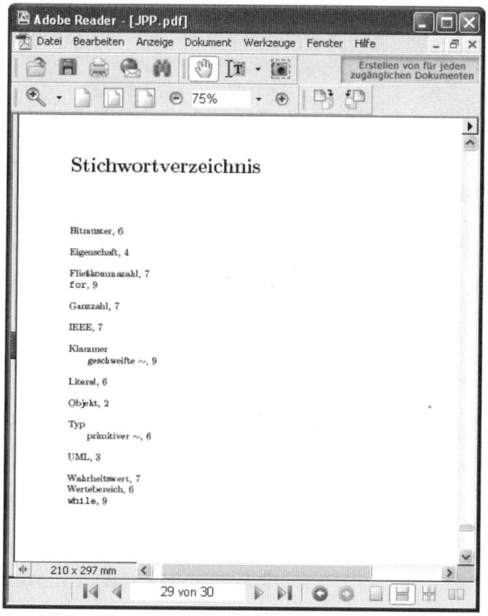

Bild 10.9:
Ein Stichwortverzeichnis

Für den Eintrag im Befehl `\index` gibt es einige Möglichkeiten:

- Als Eintrag ist ein Stichwort, ein Stichwort mit einem Unterstichwort oder ein Stichwort mit zwei Unterstichwörtern erlaubt. Bei der Angabe von Unterstichwörtern trennen wir die einzelnen Stichwörter durch das Ausrufezeichen `!`. Ein Beispiel für ein Unterstichwort ist `\index{Typ!primitiver $\sim$}` in der Datei *02.tex*.
- Die Einträge im Stichwortverzeichnis werden alphabetisch sortiert. Daher ist es zum Beispiel unsinnig, den Befehl `\index{\texttt{for}}` beim Stichwort `for` anzubringen. Für besondere Formatierungswünsche wiederholen wir den Eintrag nochmal hinter dem Zeichen `@`. In der Datei *03.tex* steht folglich `\index{for@\texttt{for}}` hinter dem Wort `for`.

Weitere Eintragungsmöglichkeiten ausprobieren

Weitere Möglichkeiten, zum Beispiel die Angabe eines Seitenbereichs für einen Eintrag, und eigene Anpassungen für Indexeinträge können Sie in der Originaldokumentation *makeindex.pdf* nachlesen.

Die Zeichen `@`, `!` und `|` sind als Einzeichenbefehle reserviert und müssen durch das Zeichen `"` maskiert werden, falls sie im Stichwort vorkommen sollen.

Für die Erzeugung des Stichwortverzeichnisses sind einige Arbeitsschritte notwendig, die wir uns am Beispiel des Dokuments *JPP.tex* ansehen.

1. Im Vorspann des Dokuments binden wir das Paket `makeidx` durch den Befehl `\usepackage{makeidx}` ein. Dahinter folgt der Befehl `\makeindex`, der für die Bearbeitung der Indexeinträge sorgt.

2. Während der Bearbeitung mit *pdflatex* werden die Indexbefehle ausgewertet und die erhaltenen Informationen in die Datei *JPP.idx* geschrieben.

3. Der Aufruf `makeindex JPP.idx` in der Eingabeaufforderung stellt ein Stichwortverzeichnis auf der Grundlage der Datei *JPP.idx* zusammen und schreibt die sortierten Einträge in die Datei *JPP.ind*.

4. An der Stelle des Befehls `\printindex` im Dokument *JPP.tex* erscheint das Stichwortverzeichnis.

Um den Aufruf des Programms `makeindex` unter *Windows* zu erleichtern, genügt ein Doppelklick auf die Datei *IndexConverter.bat* mit den Befehlen

```
makeindex JPP
java IndexConverter JPP
```

Das *Java*-Programm *IndexConverter* fügt in der Datei *JPP.ind* hinter dem Befehl

```
\begin{theindex}
```

zu Beginn der `theindex`-Umgebung für Stichwortverzeichnisse die Zeile

```
\markboth{STICHWORTVERZEICHNIS}{STICHWORTVERZEICHNIS}
```

ein, sodass `STICHWORTVERZEICHNIS` als Eintrag für die Kopfzeilen festliegt.

10.2.3 Die Namen von Verzeichnissen ändern

Ursprünglich ist *pdflatex* für den englischsprachigen Raum entwickelt worden. Die Einbindung des Pakets `ngerman` ersetzt viele Begriffe automatisch durch deutsche Wörter, damit zum Beispiel nicht `Chapter`, sondern `Kapitel` in einer Kapitelüberschrift erscheint.

Im Ordner *C:\Programme\TeXMF\tex\latex\german* unter *Windows* liegt die Datei *ngerman.sty*. Beim Betrachten mit einem Editor sehen wir nur unleserlichen Text.

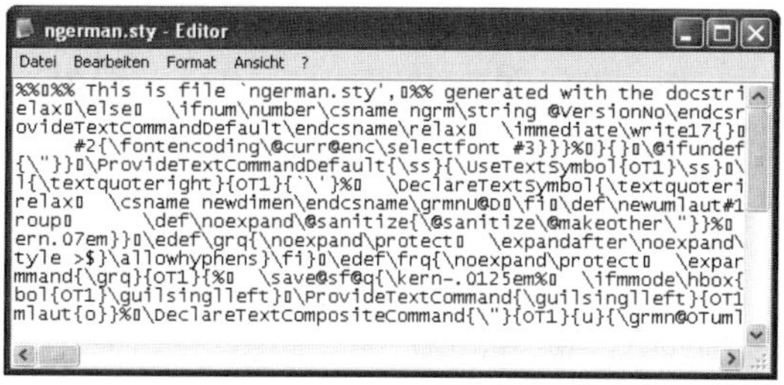

Bild 10.10:
Ein unleserlicher
Text im Editor

Dieser Effekt entsteht, weil die Datei unter *Linux* erstellt wurde, sodass der Editor das Zeilenende nicht erkennt.

1. Kopieren Sie die Dateien *EOLConverter.bat* und *EOLConverter.class* aus dem Ordner *eolconverter* auf der CD-ROM in den Ordner *german*.

2. Starten Sie *EOLConverter.bat* durch einen Doppelklick. Nun wird das *Java*-Programm *EOLConverter* ausgeführt. Es bearbeitet alle Dateien mit den Erweiterungen **.html*, **.tex* und **.sty*, also auch die Datei *german.sty*, und tauscht die Zeilenenden von *Linux* gegen die Zeilenenden von *Windows* aus.

Nach erneutem Öffnen der Datei *ngerman.sty* im Editor ist der Text lesbar.

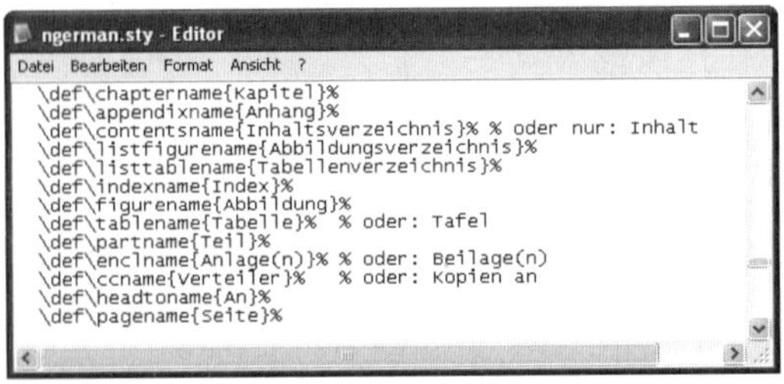

Bild 10.11: Lesbare Zeilen nach der Konvertierung

Beim Herumscrollen im Text stoßen wir auf einige Zeilen zur Einrichtung der deutschen Bezeichnungen. Zum Beispiel wird der Begriff `Abbildung` dem Befehl `\figurename` zugeordnet. Um dies zu ändern, können wir die Zeile

```
\def\figurename{Bild}
```

ins Dokument *JPP.tex* schreiben. Anstelle von `Abbildung` würden wir nun die Bezeichnung `Bild` in allen Beschriftungen sehen.

Um den Begriff `Index` durch `Stichwortverzeichnis` zu ersetzen, taucht die Zeile

```
\def\indexname{Stichwortverzeichnis}
```

vor dem Befehl

```
\printindex
```

auf.

11 Nützliche Hilfsprogramme und Pakete ausprobieren

Nach den ersten Schritten zur Erstellung eines *LaTeX*-Dokuments in Kapitel 2 haben wir in den Kapiteln 3 bis 9 besprochen, wie einzelne Textelemente entstehen, zum Beispiel Aufzählungen, Tabellen, Bilder und mathematische Formeln. In Kapitel 10 ging es darum, wie ein Buch aus diesen Textelementen einschließlich der verschiedenen Verzeichnisse entsteht.

Es gibt noch viele nützliche Hilfsprogramme und Pakete für *TeX*-Systeme, die in der Praxis sehr interessant sind. Als eine kleine Auswahl sehen wir uns an, wie wir Bilder zwischen verschiedenen Formaten umwandeln, wie uns der *JLauncher* schnell einen Schnappschuss von einem *LaTeX*-Quelltext anzeigt, wie wir eine mathematische Formel problemlos in eine Präsentation einbinden, wie handliche Booklets im Format DIN A5 entstehen und wie wir internationale Lautschrift in Texten verwenden.

11.1 Bilder aus Dokumenten erhalten

Bei der Bearbeitung eines *LaTeX*-Dokuments entstehen Dateien in den Formaten DVI, PS oder PDF, was vom gewählten Arbeitsablauf in Bild 2.29 abhängt. PDF-Dateien sind im Internet sehr beliebt, wenn es um die Verbreitung von Dokumenten geht. Aber auch PS-Dateien bieten einen Vorteil, weil wir von ihnen schnell Schnappschüsse mit *Ghostscript* und *ImageMagick* erzeugen können.

11.1.1 Eine Bitmap erzeugen

In diesem Buch begegnen uns zahlreiche Schnappschüsse von *LaTeX*-Dokumenten, die als Bitmaps mit grauem Hintergrund eingebettet sind. Diese Bilder sind mithilfe von *ImageMagick* entstanden. Hierbei handelt es sich um eine Programmsammlung zur Umwandlung verschiedener Bildformate.

Lesen Sie den Anhang F auf der CD zur Installation von *ImageMagick*. In der Datei *Dokument1.tex* steht der Quelltext

```
\documentclass[a4paper, 10pt]{scrartcl}

\usepackage{color}
\usepackage[T1]{fontenc}
\usepackage[latin1]{inputenc}
\usepackage{ngerman}

\pagecolor[gray]{0.85}
\setlength{\parindent}{0em}

\begin{document}

\thispagestyle{empty}

Die quadratische Gleichung
\begin{equation}
x^2+px+q=0
\end{equation}
hat die Lösungen
\begin{equation}
x=-\frac{p}{2}\pm\sqrt{\left(\frac{p}{2}\right)^2-q}
\end{equation}
Wenn der Term unter der Wurzel verschwindet, ist die Lösung
eindeutig definiert.

\end{document}
```

Hierbei handelt es sich um unser erstes Dokument aus Kapitel 2 mit drei wichtigen Ergänzungen:

- Im Vorspann des Dokuments ist das `color`-Paket eingebunden.
- Das Papier erhält mit dem Befehl `\pagecolor[gray]{0.85}` eine hellgraue Hintergrundfarbe.
- Mithilfe von `\thispagestyle{empty}` verhindern wir die Ausgabe einer Seitenzahl.

Nach dem Aufruf des Befehls

```
latex Dokument1
```

entsteht die Datei *Dokument1.dvi*. Der Befehl

```
dvips -E* Dokument1
```

wandelt diese Datei ins PS-Format um. Die Option `-E*` ist für den weiteren Verlauf entscheidend. Sie legt die Maße einer engen BoundingBox um den Text fest. Ohne diese Option hat die BoundingBox die Größe der gesamten Seite, was unerwünscht ist, weil wir nur eine Bitmap mit den Textbestandteilen erhalten möchten.

In *GSview* gibt es das Kontrollkästchen OPTIONEN ➧ ZEIGE BOUNDINGBOX. Nach einer Markierung entsteht um den Text ein gestrichelter Kasten, der die umgebende Box kennzeichnet.

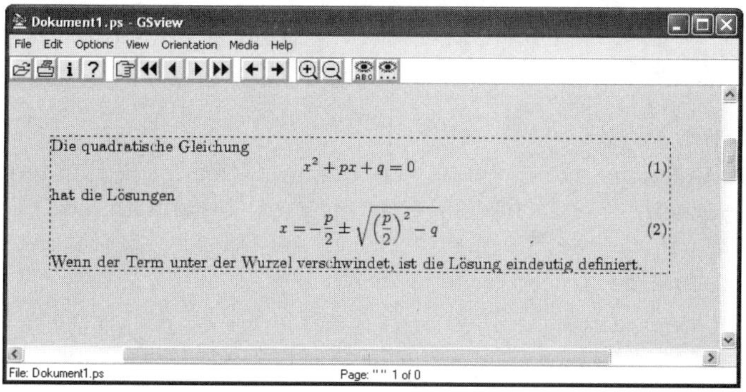

Bild 11.1:
Die BoundingBox eines Dokuments anzeigen

Das Programm *mogrify.exe* gehört zu *ImageMagick* und wandelt eine Datei in ein anderes Format um. Hierzu dient der allgemeine Aufruf

```
mogrify -format <gewünschtes Format> <Dateiname>
```

Zum Beispiel erzeugt der Befehl

```
mogrify -format png Bild.bmp
```

die Datei *Bild.png* mit den Bilddaten aus *Bild.bmp*. Also hat eine Umwandlung vom Format BMP nach PNG stattgefunden.

Convert anstelle von mogrify aufrufen

Eigentlich stellt *ImageMagick* das Programm *convert.exe* zur Umwandlung zwischen verschiedenen Dateiformaten zur Verfügung. Wenn Sie während der Installation unter *Windows* den Suchpfad automatisch angepasst haben, kann es passieren, dass der Systemordner links vom Ordner *C:\Programme\ImageMagick* verbleibt. In diesem Fall kennzeichnet der Befehl convert das Systemprogramm *convert.exe* zur Umwandlung eines alten FAT- und FAT32-Dateisystems in ein neues NTFS-Dateisystem. Zur Verhinderung von Konflikten begegnet Ihnen im weiteren Verlauf daher nur das Programm *mogrify.exe*.

Bei der Erzeugung eines Bildes von einem PS-Dokument müssen wir die gewünschte Dichte der Pixel angeben. Hierfür ist die Option -density <horizontale Dichte>x<vertikale Dichte> zuständig. Zum Beispiel erzeugt der Befehl

```
mogrify -density 600x600 -format bmp Dokument1.ps
```

eine Bitmap vom Text innerhalb der BoundingBox in *Dokument1.ps* mit 600 dpi.

Bild 11.2: Eine Bitmap von einem Dokument

Die quadratische Gleichung

$$x^2 + px + q = 0 \tag{1}$$

hat die Lösungen

$$x = -\frac{p}{2} \pm \sqrt{\left(\frac{p}{2}\right)^2 - q} \tag{2}$$

Wenn der Term unter der Wurzel verschwindet, ist die Lösung eindeutig definiert.

Die Datei *tex2bmp_box.bat* enthält die drei Befehle

```
latex Dokument1
dvips -E* Dokument1
mogrify -density 600x600 -format bmp Dokument1.ps
```

Nun müssen wir nur einen anderen Text in *Dokument1.tex* einsetzen und doppelt auf diese BAT-Datei klicken, um sofort die Bitmap zu erhalten.

11.1.2 Weitere Optionen ausprobieren

In der Datei *Dokument2.tex* ist das `rotating`-Paket eingebunden und die erste Zeile des Dokuments in Bild 11.2 leicht nach oben gedreht.

```
\begin{rotate}{20}
Die quadratische Gleichung
\end{rotate}
```

Bei manchen Zusatzpaketen berechnet *dvips* die BoundingBox nicht richtig.

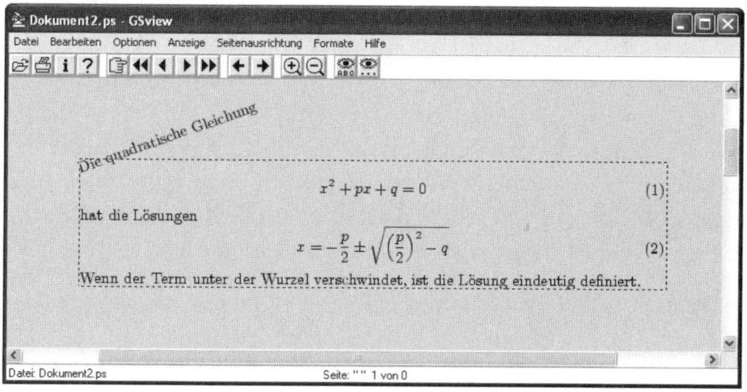

Bild 11.3: Eine falsche BoundingBox im Dokument

Die Bearbeitung mit *mogrify* beachtet die BoundingBox, sodass eine falsch abgeschnittene Bitmap entsteht.

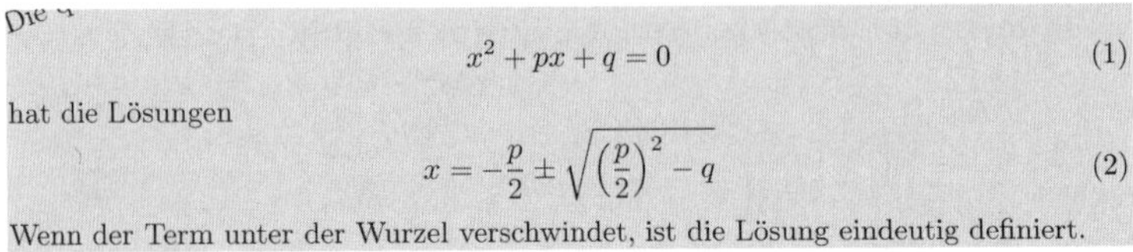

Die q

$$x^2 + px + q = 0 \qquad (1)$$

hat die Lösungen

$$x = -\frac{p}{2} \pm \sqrt{\left(\frac{p}{2}\right)^2 - q} \qquad (2)$$

Wenn der Term unter der Wurzel verschwindet, ist die Lösung eindeutig definiert.

Bild 11.4: Eine falsch gekürzte Bitmap

Um dennoch eine vernünftige Bitmap zu erhalten, müssen wir bei *dvips* die Option `-E*` zur Erzeugung der BoundingBox weglassen und bei *mogrify* die Option `-trim` zum Abschneiden der überflüssigen Bereiche in der Hintergrundfarbe des Dokuments angeben. Die Befehle

```
latex Dokument2
dvips Dokument2
mogrify -trim -density 600x600 -format bmp Dokument2.ps
```

in der BAT-Datei *tex2bmp_trim.bat* sorgen für den Schnappschuss

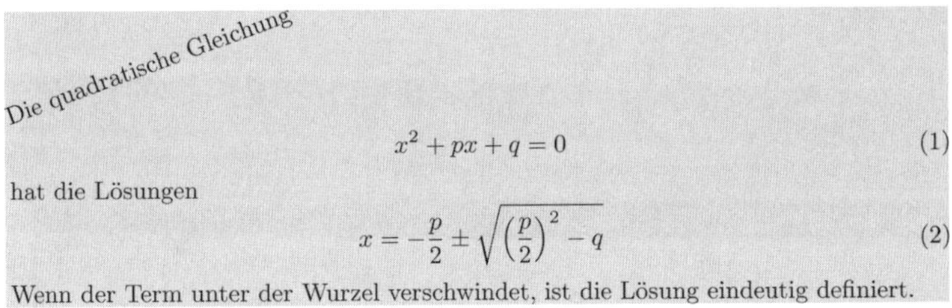

Die quadratische Gleichung

$$x^2 + px + q = 0 \qquad (1)$$

hat die Lösungen

$$x = -\frac{p}{2} \pm \sqrt{\left(\frac{p}{2}\right)^2 - q} \qquad (2)$$

Wenn der Term unter der Wurzel verschwindet, ist die Lösung eindeutig definiert.

Bild 11.5: Ein vernünftig gekürzter Ausschnitt

Diese Prozedur ist im Vergleich zu *tex2bmp_box.bat* aber sehr langsam, weil zunächst ein vollständiger Schnappschuss der Dichte 600 dpi entsteht und anschließend die Kanten durch aufwändige Suchalgorithmen abgeschnitten werden.

Drei weitere nützliche Optionen bei `mogrify` sind:

- `+antialias`: Die standardmäßig aktivierte Kantenglättung entfällt. Wichtig ist das Pluszeichen bei der Option, weil die Angabe `-antialias` für eine Kantenglättung sorgt.
- `-negate`: Die Farben im Bild werden invertiert.

- `-scale <Faktor>`: Das Bild wird um den angegebenen Faktor verkleinert oder vergrößert. Als Faktor kann zum Beispiel der Wert `25%` dienen, um die Größe eines Bildes zu vierteln.

11.1.3 Dokumente mit dem JLauncher anzeigen

Bei *LaTeX* ist der übliche Arbeitszyklus EDITIEREN ◆ BEARBEITEN ◆ BETRACHTEN sehr umständlich. Sie müssen stets drei Programme geöffnet haben, zum Beispiel den Editor, die Eingabeaufforderung und den *Adobe Reader* unter *Windows*. Außerdem ist es zwingend erforderlich, ein Dokument im *Adobe Reader* zu schließen, bevor *pdflatex* die PDF-Datei im Hintergrund überschreiben darf.

Um den Arbeitszyklus zur Erzeugung eines Dokuments zu erleichtern, steht der *JLauncher* zur Verfügung. Mithilfe eines speziellen Arbeitsblattes genügt es, einige Zeilen mit *LaTeX*-Befehlen in einen Textbereich zu tippen, auf eine Schaltfläche zu klicken und unmittelbar das Ergebnis auf dem Bildschirm zu sehen.

1. Lesen Sie den Anhang G zur Installation des *JLaunchers*.

2. Starten Sie den *JLauncher* und rufen Sie ARBEITSBLATT ◆ NEU auf. Es erscheint der Dialog SPRACHE, in dem Sie die Option LATEX auswählen. Nach Klick auf OK erscheint ein Arbeitsblatt für ein *LaTeX*-Dokument auf dem Desktop des *Jlaunchers*.

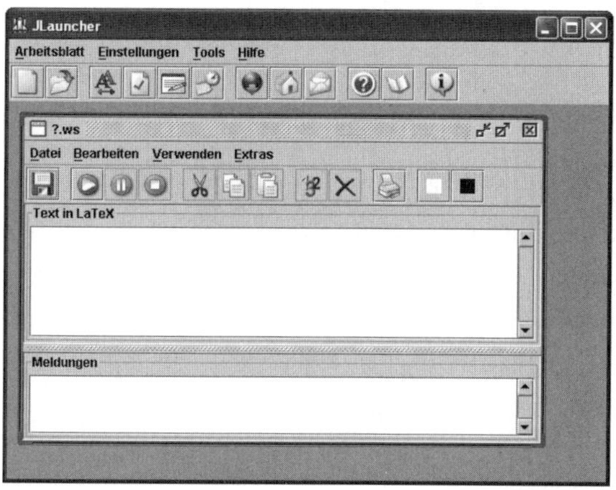

Bild 11.6:
Ein leeres Arbeitsblatt für ein *LaTeX*-Dokument

3. Tippen Sie den Ausschnitt aus dem Vorspann zu den »Erzählungen aus 1001 Nacht« in Kapitel 3 in den Textbereich TEXT IN LATEX und aktivieren Sie das Kontrollkästchen NGERMAN im Menü VERWENDEN.

4. Ganz rechts sehen Sie in der Werkzeugleiste eine weiße und eine schwarze Schaltfläche, die für die Papierfarbe und die Textfarbe zuständig sind. Nach einem Klick auf eine dieser Schaltflächen erscheint ein Farbwähler. Stellen Sie zum Beispiel eine dunkelblaue Farbe für das Papier und eine hellgelbe Farbe für den Text ein.

5. Speichern Sie das Arbeitsblatt im Ordner *E:\Beispiele* unter dem Namen *Erzählung.ws* ab. Die Erweiterung **.ws* (worksheet) ist wichtig, damit der *JLauncher* die Datei beim Öffnen als Arbeitsblatt identifiziert. Anstelle von *?.ws* in Bild 11.6 sehen Sie nun *Erzählung.ws* in der Titelleiste.

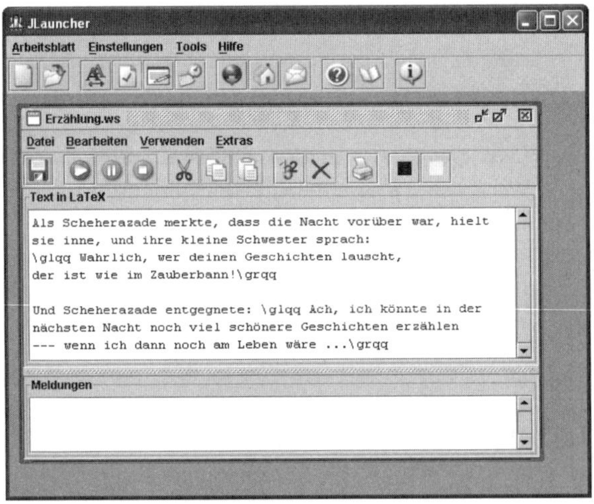

Bild 11.7: Ein konkretes Arbeitsblatt für ein *LaTeX*-Dokument

6. Nach dem Aufruf des Menüs BEARBEITEN ♦ ÜBERSETZEN bastelt der *JLauncher* im Hintergrund ein *LaTeX*-Dokument aus den angegebenen Informationen (Text, Pakete, Papierfarbe und Hintergrundfarbe), erzeugt ein PNG-Bild und zeigt es in einem ei-

genen Fenster an. Der Textbereich MELDUNGEN zeigt die Nachrichten an, die beim Ablauf des Bearbeitungszyklus entstehen.

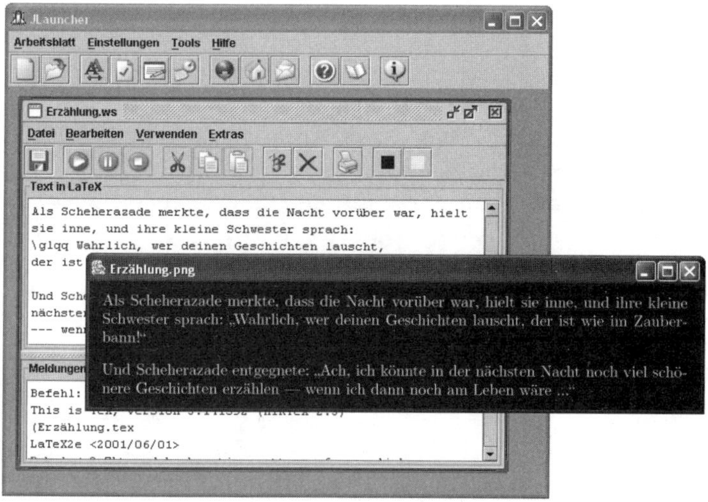

Bild 11.8:
Ein Schnappschuss vom Dokument auf dem Bildschirm

Der Ordner *E:\Beispiele* enthält alle Dateien, die der *JLauncher* und die aufgerufenen Programme erzeugt haben, unter anderem auch *Erzählung.png* mit dem Schnappschuss vom Dokument. Ein Blick in die Datei *Erzählung.tex* verrät uns die Struktur des Dokuments, das der *JLauncher* aus den Informationen im Arbeitsblatt zusammenstellt.

```
\documentclass[a4paper, 10pt]{scrartcl}

\usepackage{color}
\usepackage[T1]{fontenc}
\usepackage[latin1]{inputenc}
Pakete aus dem Menü Verwenden

\pagecolor[rgb]{Papierfarbe}
\color[rgb]{Textfarbe}
\setlength{\parindent}{0mm}
\setlength{\parskip}{2.0ex plus 1.0ex minus 0.5ex}

\begin{document}
```

```
\thispagestyle{empty}

Text in LaTeX

\end{document}
```

Zur Erzeugung der PNG-Datei führt der *JLauncher* die Befehle

```
latex Erzählung
dvips -E* Erzählung
mogrify -density 600x600 -scale 20% -format png Erzählung.ps
```

aus.

Bei der Datei *Erzählung.ws* handelt es sich um eine Textdatei mit dem Inhalt

```
LATEX_DOCUMENT
ngerman
0,0,153;255,255,102
Als Scheherazade merkte, dass die Nacht vorüber war, hielt
sie inne, und ihre kleine Schwester sprach:
\glqq Wahrlich, wer deinen Geschichten lauscht,
der ist wie im Zauberbann!\grqq

Und Scheherazade entgegnete: \glqq Ach, ich könnte in der
nächsten Nacht noch viel schönere Geschichten erzählen
--- wenn ich dann noch am Leben wäre ...\grqq
```

Die RGB-Werte der Farben für das Papier und den Text werden beim Erstellen der *TeX*-Datei automatisch in Fließkommazahlen umgerechnet.

Arbeitsblätter für *LaTeX* haben somit den allgemeinen Aufbau

```
LATEX_DOCUMENT
Pakete
Papierfarbe;Textfarbe
Text in LaTeX
```

wobei `Pakete` aus einer Liste mit den einzelnen Paketen des Menüs VERWENDEN mit dem Komma als Trennzeichen besteht und sich `Papierfarbe` und `Textfarbe` aus den RGB-Werten im Bereich von 0 bis 255 mit dem Komma als Trennzeichen zusammensetzt.

Im Ordner *JLauncher\configuration* liegt die Datei *LaTeXPackages.txt* mit den Zeilen

```
amsmath!a
amssymb!s
ngerman!g
pifont!p
```

Neben dem Ausrufezeichen steht auf der linken Seite der Name eines Pakets und auf der rechten Seite ein Mnemonic für den unterstrichenen Buchstaben im Menüeintrag. Durch Hinzufügen weiterer Zeilen können wir zusätzliche Pakete ins Menü VERWENDEN eines Arbeitsblattes für ein *LaTeX*-Dokument einfügen.

11.1.4 Formeln in Präsentationen einbinden

PowerPoint ist ein Programm unter *Windows* zur Erstellung von Präsentationen. Bei naturwissenschaftlichen Themen stehen wir vor dem Problem, mathematische Formeln einbinden zu müssen.

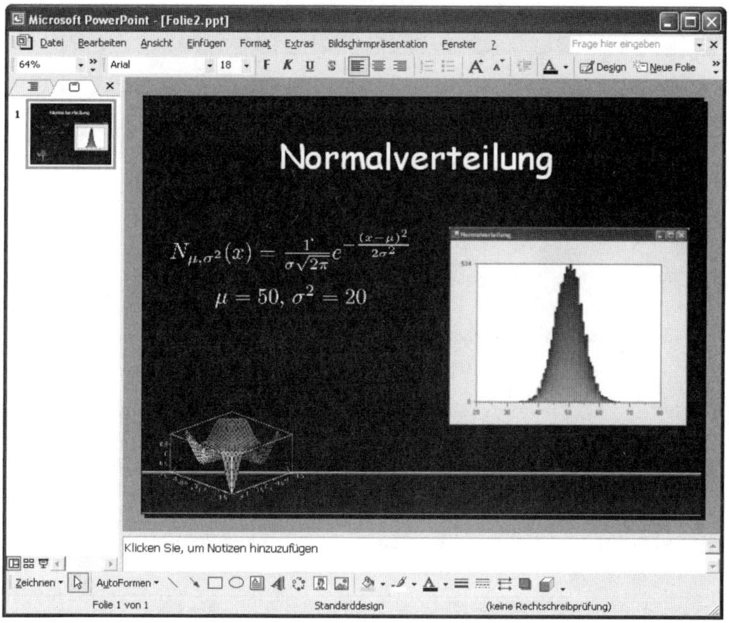

Bild 11.9:
Eine Folie in einer Präsentation mit einer Formel

Die eingebundene Formel für die Normalverteilung in der Präsentation *Folie2.ppt* steht im Arbeitsblatt *Formel.ws*.

```
\begin{center}
$N_{\mu,\sigma^2}(x)=\frac{1}{\sigma\sqrt{2\pi}}
e^{-\frac{(x-\mu)^2}{2\sigma^2}}$\\[2mm]
$\mu=50$, $\sigma^2=20$
\end{center}
```

Nach der Ausführung des Arbeitsblattes stellt der *JLauncher* das Dokument *Formel.tex* zusammen und zeigt einen Schnappschuss in Form des Bildes *Formel.png* an.

1. Markieren Sie das Kontrollkästchen TOOLS ♦ NAVIGATOR im *Jlauncher* und begeben Sie sich zum Ordner *E:\Beispiele*. Markieren Sie die Datei *Formel.tex* durch einen Klick mit der linken Maustaste.

Bild 11.10: Eine Datei im Ordnerbaum markieren

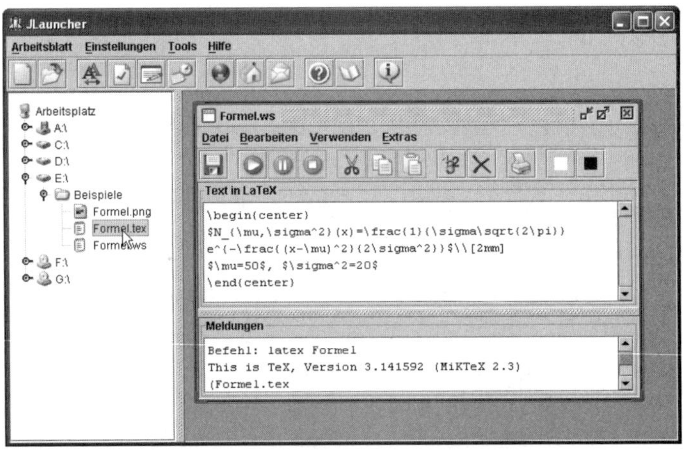

2. Klicken Sie die Datei *Formel.tex* mit der rechten Maustaste an und wählen Sie den Eintrag UMWANDELN im Popup-Menü aus.

Beim Umwandeln erzeugt der *JLauncher* mithilfe des Befehls

```
mogrify +antialias -density 600x600 -format bmp Formel.ps
```

die Bitmap *Formel1.bmp* und mit der zusätzlichen Option `-negate` die invertierte Bitmap *Formel2.bmp* mit 600 dpi.

$$N_{\mu,\sigma^2}(x) = \frac{1}{\sigma\sqrt{2\pi}} e^{-\frac{(x-\mu)^2}{2\sigma^2}}$$
$$\mu = 50,\ \sigma^2 = 20$$

Bild 11.11:
Eine Formel mit weißem Hintergrund und schwarzem Vordergrund

$$N_{\mu,\sigma^2}(x) = \frac{1}{\sigma\sqrt{2\pi}} e^{-\frac{(x-\mu)^2}{2\sigma^2}}$$
$$\mu = 50,\ \sigma^2 = 20$$

Bild 11.12:
Die invertierte Formel

Die invertierte Formel kommt in der Präsentation *Folie2.ppt* in Bild 11.9 mit dunkelblauem Hintergrund zum Einsatz, wobei die schwarze Farbe mithilfe der Grafiksymbolleiste transparent gemacht wird. Bei der Datei *Folie2.png* handelt es sich um einen Schnappschuss von der Präsentation, der beim Speichern in *PowerPoint* entstanden ist.

Um einen vernünftigen Ausdruck herzustellen, nutzen wir die Präsentation *Folie1.ppt*. Hier ist der Plot der Funktion auf der Masterfolie durch einen Plot mit schwarzem Koordinatensystem ersetzt. Beide Bilder befinden sich in *Plot.bmp*.

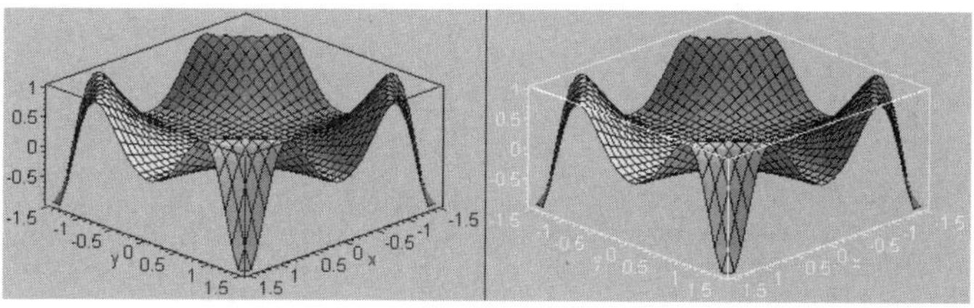

Bild 11.13:
Der normale und der teilweise invertierte Plot einer Funktion

Auch das gestreckte Bild in der Fußleiste und die mathematische Formel sind invertiert.

Eine PS-Datei von einer Folie herstellen

Um eine PS-Datei von einer Folie einer Präsentation in *PowerPoint* zu erzeugen, installieren Sie einfach einen Drucker, der Postscript verarbeiten kann, auch wenn Sie diese Hardware überhaupt nicht besitzen. Fügen Sie zum Beispiel mithilfe des Druckerinstallations-Assistenten den *HP LaserJet 6P/6MP PostScript* unter dem Druckernamen `PS-Dokument` hinzu. Rufen Sie das Menü DATEI ♦ DRUCKEN auf und markieren Sie das Kontrollkästchen AUSGABE IN DATEI UMLEITEN. Beim Ausdrucken erscheint nun ein Dateidialog, in dem Sie zum Beispiel den Namen `Folie1.ps` angeben.

Bild 11.14: Ein PS-Dokument von einer Folie herstellen

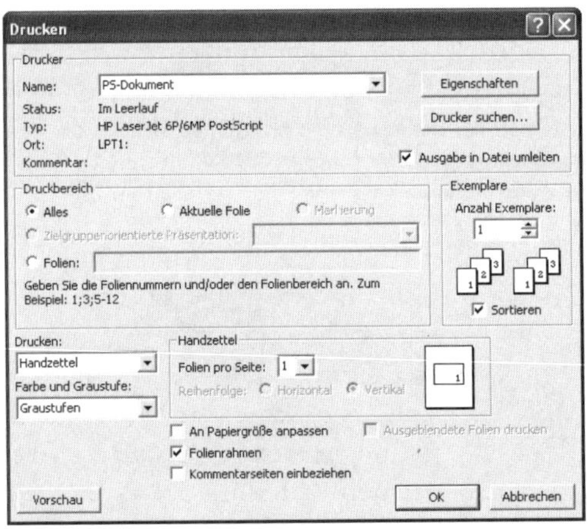

Mithilfe des Befehls

```
mogrify -density 600x600 -trim -format bmp Folie1.ps
```

entsteht eine Bitmap hoher Qualität von der Folie.

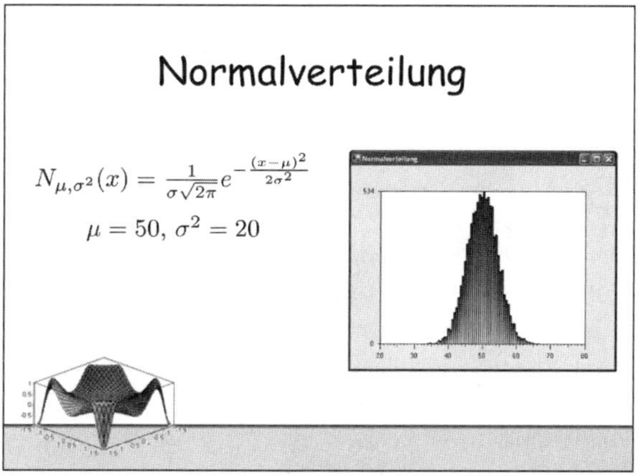

Bild 11.15:
Ein Schnappschuss von der Folie zum Einbinden in Dokumente

11.2 Handliche Booklets herstellen

Der Ordner *C:\Programme\TeXMF\doc* des *MiKTeX*-Systems unter *Windows* enthält Anleitungen zu vielen Paketen im DVI-Format. Zum Beispiel werden die Funktionen des `ngerman`-Pakets in der Datei *gerdoc.dvi* beschrieben, die im Unterordner *latex\german* liegt. Die Umwandlung dieses Dokuments ins PS-Format geschieht mit dem Befehl `dvips gerdoc` in der Eingabeaufforderung, wobei die Datei *gerdoc.ps* entsteht.

Zu jedem *TeX*-System gehören einige Hilfsprogramme zur Handhabung von PS-Dokumenten, deren Dokumentationen bei *MiKTeX* in *psutils* liegen. Zum Beispiel bietet *pstops.exe* die Möglichkeit, zwei Seiten im Format DIN A4 nebeneinander zu legen, um die Hälfte zu verkleinern und zu einer neuen Seite im Format DIN A4 zusammenzusetzen. Auf diese Weise entstehen Booklets, deren einzelne Seiten wir nach dem Ausdruck in der Mitte knicken und zusammenklammern können. Aus einer Anleitung im Format DIN A4 entsteht somit eine Anleitung im Format DIN A5.

Der Befehl

```
pstops 4:-3L@.7(21cm,0)+0L@.7(21cm,14.85cm),
  ↳1L@.7(21cm,0)+-2L@.7(21cm,14.85cm) gerdoc.ps booklet.ps
```

erzeugt das Booklet *booklet.ps* aus der Datei *gerdoc.ps*. Beim Betrachten des Ergebnisses mit *GSview* stellen wir fest, dass jeweils zwei Seiten auf eine Seite gelangt sind.

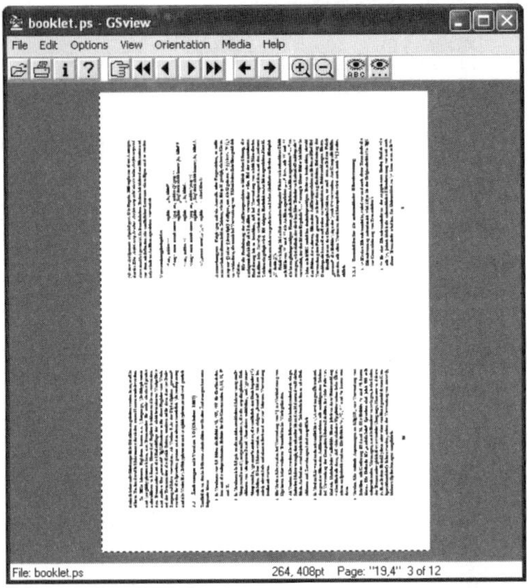

Bild 11.16: Zwei gedrehte und verkleinerte Seiten auf einer Seite in einem Booklet

Das Dokument *gerdoc.dvi* hat 21 Seiten und wird von *pstops* um drei leere Seiten am Ende ergänzt, sodass es 24 Seiten enthält. Diese Seitenzahl muss durch 4 teilbar sein, damit auf die Vorder- und Rückseite eines Blattes jeweils 2 Seiten gelangen können.

Die einzelnen Seiten sind von *pstops* folgendermaßen sortiert worden:

- Seite 1: Seite 24, Seite 1 (Vorderseite des 1. Blattes)
- Seite 2: Seite 2, Seite 23 (Rückseite des 1. Blattes)
- Seite 3: Seite 20, Seite 5 (Vorderseite des 3. Blattes)
- Seite 4: Seite 6, Seite 19 (Rückseite des 3. Blattes)
- Seite 5: Seite 16, Seite 9 (Vorderseite des 5. Blattes)
- Seite 6: Seite 10, Seite 15 (Rückseite des 5. Blattes
- Seite 7: Seite 12, Seite 13 (Rückseite des 6. Blattes)
- Seite 8: Seite 14, Seite 11 (Vorderseite des 6. Blattes)
- Seite 9: Seite 8, Seite 17 (Rückseite des 4. Blattes)
- Seite 10: Seite 18, Seite 7 (Vorderseite des 4. Blattes)

- Seite 11: Seite 4, Seite 21 (Rückseite des 2. Blattes)
- Seite 12: Seite 22, Seite 3 (Vorderseite des 2. Blattes)

Zunächst drucken wir alle ungeraden Seiten aus, legen die Blätter umgedreht wieder ins Papierfach zurück und drucken alle geraden Seiten in absteigender Reihenfolge aus. Zum Schluss müssen die Blätter per Hand noch etwas umsortiert werden.

Probleme bei verschobenen Seiten lösen

Es kann vorkommen, dass die Seiten des Dokuments durch den benutzten Druckertreiber nicht vernünftig zentriert erscheinen, was eine Klammerung der Seiten verhindert. In diesem Fall lohnt es sich, das Dokument mit *ps2pdf* nach PDF zu konvertieren. Der *Adobe Reader* kann Seiten automatisch zentrieren

Der *Adobe Reader* zeigt das Booklet *booklet.pdf*, das bei der Konvertierung mit *ps2pdf* entsteht, im Querformat an, sodass wir den Text gut lesen können.

Bild 11.17:
Das Booklet im
Adobe Reader

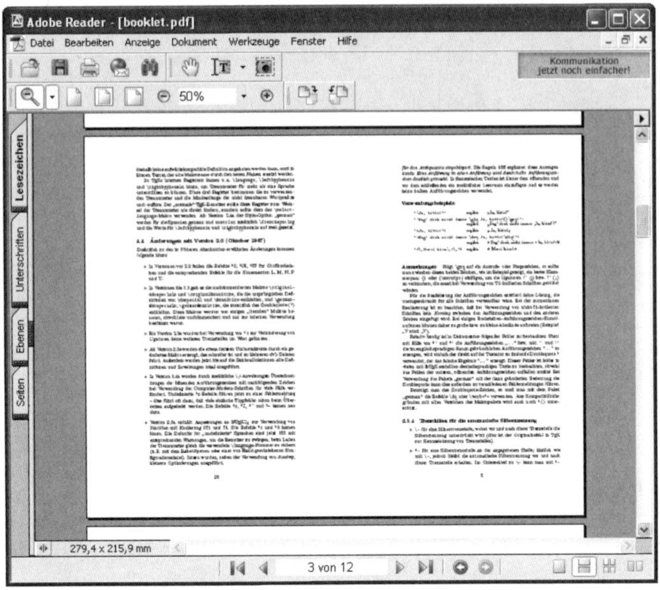

Probleme bei verdrehten Seiten lösen

Einige Drucker sind in der Lage, Dokumente beidseitig auszudrucken, indem sie die Blätter selbst wenden. Abhängig vom Wendeverfahren steht die Rückseite eines Blattes auf dem Kopf. In diesem Fall empfiehlt es sich, die Seiten auf der Blattrückseite anders zu drehen, was der Befehl

```
pstops 4:-3L@.7(21cm,0)+0L@.7(21cm,14.85cm),
  ↳1R@.7(0cm,29.7cm)+-2R@.7(0cm,14.85cm)
  ↳ gerdoc.ps turnedbooklet.ps
```

erledigt.

Im Folgenden sehen wir uns die Optionen des Befehls `pstops` an, um die obigen Befehle zu verstehen. Er hat den allgemeinen Aufruf

```
pstops <Seitenzusammensetzung> <Quelldatei> <Zieldatei>
```

Als Seitenzusammensetzung haben wir

```
4:-3L@.7(21cm,0)+0L@.7(21cm,14.85cm),
  ↳1L@.7(21cm,0)+-2L@.7(21cm,14.85cm) gerdoc.ps booklet.ps
```

und bei anders gedrehten Seiten auf der Rückseite

```
4:-3L@.7(21cm,0)+0L@.7(21cm,14.85cm),
  ↳1R@.7(0cm,29.7cm)+-2R@.7(0cm,14.85cm)
```

kennen gelernt.

Die Syntax dieser Option ist

```
<Modulo>:<Zusammensetzung>
```

Weil jeweils vier Seiten auf ein Blatt kommen sollen, ist die Zahl 4 bei <Modulo> eingetragen.

Die Zusammensetzung eines Blattes besteht aus vier Beschreibungen.

```
<Beschreibung>+<Beschreibung>,<Beschreibung>+<Beschreibung>
```

Zwischen der Beschreibung der Vorder- und der Rückseite eines Blattes steht ein Komma. Die Beschreibung der beiden Seiten auf der Vorder- und Rückseite wird durch ein Pluszeichen getrennt.

Eine Beschreibung besteht aus den Teilen

```
<- oder nichts><Seitenzahl><L, R oder U>@<Faktor>
  ↳(<x-Verschiebung>,<y-Verschiebung>)
```

zur Beeinflussung der Lage und Größe einer einzelnen Seite.

- Bei einem vorangestellten Minuszeichen wird die Seite vom Ende des Dokuments ausgehend ermittelt.
- Die Seitenzahl gibt an, ob es sich um die erste (0), zweite (1), dritte (2) oder vierte (3) Seite eines Viererblocks handelt.
- Die Zeichen L, R oder U bewirken eine Linksdrehung, Rechtsdrehung oder vertikale Spiegelung der Seite.

- Hinter dem Zeichen @ folgt ein Skalierungsfaktor, um den die Seite verkleinert oder vergrößert wird.
- Eine Verschiebung in x- und y-Richtung sorgt für die richtige Positionierung einer Einzelseite auf dem Blatt. Entscheidend ist die Lage der linken unteren Ecke einer Seite. Papier im Format DIN A4 hat eine Größe von 21 cm x 29,7 cm.

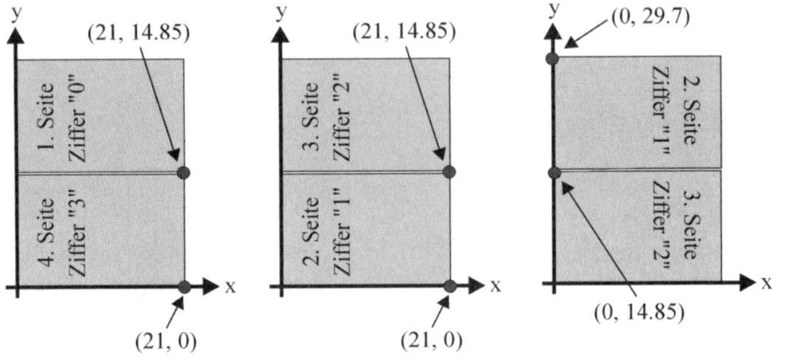

Bild 11.18: Die Verschiebungen in x- und y-Richtung bei gedrehten Seiten

11.3 Internationale Lautschrift verwenden

Englischbücher enthalten in Vokabelverzeichnissen die Aussprache der Wörter, wobei die internationale Lautschrift zum Einsatz kommt. TIPA ist ein System zur Bereitstellung von Symbolen dieser Lautschrift in *LaTeX*-Dokumenten. IPA ist eine Abkürzung für »International Phonetic Alphabet«.

Im Dokument *Tipa.tex* sind die phonetischen Symbole für die englische Sprache zusammengestellt. Damit die Befehle des TIPA-Systems zur Verfügung stehen, binden wir das `tipa`-Paket mit

```
\usepackage{tipa}
```

ein. Um einige Zeichen der Lautschrift des TIPA-Systems aufzurufen, steht der Befehl `\textipa` zur Verfügung. In das geschweifte Klammerpaar kommen die Befehle für die einzelnen Zeichen.

Die Zeilen

```
Das Zeichen \verb:\textsecstress: [\textipa{\textsecstress}]
steht vor schwach betonten Silben und das Zeichen
\verb:\textprimstress: [\textipa{\textprimstress}]
vor stark betonten Silben.
```

erzeugen den Ausschnitt

Das Zeichen \textsecstress [ˌ] steht vor schwach betonten Silben und das Zeichen \textprimstress [ˈ] vor stark betonten Silben.

Bild 11.19: Wichtige Betonungszeichen

Weiterhin gibt es 20 Vokale und Diphthonge.

Symbol	TEX-Befehl (IPA)	Beispiel	Lautschrift
ʌ	\textturnv	come	[kʌm]
ɑː	\textscripta\textlengthmark	far	[fɑː]
æ	\ae	bag	[bæg]
ə	\textschwa	better	[ˈbetə]
e	e	red	[red]
ɜː	\textrevepsilon\textlengthmark	girl	[gɜːl]
ɪ	\textsci	lift	[lɪft]
iː	i\textlengthmark	each	[iːʧ]
ɒ	\textturnscripta	not	[nɒt]
ɔː	\textopeno\textlengthmark	ball	[bɔːl]
ʊ	\textupsilon	good	[gʊd]
uː	u\textlengthmark	too	[tuː]
aɪ	a\textsci	time	[taɪm]
aʊ	a\textupsilon	how	[haʊ]
əʊ	\textschwa\textupsilon	home	[həʊm]
eə	e\textschwa	wear	[weə]
eɪ	e\textsci	late	[leɪt]
ɪə	\textsci\textschwa	here	[hɪə]
ɔɪ	\textopeno\textsci	boy	[bɔɪ]
ʊə	\textupsilon\textschwa	tour	[tʊə]

Bild 11.20: Darstellung der Vokale und Diphthonge in der englischen Aussprache

Zusätzlich gibt es noch 24 Konsonanten.

Bild 11.21:
Darstellung der Konsonanten in der englischen Aussprache

Symbol	TEX-Befehl (IPA)	Beispiel	Lautschrift
b	`b`	bear	[beə]
d	`d`	day	[deɪ]
f	`f`	five	[faɪv]
ɡ	`g`	go	[ɡəʊ]
h	`h`	hot	[hɒt]
j	`j`	yes	[jes]
k	`k`	case	[keɪs]
l	`l`	left	[left]
m	`m`	move	[mu:v]
n	`n`	now	[naʊ]
p	`p`	pop	[pɒp]
r	`r`	right	[raɪt]
s	`s`	soul	[səʊl]
t	`t`	tell	[tel]
v	`v`	veal	[vi:l]
w	`w`	well	[wel]
z	`z`	zoo	[zu:]
ʒ	`\textyogh`	measure	[ˈmeʒə]
ʤ	`\textdyoghlig`	job	[ʤɒb]
ʃ	`\textesh`	shop	[ʃɒp]
ʧ	`\textteshlig`	cheap	[ʧi:p]
ð	`\dh`	this	[ðɪs]
θ	`\texttheta`	thing	[θɪŋ]
ŋ	`\ng`	long	[lɒŋ]

Mit den Symbolen der Lautschrift stellen wir uns schnell ein eigenes Lexikon zusammen. Ein Beispiel befindet sich in *Vokabeln.tex*.

Bild 11.22:
Ein Ausschnitt aus einem Lexikon

Lexikon Englisch-Deutsch

A

arbitrary	[ˈɑ:bɪtrərɪ]	willkürlich
arithmetic	[ˌærɪθˈmetɪk]	arithmetisch
assignment	[əˈsaɪnmənt]	Zuweisung

B

basic	[ˈbeɪsɪk]	grundlegend
big	[bɪɡ]	groß

Index

A

a4paper 44
Abbildungsverzeichnis 221
Abschnitt 82
Abstand 89, 158
addtocontents 222
addtocounter 217
Adobe Reader 21, 30
Akzent 57, 158
align 166
alph 111
Alph 111
amsmath 137
amssymb 108, 138
Anführungszeichen 48
Anhang 218
ANSI-Code 46
Anti-Alias 29
appendix 218
arabic 111
Arbeitsblatt 235
array 160, 167
arrayrulewidth 128
arraystretch 161
article 44
Artikel 44, 78
ASCII-Code 45
Aufzählung 105
avant 66

B

Backslash 14
Befehl 43
Befehlszeichen 57
begin 47
Bericht 44, 78
bibitem 220
binom 151
Binomialkoeffizient 151
Bitmap 174, 229
Bitmapfont 26
book 44
Booklet 243
bookman 66
BoundingBox 178, 231
Box 120, 195
boxed 163
Brief 44, 78, 80
Bruch 147
Buch 44, 78, 82

C

caption 223
captionabove 223
captionbelow 223
cases 167
cdots 155
center 92
centerline 93
cfrac 149
cite 220
cleardoublepage 207
cline 130
cm 53
color 189, 193
colorbox 195
colortbl 201
courier 66
Courier 199

D

Dateityp 16
dbinom 151
ddots 155
DeclareMathOperator 157
def 228
definecolor 197
description 219
dfrac 149
ding 113

dingautolist 114
dinglist 114
displaymath 144
displaystyle 148
document 47
documentclass 43, 77
Dokumentstil 77
doppelseitig 78
doppelspaltig 78
dotfill 91
doublerulesep 128
doublerulesepcolor 203
Drehung 131
DVI 25
dvipdfm 31, 40
dvips 27, 38

E

Eckige Klammern 43
Editor 13
Eingabeaufforderung 21
einseitig 78
einspaltig 78
em 53
empty 213
end 47
enumerate 105
EPS 176
eqref 168
equation 144
Euro-Zeichen 58
ex 53
Exponent 146

F

Farbmodell 189
fbox 119
fboxrule 196
fboxsep 196
fcolorbox 195
Fehlermeldung 71, 74
figure 182
flqq 50
flushleft 93
flushright 93
fontenc 68
footnote 212
footnotesize 65
Formel 135, 144
Fortsetzungspunkte 154
frac 147
framebox 119
framed 198
frqq 50
Funktion 156
Fußnote 212
Fußzeile 86

G

gather 166
Gedankenstrich 52
Geschweifte Klammern 43
Gliederung 78
Glossar 219
glq 50
glqq 49
graphicx 182
Griechische Buchstaben 139
grq 50
grqq 49
GSview 29

H

headings 213
helvet 66
hfill 91
hline 124
Hochformat 78
hrulefill 91
hspace 89
huge 65
Huge 65

I

include 87
includegraphics 182
index 224
Index 146
Inhaltsverzeichnis 221
input 87

inputenc ... 46
ISO 8859-1 ... 33
item ... 103, 220
itemize ... 103

J

JLauncher ... 235

K

Kapitel ... 82
Kettenbruch ... 149
kill ... 97
Klammer ... 159
Kodierung ... 46
KOMA-Script ... 44
Kommentar ... 56
Kopfzeile ... 85, 212

L

label ... 168
large ... 65
Large ... 65
LARGE ... 65
latex ... 21, 36
LaTeX ... 40, 59
Latin-1 ... 33, 46
Lautschrift ... 248
Layout ... 43, 84
ldots ... 155
Leerzeichen ... 51
Leerzeile ... 51
left ... 159
leftline ... 93
leftroot ... 151
leqno ... 145
letter ... 44, 81
limits ... 152
Linux ... 32
list ... 116
Liste ... 116
Literaturverzeichnis ... 220

M

makebox ... 119
makeidx ... 226
makeindex ... 226
markboth ... 214
Maß ... 52
Maßeinheit ... 53
mathbb ... 138
mathbf ... 137
mathcal ... 136
mathfrak ... 138
mathit ... 137
mathpazo ... 66
mathptmx ... 66
mathrm ... 137
mathsf ... 137
mathtt ... 137
Matrix ... 155
mbox ... 119
Metafont ... 27
MiKTeX ... 21
minus ... 52
mm ... 53
mogrify ... 231
multicolumn ... 129
myheadings ... 213

N

newcent ... 66
newcounter ... 217
newline ... 68, 88
newpage ... 88
newtheorem ... 171
ngerman ... 48
noindent ... 55
nolimits ... 152
normalsize ... 65
numberwithin ... 169, 170

O

Operator ... 141, 152
Operatorsymbol ... 152
Outlinefont ... 26
overbrace ... 162
overline ... 162
overset ... 162

P

pagecolor ... 193
pagenumbering ... 215
pageref ... 170
pagestyle ... 213
Paket ... 49
Papierfarbe ... 193
Papierformat ... 78
parbox ... 121
parindent ... 53
parskip ... 53
PDF ... 25
pdflatex ... 31, 40
Pfeil ... 143
PiCTeX ... 187
picture ... 186
pifont ... 113
plain ... 213
plattformunabhängig ... 32
plus ... 52
PNG ... 176
Präsentation ... 239
printindex ... 226
protect ... 222
PS ... 25
ps2pdf ... 30, 39
pstops ... 243

Q

qquad ... 91
quad ... 91
Quellcode ... 98
Querformat ... 78
quotation ... 94
quote ... 94

R

Rahmen ... 163
ref ... 168
Referenz ... 168
Relation ... 142
renewcommand ... 111
report ... 44
right ... 159
rightline ... 93
roman ... 111
Roman ... 62, 68, 111
rotate ... 131
rotating ... 131
rowcolor ... 201
rule ... 120

S

Sans Serif ... 62
Schnappschuss ... 180, 229
Schriftart ... 27, 63
Schriftdicke ... 63
Schriftgröße ... 65, 78
Schriftschräge ... 63
scrartcl ... 44, 78
scrbook ... 44, 78
scrdate ... 102
scriptsize ... 65
scrlttr2 ... 44, 78
scrreprt ... 44, 78
scrtime ... 102
Seitenmaße ... 85, 86
Seitenumbruch ... 88
setcounter ... 215
setlength ... 52
shaded ... 198
sideset ... 154
sideways ... 132
small ... 65
Sonderzeichen ... 57
split ... 165
sqrt ... 150
stepcounter ... 217
Stichwortverzeichnis ... 224
Stil ... 77
subarray ... 154
substack ... 153
symbol ... 68
Symbole ... 140

T

tabbing ... 96
Tabelle ... 123, 223
Tabellenverzeichnis ... 221
table ... 223

tabular ... 123
Tabulator ... 96
tbinom ... 151
TeX ... 59
text ... 137
textbf ... 63
textcolor ... 198
Textfarbe ... 193
textipa ... 248
textit ... 63
textmd ... 63
textrm ... 63
textsc ... 63
textsf ... 63
textsl ... 63
textstyle ... 148
textsubscript ... 62
textsuperscript ... 62
texttt ... 63
textup ... 63
tfrac ... 149
thebibliography ... 220
theindex ... 227
thispagestyle ... 214
thistime ... 102
tiny ... 65
TIPA ... 248
Titelblatt ... 210
today ... 102
todaysname ... 102
Trennung ... 55
turn ... 132
typein ... 100
typeout ... 100
Typewriter ... 62

U

Umgebung ... 47
Umrahmung ... 122
underbrace ... 162
underline ... 162
underset ... 162
Unicode ... 46
uproot ... 151
usecounter ... 117
usepackage ... 49

V

value ... 217
vdots ... 155
Vektorgrafik ... 173
verb ... 99
verbatim ... 98
verse ... 95
vfill ... 91
vspace ... 89

W

Warnmeldung ... 75
Windows ... 13
Wurzel ... 150

X

xdvi ... 37

Y

YAP ... 23

Z

Zähler ... 110, 215
ZapfDingbats ... 112
Zeilenende ... 34
Zeilensprung ... 67, 88
Zwischenraum ... 89, 91